渔山列岛
海洋遗产文献
辑录

宁波市文化遗产管理研究院
象山县文物保护管理所　编著
宁波大学浙东文化研究院

上海古籍出版社

图书在版编目(CIP)数据

渔山列岛海洋遗产文献辑录 / 宁波市文化遗产管理研究院,象山县文物保护管理所,宁波大学浙东文化研究院编著. —上海:上海古籍出版社,2023.12
 ISBN 978-7-5732-0971-9

Ⅰ.①渔… Ⅱ.①宁… ②象… ③宁… Ⅲ.①岛—文化遗产—保护—研究—象山县 Ⅳ.①K295.54

中国国家版本馆 CIP 数据核字(2023)第 229957 号

渔山列岛海洋遗产文献辑录

宁波市文化遗产管理研究院
象山县文物保护管理所　编著
宁波大学浙东文化研究院

上海古籍出版社出版发行

(上海市闵行区号景路159弄1—5号A座5F　邮政编码201101)
　　(1) 网址:www.guji.com.cn
　　(2) E-mail:guji1@guji.com.cn
　　(3) 易文网网址:www.ewen.co

上海丽佳制版印刷有限公司印刷

开本 787×1092　1/16　印张 11.5　插页 3　字数 238,000
2023 年 12 月第 1 版　2023 年 12 月第 1 次印刷
印数:1—1,400

ISBN 978-7-5732-0971-9
K·3520　定价:88.00 元

如有质量问题,请与承印公司联系

编辑委员会

主　　任：陈彩凤

副主任：王结华　林国聪

主　　编：林国聪

副主编：金　涛　王光远

编　　务：史　伟　周映恒　卜汉文　马　彪
　　　　　李泽琛　洪　欣　林子杰　熊贵奇

编写说明 / Write Instructions

为方便读者阅读,现将本书编写情况简要说明如下:

一、编写缘起

渔山列岛位于我国沿海中部,地处三门湾以东,浙江省宁波市象山县石浦镇东南约26海里的洋面上。这里既是我国的领海基点,也是古往今来的重要海上航路。2008年以来,随着国家重点水下考古与水下文化遗产保护项目——"小白礁Ⅰ号"清代沉船水下考古调查、发掘、保护、研究、宣传、展示等工作的陆续开展和不断推进,远离大陆的渔山列岛逐渐为业界和公众熟知。

为推进渔山列岛海洋文化遗产调查与"小白礁Ⅰ号"沉船研究,特将与渔山列岛及"小白礁Ⅰ号"沉船相关的文献史料、考古资料、研究论著、科普纪实读物等各类材料,按照一定的逻辑架构辑录成册、编纂成书。

二、辑录内容

本书辑录的内容主要包括如下四个方面:

1. 文献史料

辑录与渔山列岛相关的文献史料。

渔山列岛面积狭小,且孤悬大洋、深居海中,不足以成为发生重大历史事件的舞台,历史上也很少有人关注过渔山列岛,流传的文献记载极其稀少。在过去数年间,本书编者努力寻找多方途径和各种线索,也曾多次前往北京、上海、澳门、香港、台湾等地,试图尽可能地搜罗散落在古今文献中关于渔山列岛的零星记载,摘录、整理、汇总于本书。

2. 考古报告

"小白礁Ⅰ号"沉船的考古工作,共发表考古简报4篇,出版考古报告1部、图录1本。受篇幅所限,本书仅全文收录《浙江象山县"小白礁Ⅰ号"清代沉船2014年发掘简报》一篇,未能收录的《2006~2010年度浙江沿海水下考古调查简报》《浙江宁波渔山小白礁一号沉船遗址调查与试掘》《浙江象山县"小白礁Ⅰ号"清代沉船2012年发掘简报》《"小白礁Ⅰ号"——清代沉船遗址水下考古发掘报告》《渔山遗珠——宁波象山"小白礁Ⅰ号"出水文物精品图录》等考古简报和专业著作书目，列入文献索引，附于书后。

　　3. 研究论著

　　据不完全统计，截至2023年10月，与"小白礁Ⅰ号"相关的研究论文有30余篇。本书全文收录了《"小白礁Ⅰ号"沉船的发掘、保护与研究》一文作为研究综述，以便读者更好地理解上述历史文献与考古报告。受篇幅所限，未能收录的其他研究论著之篇目，同样列入文献索引，附于书后。

　　4. 文献索引

　　本书还把所查阅的与渔山列岛及"小白礁Ⅰ号"沉船相关的文献，分类汇总成文献索引，附于书后，方便读者延伸阅读。

三、编排体例

　　1. 全书分上篇、下篇、附录三个部分。上篇按专题摘录与渔山列岛相关的文献史料；下篇收录一篇考古简报和一篇研究论文；附录为文献索引，按文献史料、考古资料、研究论文、科普纪实等四个类别编目。

　　2. 根据摘录内容，把与渔山列岛相关的历史文献凝练归类为地理环境、渔业资源、海岛聚落、航路海图、抗击倭寇、缉剿海盗、海防海禁、海难事故等八个专题，按专题逐一分类辑录。

　　3. 每个专题摘录的史料一般按照时间编排，同类事件、同一人物集中辑录，并按事件发生先后、人物出现前后的顺序编排。

　　4. 重要著作有图书及作者简介，以明史料及成书背景。

　　5. 原文献中个别残缺及辨识不清的字词用"□"替代。

　　6. 统一全书的图号、注释等格式，稽核并校正原文中的个别明显错漏之处。

　　7. 统一全书的用字规范。原文献中的"偪""踰""勅""儻""颺""鑵""擒""东矶"等分别统作"逼""逾""敕""倘""扬""罐""擒""东矶"等，专有名词（如朱瀵、杨鑅等）一般保留繁体。

　　8. 文献索引下四个类别的文献大体按成书（刊发）时代先后、先中文后外文的顺序编排，同时兼顾同类文献集中编排的原则。

　　此外，需要特别说明的是：在明清文献中，"渔山"时常被写成"鱼山"，且浙江沿海有两个"鱼山"，一为今宁波市象山县石浦镇东南洋面上的渔山列岛，一为今舟山群岛新区岱山县西面海域上的渔山岛，对这两个写法相同但实际地理位置不同的"鱼山"，本书都逐一进行了考辨，以免混淆。此外，1840年鸦片战争爆发后，往返航经渔山列岛的英国侵略军称"渔山列岛"为Hieshan Isles,后音译为中文"黑山群岛",并曾在一定范围内流传沿用。

本书的编写出版得到了诸多领导和专家学者的指导支持。谨此致谢:宁波市文化广电旅游局应建勇局长、詹荣胜一级巡视员、陈彩凤副局长;象山县文物保护管理所原所长郑松才副研究馆员;上海古籍出版社副社长吴长青,编辑贾利民、许佳莹。特别致谢:国家水下文化遗产保护宁波基地主任、宁波市文化遗产管理研究院首席专家王结华研究馆员;宁波大学浙东文化研究院首席专家龚缨晏教授。

由于编者水平有限,本书编写过程中出现的疏漏与错误当在所难免,恳请各位读者见谅并指正。

编　者

2023年12月

目录 / Contents

编写说明 ……………………………………………………………………… 1

上篇　渔山列岛文献辑录

一、地理环境 …………………………………………………………………… 3
二、渔业资源 …………………………………………………………………… 24
三、海岛聚落 …………………………………………………………………… 29
四、航路海图 …………………………………………………………………… 37
五、抗击倭寇 …………………………………………………………………… 48
六、缉剿海盗 …………………………………………………………………… 51
七、海防海禁 …………………………………………………………………… 97
八、海难事故 …………………………………………………………………… 107

下篇　"小白礁Ⅰ号"研究综述

浙江象山县"小白礁Ⅰ号"清代沉船2014年发掘简报 ………………… 113
"小白礁Ⅰ号"沉船的发掘、保护与研究 ……………………………… 140

附录　文献索引

上 篇

渔山列岛文献辑录

一、地理环境

海平面升落与岛陆变迁

距今 20 万年左右的晚更新世早期,遭到第四纪以来第一次海侵的影响,而当时最高海平面亦在 -54 米左右,连渔山岛在内皆为大陆,距今 12 万年前又发生海退,距今 35000 年前进入第二次海侵,结束于距今 25000 年前后,当时最高海面达到 -16 米位置,原陆地大部分成为海洋,檀头山、渔山干出成岛。气候由温暖偏干转为寒冷干燥的第三寒冷期,即进入末次冰期阶段,海面处于下降过程,距今 15000 年前后,已下降到今日海面以下 -150~-160 米附近。大陆延伸至今东海 500 多公里之外。进入全新世早期,海面又迅速上升,入侵的海水几乎淹没了所有的滨海平原,据海侵层底板推测,距今 12000 年前后,海面已达到 -47 米位置,至 7500 年前后已上升到 -4 米左右,在距今 7000 年前后,海面达到 -2 米位置。距今 6300 年前,已基本接近今日海面位置。至距今 6000 年前后,则高出现今海面 2~4 米。在距今 5400 年前后尚存比今日海面高 2 米的高海面。石浦滨海平原皆为滩涂。在距今 2500 年前后的全新世晚期,海面又有所抬升,当时海面比现今约高出 2.5 米。距今 2100 年前后,海面才逐渐降到现今海面位置,海岸线迅速外推。

——《石浦镇志》编纂委员会编:《石浦镇志》,宁波出版社,2017 年,第 82 页。

渔山列岛

渔山列岛位于浙江中部沿海,象山半岛东南,悬踞猫头中洋。处北纬 28°51′24″—28°56′24″,东经 122°13′30″—122°17′30″,距县城丹城镇 74.5 公里,离大陆最近石浦镇铜瓦门山 47.5 公里。列岛由大小 54 个岛礁组成,呈东北——西南向排列,东西均宽 4.5 公里,南北长 7.5 公里,面积约 2 平方公里,由火山凝灰岩构成。列岛由两大主岛南、北渔山得名,因周围海域鱼资丰富,各地渔民常来此下网捕鱼,并以南北两大岛为导航目标,群众习惯总称之渔山。英国版海图有黑山列岛之称呼,属西名。历史上多属象山县管辖,明为海门汛地,清为昌石营,民国元年(1912)与南田诸岛立南田县,1940 年 7 月南田县废,划归新置三门县文山乡。1955 年 3 月 10 日解放,又析归象山县檀渔乡,现为石浦镇管辖。

列岛开发较早,据清末朱正元《浙江沿海图说》记载,该地"号为多盗","查此间,有居民者凡三岛,南渔山二十余户、北渔山二十余户、白礁五户,皆闽人之捕鱼为业者……"。

乾隆《象山县志》记载,顺治十六年(1659)为平郑成功、张煌言,"兵部尚书苏纳海禁山洋采捕,十八年(1661)①徙沿海居民之内地",至乾隆、嘉庆间,逐渐开禁,闽南渔民络续来此捕鱼定居。1840年鸦片战争以后,相继被英、美、日本侵占。光绪二十一年(1895)上海海关税务总司海务科以五万关平两在北渔山建成圆形铁铸灯塔一座,高16.9米,镜机系法国"巴比尔"公司特制,时为远东第一大灯塔(今存塔身)。1985年4月交通部批准在该塔原址重建灯塔,目前正在施工中②。1955年,岛上居民皆被国民党部队所劫走,一度成荒岛。1958年,石浦镇居民始在北渔山定居建村。现有二个自然村,93户、369人,以捕鱼为主。有机动船30艘、108吨、177马力。1983年人均收入达1136元。1984年10月被省人民政府命名为"文明岛"。出产石斑鱼、淡菜,远销港澳,深受欢迎。

列岛呈南北二群(南渔山和北渔山),地势东南高,皆悬崖峭壁,西北较平缓。北渔山东南端最高点海拔83.4米,南渔山南端最高点海拔127.4米,在岛的南端,为列岛之最高峰。南北渔山土层较厚,以黄泥土和黄沙土为主,并有部分香灰土。人工种植的黑松片林为多,间有少量苦楝;灌木、禾草丛生。野生仙人掌颇多,蔓延悬岩石壁中,长势茂盛,为浙江中部沿海所少见。其余岛礁土壤贫瘠,仅有禾草和少量灌木。栖有兔、蛇、鼠、蛙及山鹰、海鸥、鸟类等,放养山羊一二百只。

列岛处著名的渔山渔场中心,水质清澈,可见度达10米左右。又处于台湾暖流与沿岸水系之交汇地,鱼资十分丰富,产有带鱼、大小黄鱼、鳗、鲳、鳓、墨鱼和上层鱼、鲐、鲹、沙丁鱼、虾、梭子蟹等。沿岸岛礁边栖有鮸鱼、石斑鱼、海鳗,岩礁上长有贻贝、淡菜、紫菜、石花菜和各种海藻、贝螺等,鱼产量达30万担(象山县)。

列岛属海洋性季风气候,四季分明,雨量充沛,光照充足。春夏之间多大雾,一般在10时左右雾散。夏秋之间多大风,海面波高浪大。

主岛北渔山和南渔山均筑有简易盘岛公路,水源充足。北渔山之西北端建有水泥码头,南渔山西南有500吨级码头。其间的大澳底、小湾、南湾、西南湾都是良好的避风锚地。因列岛地处浙江中部沿海最外侧,东面五虎礁又是我国领海基线的起点岛礁,故地理位置十分重要,属设防岛屿。

北渔山

北渔山岛位于浙江中部沿海,象山县丹城镇东南74公里洋面上,地处北纬28°53′12″,东经122°15′24″。距大陆岸线最近点石浦镇铜瓦门山47公里,东北-西南走向,略呈"Y"形,东西宽0.38公里,南北长1.30公里,岸线长5.20公里,面积0.48平方公里,由火山凝灰岩构成。

该岛地处渔山列岛北首,周围海域鱼资丰富,各地渔民常来此捕鱼,以南北二大岛为

---

① "(1661)"为编者加。
② 1987年6月30日竣工,同年7月15日18时投产正式发光。

导航目标,故群众习称北渔山,其历史沿革参照渔山列岛。

岛地形南高北低,最高点海拔83.4米。地势较平缓,土壤肥沃,土层较厚,以黄泥沙土为主,并有少量灌木和零星黑松、苦楝。栖有蛇、鼠、鸟、海鸥等动物,放养山羊。岛南部岩壁长满野生仙人掌。岛周除北部较平缓,余皆陡峭,南边则悬崖峭壁,势如刀削,高约70至80米,多洞穴。西南边有一悬岩陷落地段,上有石梁横架,下面海水翻滚,景色奇特,当地名"仙人桥"。

全岛开发较早,清朱正元《浙江沿海图说》记载"号为多盗","今查此间有居民者凡三岛","北渔山,居民二十户,……皆闽人之捕鱼为业者……"。乾隆《象山县志》亦载:顺治十六年(1659)为平郑成功、张煌言,"兵部尚书苏纳海禁山洋采捕,十八年(1661)[①]徙沿海居民入内地",至乾隆、嘉庆间海禁逐渐开放,遂有居民络续定居,1840年鸦片战争以后,相继被英、美、日本侵占。光绪二十一年(1895)上海海关税务总司海务科以五万关平两在北渔山建成白色圆形生铁铸灯塔一座,高16.9米,镜系法国"巴比尔"公司特制,时为远东第一大灯塔(毁于战事,今存塔身)。1985年4月交通部批准在该塔原址重建,目前正在施工中。1955年,国民党军撤退时岛上居民多被劫走。1958年以后石浦镇居民才从石浦迁居建村,现有二个自然村,90户,369人,以渔业为主,1983年人均收入达1136元。1984年被省人民政府命为"文明岛"。岛上还建小学一所,学生94人,卫生院一所。

该岛属亚热带海洋性季风气候。因受台湾海峡暖流控制时间较长,冬暖夏凉,甚为明显。冬季东北风,夏季多西南风,春夏之间多大雾,夏秋之间多大风。

岛上建有简易盘岛公路,西北建有码头,水源丰富。大呑和小呑之间有一海湾,口小腹大,北端筑有避风坝,出口向北偏东,但湾口间多礁石,仅供小型船只锚泊。岛西大澳底海湾则可供较大船只避风锚泊。属设防岛屿。

南渔山

南渔山悬踞浙江中部沿海域,位于猫头洋东侧,象山半岛东南端。地处北纬28°51′36″,东经122°13′54″。西北距大陆最近点47.5公里,且与北渔山岛相对,形如两昂头海狮,夹距仅1.35公里。

该岛处渔山列岛最南首,周围海域即为渔场,渔业资源十分丰富。各地群众常来此捕鱼,以南北两大岛屿为停息地和导航目标,故俗称南北渔山,舟山渔民即因其多产鲻鱼,遂称作"鲻鱼山",以别于岱衢洋大渔山。今属石浦镇渔山村辖,历史沿革详见《渔山列岛》条。

全岛由火山凝灰岩构成,略呈小鸡形,长1.55公里,均宽0.56公里,面积0.88平方公里。岛上地势较高,南北两峰耸立,海拔分别为127.2米、124.6米。两峰间为一山呑,坡势平缓,土壤深厚,表层多覆腐殖质土,有开垦地田痕迹。环岛岩岸,岬短湾浅,崖壁陡

---

① "(1661)"为编者加。

哨,岸线全长5.17公里。岛上植被良好,除山岙南坡有人工栽种之黑松外,禾草茂盛,多白茅、芒秆、杜鹃、葛藤等,野生仙人掌多,硕大。栖有蛇、鼠、老鹰、海鸥、山雀等多种动物,放养山羊、黄牛。1955年因放兔扫雷,繁衍甚多,而今则捕杀殆尽。岩礁间盛产贻贝、螺、蛾及紫菜、淡菜、海藻等。岛上淡水充足,有井、潭多处,并筑有大蓄水池二个,上下贯连。

气候属典型的亚热带海洋性季风气候。由于受外洋暖流(台湾暖流)控制时间较长,暖湿程度尤为明显,冬暖夏凉,雨量充沛,春夏多雾,冬季风大。8~10月份台风影响较甚。

该岛开发较早,据清朱正元《浙江沿海图说》记载:"南渔山居民二十余户,……皆闽人之捕鱼为业者……"乾隆《象山县志》卷六《海防》载,顺治十六年(1659),为平定郑成功、张煌言的反清复明活动,"兵部尚书苏纳海禁山洋采捕,十八年(1661)①徙沿海居民入内地"。到乾隆、嘉庆年间才逐渐开禁,络续有人从陆上迁居于此。访旧居渔山郭阿双老大,知1955年前,岛上尚有闽南籍姓柯居民十多户,四十几人,以捕鱼为生。1955年,为国民党军全部劫走,至今无村落居民,仅留断墙残壁。

该岛属设防岛屿,建有简易盘岛公路。岛西湾处筑有500吨级水泥码头,岛北湾岸突出,岩块成天然埠头,可靠50吨级以下小型船只。因远踞大洋,兀峙海中,为渔民和航海之重要导航标志。

大白礁

位于县城丹城镇东南75.2公里,北渔山西150米处,距大陆岸线最近点45.5公里。岛呈狭长形,势平缓,最高点海拔61.9米,宽290米,长0.67公里,面积0.1943平方公里。岸线长2.10公里。由火山凝灰岩构成。岛上部分岩石呈灰白色,土壤较肥沃(香灰土),长有禾草。栖有兔、蛇、鼠及海鸟,放养有山羊。属渔山列岛。

岛面积较大,部分岩石呈白色,故名"大白礁"。

小白礁

位于县城丹城镇东南75公里,大白礁岛西侧,北渔山西200米处,距大陆最近点45.7公里。岛呈长形,势较平缓,最高点海拔32.1米,长470米,宽100米,面积0.047平方公里。岸线长1.3公里。由火山凝灰岩构成。岛上泥土稀少,长有禾草,栖有兔、蛇、鼠等动物,并放养山羊。属渔山列岛。

因位于大白礁西首,且面积较小,故名"小白礁"。

观音礁

位于县城丹城镇东南75.3公里,北渔山灯塔200米处。距大陆最近点为48.1公里。

---

① "(1661)"为编者加。

最高点海拔48.1米,长100米,宽50米,面积0.05平方公里。岛上地势陡峭,泥土稀少,仅生长茅草,有海鸥栖息。由火山凝灰岩构成,属渔山列岛。

岛上一岩石形如站立观音塑像,故名"观音礁"。

坟牌礁

位于县城丹城镇东南约74.6公里,大白礁北10米处,距大陆最近点46公里。岛略呈圆形,长140米,宽110米,面积0.0154平方公里,高度27.9米(海拔)。岩壁陡峭,南面较平缓。岛上长有少许禾草,有海鸟栖息。由火山岩构成,属渔山列岛。

岛北边一礁块陡立,形似坟牌,故名"坟牌礁"。

大礁(别名大鸟礁)

位于县城丹城镇东南76.7公里,南渔山东北约100米处。距大陆岸线最近点47.23公里。呈半圆形,最高点海拔33.8米,长150米,宽70米,面积约0.0105平方公里。岸线长350米,由火山凝灰岩构成。岛上地势平缓,岩石嶙峋,泥土稀少,仅长些茅草。沿海岩石生有紫菜及贝类,栖有各种海鸟。无水源。属渔山列岛。

因该岛面积较大,故名"大礁"。又形似一只大鸟,故也称"大鸟礁"。

多伦礁

位于县城丹城镇东南75.2公里,北渔山东侧,距大陆最近点约46.83公里。岛长50米,宽20米,面积约0.001平方公里。海拔19米左右。岛南岸岩壁陡峭,势如刀切;北部平缓。上长有少许禾草,沿海岩间有紫菜及贝藻类,栖有海鸟。由火山凝灰岩构成,属渔山列岛。

"多伦"系闽南语音,含义不清。

竹桥屿

位于县城丹城镇东南74.4公里,北渔山岛东10米处,距大陆岸线最近点46.8公里。高度21.8米(海拔),长120米,宽70米,面积0.0084平方公里。西边悬崖峭壁,东首岩石嶙峋,长有稀疏禾草,栖有蛇、鼠、鸟等动物。由火山凝灰岩构成,属渔山列岛。

因与北渔山岛仅一沟之隔,渔民常搭轻便竹桥连接两岛,故名"竹桥屿"。

百亩地礁

位于象山县丹城镇东南71.3公里,渔山列岛的东北首,处浙江中部沿海最东,即北纬28°56′18″,东经122°17′30″。距大陆岸线最近点约44.5公里。属石浦镇。

该礁由火山凝灰岩构成,系干出礁,干出高度0.9米,礁呈圆形,底盘甚大,长40米,宽30米,面积约1200平方米。礁名亦由此而得。礁石光滑黝黑,顶平而壁陡,有海鸥停息,属渔山列岛。

该礁处在渔山列岛东侧的外航道上,不仅对航船影响较大,而且地理位置十分显要。

雨伞礁柄(别名雨伞柄)

位于县城丹城镇东南71.6公里,渔山列岛北侧,雨伞礁北0.3公里处,距大陆岸线最近点43.9公里。属干出礁,干出高度1.9米,长约60米,宽约25米,面积1500平方米左右,岩石嶙峋。礁呈狭长形。由火山凝灰岩构成,属渔山列岛。

因南有雨伞礁,礁形狭长,似雨伞之柄,故名"雨伞礁柄"。

雨伞礁

位于县城丹城镇东南72公里,渔山列岛最北端,距大陆岸线最近点44.2公里。系明礁,海拔13.9米,长50米,宽40米,面积约2000平方米。势险峻,难以攀登,远看如一柄伞。长有少许苔藓植物。有海鸟群栖。为渔山渔场航行、作业之重要标志。由火山凝灰岩构成,属渔山列岛。

因礁形似雨伞,故名"雨伞礁"。渔民又称水伞礁。

牛粪礁(别名牛屙礁)

位于县城丹城镇东南74.2公里,北渔山岛东北2.2公里处,距大陆岸线最近点45.93公里。系明礁,礁块甚大,有两峰,最高点海拔27.5米,长200米,宽90米,面积约0.018平方公里,岸线长250米。礁石嶙峋,无植被,只长有紫菜及贝藻类。由火山凝灰岩构成,属渔山列岛。

因礁形似一堆牛粪,故名。

方言称牛粪为牛屙,又名牛屙礁。

卵黄蛋礁

位于县城丹城镇东南74公里,北渔山大白带北100米处。系干出礁,干出高度1.6米。礁盘不大,岩石嶙峋,较险恶,对航行有一定影响。由火山岩构成,属渔山列岛。

闽南话,含义不清。

大白带(别名大背带)

位于县城丹城镇东南74.1公里,北渔山岛西北侧约450米处,距大陆岸线最近点45.73公里。属明礁,海拔12.8米,长100米,宽70米,面积0.0070平方公里。岸线长230米。地势平缓,岩石呈褐色。长有贝藻类。由火山凝灰岩构成,属渔山列岛。

礁石表面因风化出现较多白色宽阔带状痕迹,故名"大白带"。

中白带(别名中背带)

位于县城丹城镇东南74.1公里,北渔山北150米处,距大陆岸线最近点45.56公里。属明礁,海拔5.1米,长100米,宽70米,面积0.007平方公里,岸线长0.23公里。礁势平坦,仅有少许苔藓。由火山凝灰岩构成,属渔山列岛。

由大白带得名。

小白带礁(别名小背带)

位于县城丹城镇东南74.3公里,北渔山岛西北侧约40米处,介于中白带与北渔山岛之间。系明礁,礁形略长,势较平缓。高度10.5米(海拔),长80米,宽30米,面积0.0024平方公里。由火山凝灰岩构成,属渔山列岛。

因位于大白带与中白带之间,且面积较小,故名"小白带礁"。

旁大礁

位于县城丹城镇东南74.3公里,北渔山岛北侧约150米,中白带东侧约120米处。系干出礁,干出高度0.8米,面积约500平方米左右。由火山凝灰岩构成。属渔山列岛。

"旁大"系福建闽南语音,义不明。

三撑礁

位于县城丹城镇东南75.2公里,北渔山西北侧200米处,介于大白带与中白带之间。系干出礁,干出高度2.8米,面积约500平方米。岩石嶙峋,由火山凝灰岩构成。属渔山列岛。

该礁离大白带仅约30米,渔船用篙子三次就能撑到,故名"三撑礁"。

门头大礁(别名娘娘礁)

位于县城丹城镇东南74.6公里,北渔山小岙湾口,距大陆岸线最近点为46.1公里。系干出礁,干出高度4米左右,长40米,宽20米,面积约800平方米。由火山凝灰岩构成。礁顶平坦,长有紫菜及贝藻类。属渔山列岛。

礁位于北渔山小岙湾之门头,故名"门头大礁"。

又与小岙北嘴上的娘娘宫遥遥相对,当地群众也称"娘娘礁"。

狭本礁

位于县城丹城镇东南74.7公里,北渔山岛北端约40米处。系干出礁,高度3.7米,由火山凝灰岩构成。属渔山列岛。

"狭本"系福建闽南语音,义不明。

拦门大礁

位于县城丹城镇东南74.5公里,北渔山小岙海湾内,与其西侧大岙村仅隔20米。系明礁,海拔7.4米,长80米,宽50米,面积0.00040平方公里。礁盘与北渔山相连,岩石散乱,无植被。由火山凝灰岩构成,属渔山列岛。

礁处小岙海湾门口,面积较大,故名"拦门大礁"。

边礁

位于县城丹城镇东南75.3公里,大白礁北面约50米处。系干出礁,干出高度约2米左右。由火山凝灰岩构成,属渔山列岛。

因位于大白礁北边,故一九八四年十月标名为"边礁"。

南多伦礁

位于县城丹城镇东南75.7公里,北渔山观音礁北100米处。系明礁。海拔2米,长30米,宽20米,面积约600平方米。地势较平缓。由火山凝灰岩构成,属渔山列岛。

因北有多伦礁,一九八四年十月标名为"南多伦礁"。

观排礁

位于县城丹城镇东南75.4公里,北渔山观音礁南20米处。系明礁,海拔19.1米,长50米,宽20米,面积1000平方米。礁石嶙峋,无植被。由火山岩构成,属渔山列岛。

因位于观音礁南,礁石排列较长,故名"观排礁"。

落仙礁

位于县城丹城镇东南76公里,北渔山岛南端偏西约30米处。系干出礁,干出高度2米,底盘与北渔山岛相连。由火山凝灰岩构成,属渔山列岛。

因该礁位于仙人桥边,岩石较平,一九八四年十月标名为"落仙礁"。

破城礁

位于县城丹城镇东南75.8公里,北渔山破城(仙人桥)南偏西250米处。系干出礁,干出高度约1.5米,面积约500平方米左右。由火山凝灰岩构成。对航行威胁较大。属渔山列岛。

因位于仙人桥边(又称破城),故名"破城礁"。

鸡屙礁

位于县城丹城镇东南75公里,北渔山岛南端西侧50米处。系明礁,海拔14.7米,长70米,宽30米,面积约2100平方米。由火山凝灰岩构成,属渔山列岛。

礁以形得名。

塔西礁

位于县城丹城镇东南75.8公里,北渔山岛南端西侧约30米处。系明礁,海拔18.8米,长40米,宽20米,面积800平方米。由火山凝灰岩构成,属渔山列岛。

因该礁位于北渔山灯塔之西,故一九八四年十月标名为"塔西礁"。

乱岩礁

位于县城丹城镇东南75.6公里,大白礁岛南约30米处。系干出礁,干出高度约3米,底盘与大白礁相连。由火山凝灰岩构成,属渔山列岛。

礁石零乱,一九八四年十月标名为"乱岩礁"。

羊头礁

位于县城丹城镇东南74.6公里,大白礁岛南200米处,由二相连干出礁组成,低潮时礁峰相距50米左右。干出高度3.5米,面积约1200平方米。由火山凝灰岩构成,属渔山列岛。

礁形似羊头,故名"羊头礁"。

白笔架礁

位于县城丹城镇东南75.1公里,大白礁岛南约170米处。系干出礁,干出高度约2.5米。由火山凝灰岩构成,属渔山列岛。

因礁位于大白礁南边,礁面形似笔架,故名"白笔架礁"。

鸡蛋礁

位于县城丹城镇东南75.8公里,渔山母鸡礁西南约150米处。系干出礁,干出高度1.4米,面积约500平方米,由火山凝灰岩构成。对航行有影响。属渔山列岛。

礁形圆滑,位于母鸡礁、鸡娘屎礁的西南边,一九八四年十月标名"鸡蛋礁"。

母鸡礁

位于县城丹城镇东南75.1公里,大白礁南250米处。系明礁,距大陆岸线最近点47.6公里。海拔16.3米,长70米,宽50米,面积约0.0035平方公里。岸线长250米。礁东高西低,岩石嶙峋、陡峭,难以攀登。无植被,仅岩石间长有紫菜及贻贝、海蛎等。由火山凝灰岩构成,属渔山列岛。

礁形如母鸡孵小鸡,故得名"鸡娘礁"。

(母鸡,当地叫鸡娘)。

因其重名,一九八五年二月定标名为"母鸡礁"。

鸡娘屎礁

位于县城丹城镇东南75.1公里,渔山母鸡礁西30米处。系明礁,海拔3米,长20米,宽15米,面积300平方米。岩石嶙峋,由火山凝灰岩构成。属渔山列岛。

因东边有母鸡礁,故名"鸡娘屎礁"。

跳连礁

位于县城丹城镇东南75.9公里,南渔山岛东北侧约400米处,距大陆岸线最近点45.3公里。属干出礁,干出高度3.6米,面积1500平方米。由火山凝灰岩构成,礁盘较大,地势平缓,长有紫菜及贝类。属渔山列岛。

因礁石散乱地露出海面,且相距甚近,人跳可过,故名"跳连礁"(闽南语音礁离亚)。

老太婆礁

位于县城丹城镇东南75.8公里,南渔山岛北侧约40米处。系干出礁,干出高度1.5米,面积约500平方米。由火山凝灰岩构成,属渔山列岛。

因礁地势平缓,老婆婆也可上礁采集贝藻,故名。

小乌礁

位于县城丹城镇东南76.8公里,南渔山岛东北侧约60米,大礁西南端。系干出礁,干出高度3米左右,底盘与大礁相连。由火山凝灰岩构成,属渔山列岛。

因位于大礁(又称大乌礁)西南端,一九八四年十月标名"小乌礁"。

岙底礁

位于县城丹城镇东南76.5公里,南渔山岛北侧约40米处。系干出礁,干出高度1.5米左右,底盘与南渔山岛相连。由火山凝灰岩构成,属渔山列岛。

因礁位于南渔山北大澳底海湾里,一九八四年十月标名为"岙底礁"。

小山礁

位于县城丹城镇东南77公里,南渔山岛东偏北侧约100米处。系明礁,海拔26.8

米,长80米,宽40米,面积3200平方米。由火山凝灰岩构成,属渔山列岛。

因礁位于南渔山小山东附近,一九八四年十月标名"小山礁"。

观通礁

位于县城丹城镇东南77.3公里,南渔山东侧约100米处。系干出礁,干出高度1.5米,底盘与南渔山岛相连。面积约2000平方米。由火山凝灰岩构成,属渔山列岛。

因礁位于观通站东边,一九八四年十月标名"观通礁"。

心肝礁

位于县城丹城镇东南76.4公里,南渔山岛东侧约80米,黄鱼㖡海湾内。系明礁,海拔30.8米,长90米,宽50米,面积0.045平方公里左右。礁高大,岩壁陡峭,上无植被。由火山凝灰岩构成,属渔山列岛。

礁形似心肝,故名"心肝礁"。

南夹礁

位于县城丹城镇东南76.5公里,南渔山岛东面南侧约80米处,距大陆岸线最近点45.8公里。属明礁,海拔11.5米,面积为1500平方米,岩石险峻,无植被,长有紫菜及海蛎等。由火山凝灰岩构成,属渔山列岛。

礁与南渔山岛中隔一缝,犹如"夹弄"(弄堂),故称"南夹礁"。

(闽南语音拉克)。

湾里小礁

位于县城丹城镇东南76.5公里,南渔山南端约100米,湾里海湾口。系干出礁,干出高度约1.5米左右。由火山凝灰岩构成,属渔山列岛。

因处于南渔山湾里海湾口,面积较小,一九八四年十月标名"湾里小礁"。

五虎礁

位于县城丹城镇东南75.6公里,北渔山东1.1公里处,距大陆岸线最近点47.2公里,由大小11个岛礁组成。呈南北向排列,长0.75公里宽0.5公里,面积约0.03平方公里,最高海拔53.3米。由火山凝灰岩构成。岩石险峻,难以攀登。其上土贫瘠,只长有少许禾草、灌木,栖有海鸥等鸟。是浙江中部沿海外侧岛礁,也是我国领海的基线岛屿,位置十分重要。

因由十一个岛礁组成,其中四岛一礁,岩石皆险峻,形如踞守海疆的五只雄虎,故当地渔民总称"五虎礁"。

伏虎礁

位于县城丹城镇东南75.6公里,北渔山岛东1.0公里处,距大陆岸线最近点47.25公里。岛长180米,宽100米,面积0.017平方公里。海拔46.6米,岸线长0.55公里。属五虎礁之一。岩石陡峭险峻,由火山凝灰岩构成。长有禾草和苔藓,有海鸥栖息。属渔山列岛。

礁形如伏虎,一九八五年二月标名"伏虎礁"。

仔虎礁

位于县城丹城镇东南75.6公里,伏虎礁南约40米处,距大陆最近点47.26公里。略呈长形,长90米,宽40米,面积约0.0036平方公里,由火山凝灰岩构成。岩壁陡峭,长有少许苔藓、禾草,并有海鸥栖息。五虎礁之一,属渔山列岛。

岛小且紧贴伏虎礁,一九八五年二月标名为"仔虎礁"。

尖虎礁

位于县城丹城镇东南75.7公里,仔虎礁南100米处,距大陆岸线最近点47.3公里。岛形长,地势陡耸,最高点海拔40米。长70米,宽40米,面积约0.0028平方公里,由火山凝灰岩构成。长有少许禾草,栖有海鸥及其他海鸟。五虎礁之一,属渔山列岛。

礁顶部尖削,故于一九八五年二月标名为"尖虎礁"。

高虎礁

位于县城丹城镇东南75.7公里,仔虎礁南约150米处,距大陆最近点47.4公里。略呈圆锥形,长150米,宽60米,面积约0.003平方公里。最高点海拔53.3米。由火山凝灰岩构成,地势陡峭险峻。长有少量禾草、灌木,栖有海鸥等。五虎礁之一,属渔山列岛。

岛挺拔,为五虎礁之最高者,故一九八五年二月标名为"高虎礁"。

平虎礁

位于县城丹城镇东南75.5公里,北渔山小岙东0.7公里处,距大陆岸线最近点47.1公里。由南北两底盘相连的明礁组成。海拔11.3米,长70米,宽50米,面积0.0035平方公里。岸线长0.2公里。礁石嶙峋,但顶较平,无植被。岩间长有紫菜、海蜓等,由火山凝灰岩构成。五虎礁之一,属渔山列岛。

因位于五虎礁附近,顶较平,故名"平虎礁"。

老虎屎礁

位于县城丹城镇东南75.5公里,平虎礁东50米处。系干出礁,干出高度2.2米,面积约500平方米,由火山岩构成。属五虎礁之一。

因位于五虎礁西,形似老虎屎,故名。

尴尬礁

位于县城丹城镇东南75.7公里,伏虎礁东南侧约70米处。系明礁,出露水面面积较小,高度约0.5米左右。由火山凝灰岩构成。福建闽南语,义不明。

老虎爪礁

位于县城丹城镇东南76.4公里,五虎礁最大礁块南约250米处。系干出礁,干出高度约2米,面积500平方米,由火山凝灰岩构成。

因礁在五虎礁东南边,形如虎爪,故名。

地枕礁

位于县城丹城镇东南75.6公里,北渔山平虎礁东20米处。系干出礁,礁呈长形,面积约500平方米,岩石嶙峋,由火山岩构成。

因礁呈长型,形似地枕,群众习称"地枕礁"。

笔架礁

位于县城丹城镇东南75.7公里,平虎礁东南300米处。系干出礁,干出高度3.6米,面积约500平方米,由火山岩构成。

因礁岩凹凸不平,形似笔架,群众习称"笔架礁"。

——象山县地名办公室编:《象山县海域地名简志》,1987年,第41~61页。

海礁一览表

单位:距离,公里;海拔,米;面积,平方米

名称	类别	所在乡镇	地理位置	在丹城	距大陆最近点	海拔	面积	备注
百亩地礁	干	石浦	北渔山东北6.3公里	东南71.3	44.5	0.9	1200	属渔山列岛
雨伞礁柄	干	石浦	北渔山北3.85公里,雨伞礁北0.3公里	东南71.6	43.9	1.9	1500	属渔山列岛

续 表

名称	类别	所在乡镇	地理位置	在丹城	距大陆最近点	海拔	面积	备注
雨伞礁	明	石浦	北渔山北3.5公里	东南72	44.2	13.9	2000	属渔山列岛
牛粪礁	明	石浦	北渔山东北2.2公里	东南74.2	46	27.5	18000	俗名牛屙礁,属渔山列岛
卵黄蛋礁	干	石浦	大白带北0.1公里	东南74	45.5	1.6		属渔山列岛,影响航行
大白带	明	石浦	北渔山西北0.3公里	东南74.1	45.7	12.8	7000	属渔山列岛
中白带	明	石浦	北渔山北0.15公里	东南74.1	45.7	5.1	2800	属渔山列岛
小白带	明	石浦	北渔山西北40米	东南74.3	45.8	10.5	2400	属渔山列岛
旁大礁	干	石浦	北渔山北0.15公里	东南74.3	45.8	0.8	500	属渔山列岛
三撑礁	干	石浦	北渔山西北0.2公里	东南74.2	45.7	2.8	500	属渔山列岛
门头大礁	干	石浦	北渔山小岙湾口	东南74.6	46.1	4	800	属渔山列岛
狭本礁	干	石浦	北渔山北40米	东南74.7	46.2	3.7		属渔山列岛
拦门大礁	明	石浦	北渔山小岙湾内	东南74.5	46.1	7.4	4000	属渔山列岛
平虎礁	明	石浦	北渔山小岙东0.7公里	东南75.5	47.1	11.3	3500	属渔山列岛五虎礁
地枕礁	干	石浦	北渔山东0.8公里、平虎礁东20米	东南75.6	47.1		500	属渔山列岛五虎礁
老虎屎礁	干	石浦	平虎礁东50米	东南75.65	47.15	2.2	500	属渔山列岛五虎礁
尴尬礁	明	石浦	伏虎礁东70米	东南75.7	47.35	0.5		属渔山列岛五虎礁
老虎爪礁	干	石浦	伏虎礁南0.25公里	东南76	47.5	2	500	属渔山列岛五虎礁
笔架礁	干	石浦	平虎礁东南0.3公里	东南75.9	47.3	3.6	500	属渔山列岛五虎礁
边礁	干	石浦	大白礁北50米	东南75.3	46.2	2		属渔山列岛,1984年10月定名
南多伦礁	明	石浦	观音礁北100米	东南75.7	46.8	2	600	属渔山列岛,1984年10月定名
观排礁	明	石浦	观音礁南20米	东南75.4	46.9	19.1	1000	属渔山列岛

续　表

名　称	类别	所在乡镇	地 理 位 置	在丹城	距大陆最近点	海拔	面积	备　注
羊头礁	干	石浦	大白礁南 0.2 公里	东南 74.6	46.6	3.5	1200	属渔山列岛
乱岩礁	干	石浦	大白礁南 30 米	东南 75.6	46.3	3		属渔山列岛,1984年 10 月定名
白笔架礁	干	石浦	大白礁南 0.17 公里	东南 75.1	46.5	2.5		属渔山列岛
母鸡礁	明	石浦	大白礁南 0.25 公里	东南 75.1	46.65	16.3	3500	属渔山列岛,原名鸡娘礁,1985 年 2 月因重名更为今名
鸡娘屙礁	明	石浦	母鸡礁西 30 米	东南 75.1	46.6	3	300	属渔山列岛
鸡蛋礁	干	石浦	母鸡礁西南	东南 75.6	46.75	1.4	500	属渔山列岛,1984年 10 月定名
落仙礁	干	石浦	北渔山南端偏西 30 米	东南 76	46.6	2		属渔山列岛,1984年 10 月定名
鸡屙礁	明	石浦	北渔山南端偏西 50 米	东南 75.6	46.6	14.7	2100	属渔山列岛
破城礁	干	石浦	北渔山南端偏西 0.25 公里	东南 75.8	46.7	1.5	500	属渔山列岛,1984年 10 月定名
塔西礁	明	石浦	北渔山南端西侧 30 米	东南 76	46.75	18.8	800	属渔山列岛,1984年 10 月定名
跳连礁	干	石浦	南渔山东北 0.4 公里	东南 75.9	47.2	3.6	1500	属渔山列岛
老太婆礁	干	石浦	南渔山北 40 米	东南 76	46.75	1.5	500	属渔山列岛
小乌礁	干	石浦	南渔山东北 60 米	东南 76.8	47.15	3		属渔山列岛,1984年 10 月定名
呑底礁	干	石浦	南渔山北 40 米	东南 76.5	47	1.5		属渔山列岛,1984年 10 月定名
小山礁	明	石浦	南渔山东偏北 0.1 公里	东南 77	47.2	26.8	3200	属渔山列岛,1984年 10 月定名
观通礁	干	石浦	南渔山东 0.1 公里	东南 77.3	47.3	1.5	2000	属渔山列岛,1984年 10 月定名
心肝礁	明	石浦	南渔山东 80 米	东南 76.4	47.5	30.8	4500	属渔山列岛

续 表

名 称	类别	所在乡镇	地理位置	在丹城	距大陆最近点	海拔	面积	备 注
南夹礁	明	石浦	南渔山东面南侧80米	东南76.5	47.7	11.5	1500	属渔山列岛
湾里小礁	干	石浦	南渔山南0.1公里	东南76.5	47.45		1.5	属渔山列岛,1984年10月定名

——《象山县地名志》编纂委员会:《象山县地名志》,浙江人民出版社,1995年,第439~442页。

渔山列岛主要旅游资源类型

主 类	亚 类	基本类型	典型旅游资源
地文景观	综合自然景观	海岛山丘旅游地	北渔山、南渔山
	地质地貌形迹	奇特与象形岩	五虎礁、青蛙石、雨伞礁
		岩壁与岩缝、洞穴	仙人桥、悬崖、坐井观天、龙洞
水域风光	河口与海面	观光游憩海域	渔山海域
		击浪现象	渔山海蚀岩岸击浪
生物景观	野生动物栖息地	鸟类栖息地	大白礁、南渔山
		贝壳类生长地	渔山岩岸礁石
		鱼类栖息地	渔山海域
		珊瑚生长地	渔山海域
天象与气候景观	天气与气候现象	避暑气候	渔山游览区
		气候现象	渔山日出
遗址与遗迹	遗址	军事遗址	南渔山营房、坑道,北渔山营房、坑道
建筑与设施	特色建筑	桥梁	铜瓦门大桥、三门口大桥
		设施	中国水产城、水产城码头、客运码头
建筑与设施	建筑物	航标	渔山灯塔
旅游商品	地方旅游商品	水产品	渔山海鲜、渔山石斑鱼、渔山海鲵

——《石浦镇志》编纂委员会编:《石浦镇志》,宁波出版社,2017年,第1293页。

南田全图

——(清)杨殿才:光绪《南田记略》,清光绪元年纂抄本,浙江图书馆藏。

(编者注:同治十三年(1874),杨殿才就任象山石浦同知。此前,南田是清廷的封禁之地,在他的大力推动下,光绪元年(1875)清政府同意南田开禁。《南田记略》是杨殿才推动开禁的过程中形成的,书中除了附有主要居民点的地图外,还有"南田全图"一幅。"南田全图"大体方位是南方朝上,整幅地图用中国传统的写生笔法画成,立体感很强,读者好像是在一个晴空万里的大好日子里,站在石浦北侧的高山之顶,极目远眺,纵览南田列岛全景。图中左上角(东南方最远处)的海洋中,标有"南鱼山",未见"北渔山"。)

《海门附近海岛表(自海门卫起计)》之"南鱼山""北鱼山"

岛 名	偏度	直距	长	阔	居民
南鱼山	东偏北	一百四十二里	三里又三分里之二	二里又三分里之一	二十余户
北鱼山	东偏北	一百四十八里	二里又三分里之一	一里半	二十户

续表

岛　名	偏度	直距	长	阔	居民
	北鱼山灯塔,系透光镜,白光乍明乍灭,灯光点距水面二十九丈四尺,晴时能照七十八里。南、北鱼山,西图总名黑山列岛,号为多盗。今查此间有居民者凡三岛。南鱼山居民二十余户,北鱼山居民二十户,白礁居民五户,皆闽人之捕鱼为业者,颇驯良。				
白　礁	白礁在北鱼山西,微离,有居民五户。此岛而名为礁也。				

注：原文自右向左繁体竖排,此表格是编者根据原文重新排版。

——（清）朱正元辑：《浙江沿海图说》,清光绪二十五年刊本,见《浙江省沿海图说》,《中国方志丛书》华中地方第二〇〇号,成文出版社有限公司,1974年,第162~163页。

（编者注：《浙江沿海图说》为清末朱正元撰,附有《海岛表》一卷,光绪二十五年（1899）在上海出版,内容主要依据外国文献,同时结合中文资料,是清代研究浙江沿海的重要著作。）

"南田县境全图"东南角标绘"北鱼山""南鱼山"

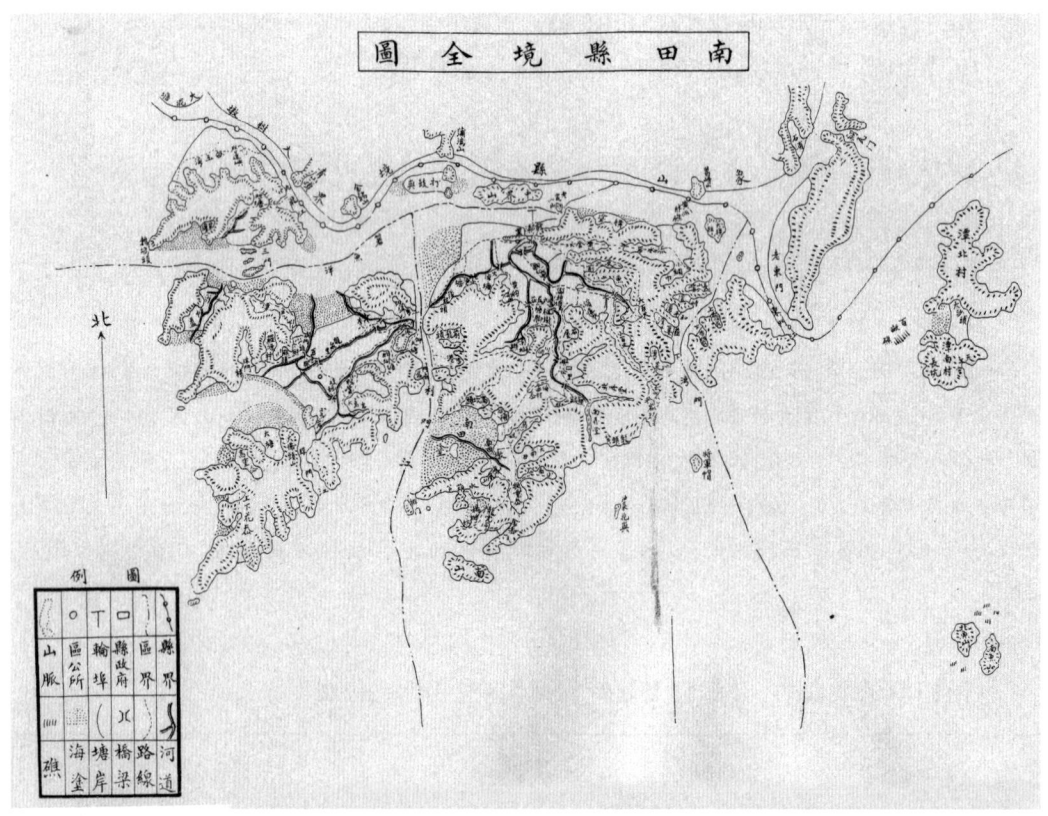

——（民国）吕耀钤、厉家祯等纂修：《南田县志》卷一,据民国十九年铅印本影印,见《浙江省南田府志》,《中国方志丛书》华中地方第六一号,成文出版社有限公司,1970年,第20页。

（编者注：1915~1920年担任南田县长（当时称"知事"）的吕耀钤发起编纂县志，但未能成书。民国十九年（1930），南田县长厉家祯在吕耀钤旧稿的基础上进行编纂，于同年完成了民国《南田县志》并铅印出版。）

象山港南与台州湾北之岛屿

自牛鼻山而南约十海里，其间小岛、礁石不可胜计，而以道人、青门、羊背、大漠等岛为大（别详《沿海篇》）。大漠之东九海里曰韭山列岛，小岛礁石无数，稍大之岛凡六：曰半轭山，有两岛最居东北，其西南曰官船沃，曰双山，再南曰大韭山，其西南曰蚊虫山，又东南曰积谷山，皆青葱苍翠，而以大韭山为大，长三海里，最阔处一海里又四分海里之一，最狭处有仅一百拓至一百二十五拓者，一名南韭山，有居民渔户颇多（《方舆纪要》：韭山以多韭名。自象山县东四十里之双泉山入海，历小睦、大睦、西殊、东殊，以至韭山，皆列峙海中。又东南百里而至大韭山，卓然孤立，凭据大洋，直望日本夷船往来，恃此为准）。韭山西北曰大漠洋，以大漠山岛而名也。大漠山东南当昌石营，海外有半边、双擎、中擎、东锁、西锁、三岳诸岛，而以三岳为著，东北与韭山遥望（《方舆纪要》：三岳山，三岛鼎立，一名三萼，又名三仙。贼自韭山东，道必经此。明嘉靖三十四年（1555）[①]为倭寇所据，官兵力战，始克之）。三岳列岛西南曰铜头山岛、牛栏基岛、萝驾岛。别详《海岸篇》。再西南当石浦之东曰东门山（一名南汇山）。别详《海岸篇》（《方舆纪要》：其状若门，下有横石如阙，又名天门山。明初昌国卫置此，倭寇往往由此南犯温、台）。南汇之南曰对面山（西图名险岛，又名兴岛）。二山西南曰大南田岛（西图名牛头山，又名小鱼山），南北长七海里，东西最广处约五海里，为六横山以南最大之岛（清时于岛上设县治，并其东西各岛为南田县。石浦同知亦设行署于此，以时往来）。东北部特高，山峰多在四千尺以上。中多平旷地，皆膏腴（清光绪初年，派开垦委员驻岛上）。更西曰渔塘山（西图名尖阳岛），北、西南、东本为三岛，以沙涨而合为一，故中间平原极广。更西曰满山（西图名生佐治岛），在三门湾内。其西曰满山洋，别详《海岸篇》。渔塘南曰大佛头山，小于大南田约五之三，小于渔塘亦三之二（其北角有独峰，形如巨擘，高八百尺，航海者见此高峰，即识湾口故。《方舆纪要》谓日本人入贡以此为向导。然谓大佛头即大南田，则误），皆三门湾口之大岛也。东门岛之东曰坛头山，北方、东南、西南，三面突出，而其中间最狭处仅十分海里之一，地形奇特（明时倭寇尝望此山收泊，嘉靖间设兵哨守）。坛头之南有六小岛，最近大南田者相距二海里，最远大南田者相距五海里，最向南而距坛头山八海里者曰双生岛。其余各小岛，距坛头山一海里至六海里者尚多。自双生岛再南当桃渚港口，小岛罗列，其著者曰金门岛，西距桃渚港口七海里，北距南田岛十四海里；曰高岛，在金门东南；曰九累岛，在高岛西。高岛西南三海里曰竹屿（土名头门山，一作窦门），其西约七海里曰白沙山（一名泥岛），与灵江口北岸相近矣。高岛之东偏南约二三海里曰东箕山，竹屿之南偏东约六海里曰风暴岛。岛

---
① "（1555）"为编者加。

凡二：南曰南江山，北曰北江山，自东北与西南二方向望之不辨为二岛也。风暴之东约二海里曰百笠山（又名花蓝岛，西图名克尔雷特岛），东箕山东北约二十海里曰黑山群岛（当坡坝港口正东二十五海里，旧属南田县），小岛凡五六，其著者曰南鱼山，曰北鱼山（为本省考察海洋气候之中心。见《气候篇》），曰白礁，皆有居民，多者二十余户，少者四五户，皆闽人，以捕鱼为业（岛民性颇驯良，而西人目以盗薮，或偶有所遗，遂概言之，如麦哲伦之于贼岛耳）。

以上皆台州湾以北之岛也。

——浙江省地方志编纂委员会整理：《重修浙江通志稿》标点本第二册，方志出版社，2010年，第608～609页。

北渔山气候

故本省气候，可划为钱塘江流域、瓯江流域及岛屿三区，而以杭州、永嘉、北鱼山（在南田岛东）三处为其代表。

温度

年月温

年温　……最高平均……北鱼山为摄氏三十二度又十分度之四。最低平均……北鱼山为摄氏二度又十分度之一。

月温　月平均温度……北鱼山三月为摄氏四度又十分度之五。至于全月最高平均……北鱼山八月为摄氏二十九度又十分度之五。月中最高平均……北鱼山为摄氏三十二度又十分度之三。全月最低平均……北鱼山二月为摄氏二度又十分度之一。

气温之升降　……北鱼山四月至五月上升最大率为摄氏五度……北鱼山十一月至十二月气温下降率为摄氏五度又十分度之三。此显与季风之进展有关。

雨水

季节分配

冬、春、夏、秋之百分比……北鱼山冬季为百分之十四，春季为百分之三十三，夏季为百分之三十一，秋季为百分之二十二。

雷雨

……平均年……北鱼山六次，均以春、夏为多。夏雷尤多于春雷，系气团雷，春雷系锋线雷。

湿度、云雾、日照

本省岛屿多雾，北鱼山之雾，年达八十日至一百余日，与苏省小龟山及山东成山头之蹟那岛同为全国雾日最多之地。……滨海及岛屿多黄沙，北鱼山年有五六日。

冬夏季风极锋及风暴

年中最高平均与年中最低平均……最高……北鱼山摄氏三二点四度；最低……北鱼

山摄氏二点一度。……日较差之月平均……北鱼山三月摄氏四点五度。全月最高平均……北鱼山八月摄氏二十九度点五度。月中最高平均……北鱼山摄氏三十二度点三度。全月最低平均……北鱼山二月摄氏二度点一度。气温之上升……北鱼山四月至五月上升最大为摄氏五点零度。气温之下降……北鱼山十一月至十二月下降为摄氏五点三度。此显与冬季风之进展有关。

温度

年月温　日较差之年平均……北鱼山仅摄氏零度。

降水量之分析及降水日数

量别降水日数　一日之内最大降水量……北鱼山则达一百十七公厘,发生于十二月。

温度、云雾、日照等

本省岛屿多雾,北鱼山年达八十日至一百余日,与苏省小龟山、鲁省成山头之蹼那岛同,为全国雾日最多之地。其成因,属暖气流行经冷水面所成之平流雾,与东南季风之进退有极大关系。出现之季节,以春、夏为多,尤以六月为甚。雾日达半月,秋、冬极少。……滨海及岛屿多黄沙,北鱼山年有五六日。

——浙江省地方志编纂委员会整理:《重修浙江通志稿》标点本第二册,方志出版社,2010年,第673～675、677～679、681～682、684～685、688、690页。

(编者注:1942年,浙江省史料征集委员会成立,余绍宋为主任,开始编纂省志。此时正值抗战期间,编修者四处流离,曾到过永康、云和等县,编修工作在极其艰辛的环境中进行。抗日结束后,编修者回到杭州,但不久即因国共内战而解散,编修工作停止。1949年,稿本及资料移交浙江图书馆保管。1983年,浙江图书馆对稿本进行誊录,并以《重修浙江通志稿》之名刊印125册作为内部资料。2010年,方志出版社出版了这部巨著的校点本。)

二、渔业资源

渔山渔场

在县东南 75 公里以外,韭山、渔山、台州三列岛连接线以东洋面,除小部分在象山、临海等县市领海线内外,大部在 12 海里的领海外,作业总面积 51500 余平方公里。场内作业的渔船以石浦港为主要基地,大陈和海门港次之。

由渔山列岛得名,属近海渔场。软泥底,部分含泥沙质。由西北向东南倾斜,一般水深 40~80 米,渔山列岛附近 26~38 米,东南深达 80~100 米。水色呈蔚蓝,能见度 6~7 米。往复流,涨潮流向西北,落潮流向东南,流速 2 节。冬季表层水温:内侧 11~12℃,盐分 28‰~29‰;外侧 17~18℃,盐分 33‰~33.5‰。夏季:内侧 28~29℃,外侧 28℃,盐分均 33‰~34‰。属亚热带海洋性季风气候。冬季多行东北—北风,夏季多行西南—南风。春夏之交多大雾,一般上午 10 时前后散去,夏秋两季多台风。冬季大风日多于浙江北部沿海海面,且风力衰退要迟 6~24 小时。

渔场地处沿岸冷水流与台湾暖流交汇激荡之区,且暖流控制时间较长,宜于鱼类回游、繁殖。资源丰富,产带鱼、大小黄鱼、海鳗、鲳鱼、鲻鱼、乌贼、鲐鱼、鳓、沙丁鱼、马面鲀及虾、梭子蟹等,岛礁沿岸还产鮸鱼、石斑鱼、海鳗等。自 70 年代开始,大黄鱼资源衰竭,但仍为浙江中部沿海其他经济鱼类的重要产地,常年产量 10 余万吨。其主要经济鱼类及生产情况如下:

一、带鱼,常年有捕,旺汛在 11~12 月间。主要作业方式为机帆船对网和机帆船机轮底拖网,间有温州、台州及福建渔民的延绳钓,即大钓、小钓船。

二、乌贼,以有针乌贼为主。立夏后乌贼群北上产卵洄游,为对网、拖网捕捞的主要季节,但时间较短。冬季带鱼汛亦兼捕乌贼。

三、上层鱼,主要有鲐鱼、沙丁鱼、蓝圆鲹、大甲鲹、舵鲣(包括青占鱼、黄占鱼、铁甲鱼、炸弹鱼、鲲鳂等)。立夏前后,鲐鱼经渔场北上,为机帆船对网的主要兼捕对象。8~10 月是捕获上层鱼的主要季节。

四、黄鱼,包括大黄鱼、小黄鱼。目前,小黄鱼产量很少,大黄鱼几乎绝捕。

五、马面鲀,俗名剥皮鱼。属外海性中下层鱼类,70 年代新开发的资源。

六、梭子蟹。每年入冬后至翌年 3 月,是机帆船对网、拖网及溜网主要捕捞季节,蟹体肥壮、膏满、味美。

七、其他鱼类。海鳗是对网、底拖网主要兼捕对象,一般靠近岛礁的水域为多。海鲵,系鳗鱼的幼鱼,属海味珍品,盛产于渔山列岛附近清水海域,为象山渔业特产之一。每年立夏至中秋为汛期,一般年产干品15～20吨,高的年份40～50吨。近年捕捞者少。石斑鱼,亦盛产于渔山列岛,为象山渔业特产之一。不可网捕,只用钩钓,肉质鲜韧,有"海鸡肉"之美称,运往港澳,鲜活名贵。

——《象山县地名志》编纂委员会:《象山县地名志》,浙江人民出版社,1995年,第370～371页。

渔山渔场

与大目洋、猫头洋两渔场不同之处是渔场中的渔山岛上有从事渔业生产的居民。岛属象山县。处北纬28°51′24″,东经122°13′30″。距石浦渔港45公里。列岛呈东北向西南排列,以北渔山、南渔山为主岛。但以北渔山得名,是国家确认定名的渔场。渔场北连韭山渔场,南迄大陈渔场,东为浩瀚大海,西接猫头洋、三门湾。渔山是渔民在捕鱼时的重要陆基坐标,其中五虎礁是国家东部领海基线的起始岛礁之一。50年代,木帆船捕鱼时期春季小黄鱼汛时来自宁波、舟山等地渔船,首先在此渔场开捕小黄鱼。之后,随着鱼群移动,逐渐向北追捕。冬季捕带鱼,因渔场上盛行偏北季风,且渔山以南大陆岸线趋向西南,渔民视渔山为雷池,不敢逾越,直到渔船机动化后捕鱼始向南、向东延伸扩展。渔场东北至东南是冬季捕捞带鱼的主要渔场,是三省一市近千对机帆船在此必捕之渔场。又是沿海小型流刺网长年渔船作业的海域,西南首是定置张网,东北和东南首曾是60年代前捕小黄鱼的主要渔场。80年代前此岛周围也是捕捞大黄鱼、墨鱼的渔场,因此有渔山渔场的称号,各种作业渔船都在此渔场捕捞,年产量约在15000吨左右。该岛南北渔山中间的大澳底水深8～9米,小湾、南湾、西南湾都是渔船良好的避风港湾和锚地。1984年被南京军区确定为台湾渔轮的避风点之一。渔山岛渔场除海洋捕捞外尚有网箱养鱼。2003年有七人合伙,实施深水网箱养鱼没有成功。2004年春,有柯位初放养深水抗风浪网箱15只,每只网箱面积10米×10米=100平方米。放养鱼苗4万多尾,品种为黄鱼、石斑鱼、黑鲷(海鲫)。

——象山县海洋与渔业局渔业志编纂办公室编:《象山县渔业志》,方志出版社,2008年,第172页。

渔山特色水产品

淡菜 煮干品。学名厚壳贻贝,土名壳菜,多于秋季采捕,产于渔山列岛;系剥取煮熟之贻贝晒干,每10公斤鲜贻贝能产干肉0.5公斤,年产一般1000～1500公斤,高产年产到15000公斤。70年代因滥采过度,几乎绝产。后经人工保护,近年已有所恢复。

铲淡菜 淡菜即贻贝。象山县内渔山岛有此作业(俗称攻淡菜),且延续至今。渔期每年6月至9月,其中7月、8月为盛期,工具由铲头、铲柄组成,铲头扁形铁制,柄为圆木,作业时渔民腰系网兜一手执铲一手抓岩石,顺岩壁睁目下潜,见有贻贝丛生,用力向下铲取使其落入网兜内,立即上浮换气,倒出贻贝再次下潜铲取。一般潜水深度3~5米,倘能潜入更深处,则闭气时间愈长,所铲之贻贝个体更益肥硕。另一种选在大潮汛落潮后干出的岩礁处铲取,一般男女皆可为之,但所获贻贝个体甚小。当今渔山岛上时有青浜庙子湖人来此,带潜水头罩下海操作此业(岸上人打氧气),私下与渔山岛人共分渔获,局渔政人员常去行政执法,未果。

海蜒[①]　产于渔山列岛。系鳀鱼一类之幼鱼,体形细小,生活于透明度、盐分较高之外侧海域,游泳能力弱,又喜微光,故必待其随暖流游至岛屿附近方能捕捞,因受海流变化之制约,年产量波动甚大,最少时年产海蜒1.5吨,1976年最高,单渔山村就产62.2吨,一般年产10吨至25吨。每年4月下旬至9月为生产季节,以五六月份为旺季。渔山列岛所产海蜒,以味鲜、干燥、盐淡适口、色泽明亮、杂质少、外壳整齐而冠于省内各地,素负盛名;宁波水产品市场有"渔山海蜒不到,货不开秤"之说。渔山列岛渔民祖先,约在200年前从闽南迁此捕鱼定居,捕海蜒技术及加工的独特方法亦由此传来。捕时均在夜间进行。网具有翼网,有如小对网,而上天井网短,下天井网长,形如畚箕,网目特细,故又名畚箕网。加工方法考究,故其质量特佳,捕到之鲜鱼随即加工,用大锅煮水沸,倒入鲜鱼,沸后立即用铁丝勺捞出,薄摊于竹簟上,晒干后拣去杂鱼,筛去碎末。70年代中期,县水产公司烘房建成,代渔民烘干,故促进了增产,但烘干者色泽较深,鲜味次于晒干者。

按:海蜒初期产者,长2厘米余,眼部呈一黑点,商品名细桂,俗称眯眼海蜒,质量最佳。稍后产的大些略长,长如火柴梗,称为中桂。更大者称粗桂。八九月份产者,色白、体大,称秋白,海蜒价格以小者为贵。

渔山鲏　煮干品。渔山列岛特产。系青专(鲐)、黄专(黄园鯵)、沙丁鱼之幼鱼,经腌制2小时后,再煮沸晒干。因富油脂,不耐久贮、味鲜而香,畅销于象山县农村。

——象山县海洋与渔业局渔业志编纂办公室编:《象山县渔业志》,方志出版社,2008年,第343、265、339~340页。

夜捕海鳗

石浦渔山岛,是宁波地区最南端的一个列岛,面对东海大洋,海域辽阔,水清质纯,渔业资源丰富。从18世纪开始,渔山海鳗,量多质优,名闻遐迩。今年盛夏,我访问了这个孤悬海上的渔村。

由54个岛礁组成的渔山列岛,最大的主岛为北渔山,1955年2月10日解放,如今渔村只有四十来户人家,百余人口,以捕鱼、撮螺为业。海鳗是鳀鱼幼苗,春末始发,盛夏最旺,中秋结束。一般只围捕三四个月时间,年产在五至八百担之间。6月中旬的一天傍

[①] "海蜒",文献中或作"海鳀"。

晚，我随渔民吃过早晚饭，从大岙船埠头出发，穿过五虎礁。船行不到半小时太阳下山了，黄昏挟着习习的凉风飘然而至，被闷热的太阳晒得透不过气的鳀鱼幼苗，纷纷浮上水面，追逐嬉戏，不时窜出水面，掠起一片片细密的波光。大家都高兴得叫起来：今晚海蜓大发了，看海面上密密麻麻的到处都是。我往海面上仔细一看，细密的波光之处，都是一条条浮动着的幼鱼，张开细小的嘴巴，看样子它们也被这又闷又热的气候逼得浮上水面来"乘凉"了。

围捕海蜓的舢舨船，3只一组，成T字形展开，每条渔船上点着用柴油浸过的火把。火光倒映在海面上，金光闪闪，成群结队的幼鱼，被光亮引诱，争先恐后追逐挤轧，随火光前进。三条舢舨围拢在一字形的直线上后，开始收网捞鱼。舢舨船因为拉着沉重的渔网，使右边的船舷贴近水面，我坐在舱中，真有"三尺舱内是娘房，三尺舱外是阎王"的恐惧感。第一网就捕了百把斤幼鱼。捕鳀鱼幼苗可不像捕黄鱼、带鱼，一网能捕二、三千斤，多的四、五千斤。鳀鱼幼苗一网能捕到百把斤，已经算是"大网头"了。舢舨顺着潮水，接连下了五、六网，月亮逐渐偏西，星斗满天，渔民的头发沾了露水，身上一片凉意。海蜓的网头也越来越少，收起最后一网，载着五百来斤的幼苗，迎着渔山岛上闪闪烁烁的亮光，回到了船埠头。大家把一筐筐鳀鱼幼苗抬到加工厂，由加工人员将它装入用极薄篾片编织成藤夹形的"匹篮"中，往大锅沸水中浸数分钟，待半熟后再捞上来，一早去晒干即成海蜓。海蜓分"细桂""中桂""秋白"三种。每斤八千条到一万条的为上品"细桂"。渔山产的海蜓，因当夜捕获，第二天晒成干，色白、味香、名闻各地。

——朱华庭：《夜捕海蜓》，《渔文化》，2006年第1期。

渔山海水养殖

常规网箱 象山县海水网箱养殖雏形初现于70年代末期渔山岛。当时，渔山渔民金根财、李效安等把钓上来的石斑鱼，用网围养在岛的周边海水里，等候外贸部门前去收购。此开网箱养殖之先河。

石斑鱼养殖 渔山岛周边海域盛产此鱼……象山县石斑鱼养殖始于70年代末期的渔山村。当时渔山渔民金根财、李效安等几个人把钓上来的石斑鱼，用网围养在岛的周边海水里，等候外贸部门前去收购。因售价奇高，引起有关部门关注。

鲍鱼养殖 1979～1980年，浙江省海洋研究所、县水产局、象山县水产研究所，从舟山水产研究所取来盘大鲍鱼苗种300只，放养在北渔山灯塔下，150只自然放流在海水下石岩里，看不出成长效果，另150只采用笼养（笼用塑料篾编成）苗种大1.2毫米。次年5月养至3厘米左右，因遭台风破坏殆尽。1986年由胡士元、邱凯善、叶良华三人去大连，拿来3000只皱纹鲍，1020只放养在渔山，350只养在贤痒的西泽港，其余鲍鱼在运输中死亡。此次养殖未获成功。

1988年，县养殖公司从事海鳗活体暂养及运输技术研究，1989年成功，当年出口日本。1989年,与渔山渔民合资在渔山岛上建海鳗暂养池350平方米。

1991年春,县养殖公司在渔山岛投资50万元,建成234平方米鲍鱼育苗厂,并从山东引进亲鲍300余只,年产卵15000万颗,总孵苗200万颗,出幼鲍7万只。

——象山县海洋与渔业局渔业志编纂办公室编:《象山县渔业志》,方志出版社,2008年,第274、292、305、42~43页。

投放人工海底鱼礁

水产专家测算,象山县沿海海域水产资源平均密度只有80年代的1/8。渔汛已基本消失,一些海域已无鱼可捕。建筑"人工鱼礁"就是给鱼儿筑窝,提供鱼儿一个生息繁殖场所。创造有利于鱼、虾、贝、蟹、藻等水生生物生长的环境条件,促使初级生物的滋生,增加鱼类、贝类的食物来源。2003年初,省海洋与渔业局与宁波市海洋与渔业局组织科技人员来象山县对人工鱼礁投点进行调查,一致确认渔山列岛、韭山列岛海域适宜投放人工鱼礁。市局据此编制完成了《宁波市人工鱼礁建设布局规划(2004~2020年)》。2004年7月通过专家论证,8月由市发展委员会、市海洋与渔业局联合发文颁布实施。同时象山县海洋与渔业局制定2004年渔山列岛人工鱼礁投放(试验性)计划。市府拨款85万元用于人工鱼礁一期工程建设。宁波市海洋与渔业局首次实施人工鱼礁,投放在渔山列岛附近海域,由7艘报废渔船改造而成。

按:人工鱼礁有2座是钢质,5座是木质报废渔船改建,共有5000立方水体。……人工投放的旧渔轮都是按照人工鱼礁的工艺程序进行船体修补:安装阀门、拆除机器、清除油污、拖运等。船体的上层设计:石块压舱,甲板上还装置了钢筋水泥块礁体。有的船上水泥块重量达到35吨,还架设了汽车轮胎或毛竹片以增加压载重量和礁体的空立方。这既是修复海洋生态环境的一项重要工程,同时也是一种全新的海洋产业。有利于创造鱼、虾、贝、蟹、藻等水生生物生长的环境条件,促使初级生物的滋生,增加鱼类、贝类的食物来源。

——象山县海洋与渔业局渔业志编纂办公室编:《象山县渔业志》,方志出版社,2008年,第646~647页。

中国·象山国际海钓节

中国·象山国际海钓节(开始亦称渔山国际海钓节),是2003年9月中国开渔节生发出来的一个重要活动项目。由中国开渔节组委会发出邀请,具体经办人为省体委、钓协秘书长孙浙东。应邀前来垂钓的有中国台湾、香港、澳门地区以及日本、韩国、美国、马来西亚、泰国、葡萄牙和印尼等国家的180多位客人……争夸渔山是亚洲第一钓场。

——象山县海洋与渔业局渔业志编纂办公室编:《象山县渔业志》,方志出版社,2008年,第589页。

三、海岛聚落

渔山列岛概况

列岛由13个岛屿,41个礁石组成,统称渔山列岛,总面积2平方公里。位于象山半岛东南海面上,处北纬28°51′24″,东经122°13′30″。距石浦渔港45公里。列岛呈东北向西南排列,以北渔山、南渔山为主岛。但居民集住北渔山,北渔山面积0.48平方公里。有史记载,该岛多为海盗盘踞,清乾隆《象山县志》"海防考"记载,清顺治十六年(1659),为平郑成功、张煌言,兵部尚书苏纳海禁山洋采捕。顺治十八年(1661)[①],徙沿海居民入内地。至乾隆、嘉庆年间,海禁逐渐开放,遂有闽南渔民陆续来此定居捕鱼。渔山列岛,历史上多属象山县管辖,明时系海门汛地,清为昌石营。民国元年(1912),与南田诸岛立南田县。29年(1940)7月,南田县撤销,划为三门县文山乡。1955年3月10日,划归象山县,现属石浦镇管辖。1955年2月13日,国民党军撤离时,把岛上93户(北渔山83户,南渔山10户)500多个渔民尽数劫往台湾,一度成为荒岛。1955年5月22日,石浦镇政府组织渔民30人,随带舢板6只去北渔山岛定居,从事渔业生产(成立2个互助组)。1956年2月29日(农历正月十八日),石浦镇政府再次组织30余人上岛定居(后有6人回石浦)与同第一批的共60人,成立4个互助组。有舢板船9只,运输船1只。1957年,成立渔业合作社。据2002年度统计,渔山岛有渔民104户244人,机动渔轮41只,辅助船24只计4730吨,8056千瓦。渔业年总产量6600吨,其中捕捞6570吨,总产值2920万元,其中捕捞2690万元,户年均收入24519元,人均年收入10451元,劳均年收入16139元。2003年,153户470人,渔业劳动力165人。近年来,为卖鱼、购物和子女入学方便,渔轮都靠埠石浦,大部渔民都迁入石浦城区定居。留住在北渔山岛的仅26户40余人,多系老人。2004年,有钢质渔轮24对、机动小鲜船6只、张网机帆5只、航船1只、舢板1只,人均年收入为13140元。渔山列岛远离内陆,界临公海,岛的周围水质清澈,能见度10米左右。属海洋性季风气候。光照和雨量充足充沛,四季分明。<u>鱼类资源特别丰富</u>,一年四季盛产带鱼、大黄鱼、小黄鱼、鳗鱼、鲥鱼、鲳鱼、墨鱼、鲍鱼、石斑鱼、梭子蟹、虾类等,<u>上层鱼</u>有海蜇、渔山鲚。岩礁周边还盛产贝、藻类海鲜。岛上有网箱养鱼。2004年春,有柯位初放养深水抗风浪网箱15只,每只网箱面积10米×10

---

① 本章部分括注年份为编者加。

米=100平方米,放养鱼苗4万多尾,品种为黄鱼、石斑鱼、黑鲷(海鲫)。

——象山县海洋与渔业局渔业志编纂办公室编:《象山县渔业志》,方志出版社,2008年,第62~63页。

渔山列岛开发较早

列岛开发较早。明为海门汛地,清属象山昌石营管辖。乾隆《象山县志》载,顺治十六年(1659),为平郑成功、张煌言抗清军,兵部尚书苏纳"海禁出洋采捕",十八年(1661)迁居民入大陆。直至乾嘉间,闽南渔民始陆续来此捕鱼定居。

——《象山县地名志》编纂委员会:《象山县地名志》,浙江人民出版社,1995年,第375页。

南田建置

道光三年(1823)仍请封禁,徙其民不下六千人,派员分赴象山、临海、宁海、天台、黄岩、太平、平阳等县督同确查妥办,于是南田大小一百八岙尽空。

清光绪元年(1875)始行开放,招民承垦,立有保甲局。嗣后人民侨居较多,仿照玉环办法,收租为粮,改局为抚民厅,即海防同知。

——象山县地方志编纂委员会:民国《南田县志》点校本,中华书局,2010年,第94~95页。

渔山要事系年

宣统元年(1909),浙江巡抚增韫奏准请置南田抚民厅,辖南田、高塘、花岙、檀头山、对面山、坦塘、南渔山、北渔山8岛。除前3岛外,余均属今石浦镇。

民国18年(1929),县实行村里制,昌石属第五区,辖东来、南薰、西成、北平4镇及盐仓前、盐仓后、卫南、卫东、卫西、金鸡、星桥、胡家峙、灵照、芦洋等11乡。合檀头山、对面山、渔山三岛为三山区,属南田县。

民国29年(1940)7月,省政府决定成立三门县,今镇属之檀头山、渔山、对面山、坦塘岛及南田县划入三门县。

民国29年(1940),南田县并入三门县。其南田区所辖之檀头山、渔山及对面山(今属石浦),据民国36年(1947)末党员登记表统计:渔山9人,檀头山2人,属国民党三门县党部南田区第三区分部,区分部书记陈成满(渔山人,文山乡长)。

——《石浦镇志》编纂委员会编:《石浦镇志》,宁波出版社,2017年,第16、19、21、743页。

渔山沿革

民国元年(1912)属南田县,29年(1940)属三门县,1952年析归象山县。时有居民70余户,280余人,分居南、北渔山。

——《象山县地名志》编纂委员会:《象山县地名志》,浙江人民出版社,1995年,第376页。

渔山要事系年

1962年3月22日,根据南京军区指示,南韭山党委和渔山党总支成立。
——象山县海洋与渔业局渔业志编纂办公室编:《象山县渔业志》,方志出版社,2008年,第35页。

1976年8月,建石浦公安边防派出所。管辖昌国、番头、金星、东门、檀头山五个乡镇陆上及南田至油菜花屿、渔山列岛、北至韭山列岛海域治安管理,配公安艇1艘,巡海岸线105公里。

1982年10月,檀头山公社前卫大队和石浦镇渔山渔业大队被评为省级拥军优属先进单位。

1985年3月4日,县委、县政府、解放军83254部队联名发出《命名渔山岛为文明岛的通知》。3月25日,省委、省军区授予渔山岛省文明岛建设先进集体称号。
——《石浦镇志》编纂委员会编:《石浦镇志》,宁波出版社,2017年,第857、40~41页。

1987年4月17日,县政府在石浦镇北渔山地方举行渔山列岛地名碑揭碑仪式。
——象山县海洋与渔业局渔业志编纂办公室编:《象山县渔业志》,方志出版社,2008年,第42页。

2003年,建成渔山列岛、韭山列岛超远程基站,把移动通信号送到距大陆120公里外海岛渔区。

2004年3月20日,专家鉴定评审通过《宁波市人工鱼礁建设规划》,渔山列岛附近海域列为全市6个人工鱼礁群之一。4月,渔山列岛列宁波市大黄鱼养殖基地。11月,在渔山列岛海域投放7只报废渔轮,建宁波市首个人工鱼礁,启动新一轮发展规划。

2004年4月3日,"象农渡13"客轮从石浦港至渔山岛客运试航成功。

2007年7月29日[①],"亚洲飞人"柯受良之父、台湾台东县小石浦村妈祖庙主任柯位林率54位台胞,敬奉从台湾请来的如意娘娘小塑像,首次回故里渔山岛娘娘庙祈福祭祖,开两岸神明省亲迎亲之先。

2008年9月,100余位台湾台东县富冈村原渔山岛民护送"如意娘娘"金身到石浦。石浦—富冈信俗列国家唯一包涵两岸民俗文化的非物质文化遗产名录。

2007~2008年,渔山村道路硬化1000米,投入资金21.5万元;村自来水改造安装投入42.7万元;新建公厕1座,投入5万元;安装发电机组投入40万元,闭路电视投入16.9万元;村内卫生设施、绿化、道路保洁等4.5万元;绿化树木2000株,资源保护投入4.8万元。村办公室修理1.5万元。村民卫生、环境、文明意识较大提高。

2008年……投入30万元建成渔山岛避风港湾。
——《石浦镇志》编纂委员会编:《石浦镇志》,宁波出版社,2017年,第622、51、53~54、709~710页。

---

① 原文误作"2007年2月29日"。

渔山居民为捕鱼之闽人

今查此间有居民者凡三岛。南鱼山居民二十余户,北鱼山居民二十户,白礁居民五户。皆闽人之捕鱼为业者,颇驯良。

——(清)朱正元辑:《浙江沿海图说》,清光绪二十五年刊本,见《浙江省沿海图说》,《中国方志丛书》华中地方第二〇〇号,成文出版社有限公司,1974年,第162~163页。

渔山多渔民

檀头山、渔山两岛,昔属南田,多渔民,其粮食供应、渔获销售,皆赖石浦集散,往来密切,口音多石浦腔,少南田腔。

——《石浦镇志》编纂委员会编:《石浦镇志》,宁波出版社,2017年,第1399页。

渔山户口

南渔山村二十一户,男五十四口,女二十八口。自三甲七牌六户起,至三甲九牌六户止。

北渔山岙仔村一十一户,男二十四口,女二十二口。自三甲九牌七户起,至三甲十牌七户止。

北渔山兴化岙村一十户,男十八口,女十二口。自三甲十牌八户起,至四甲十牌七户止。

北渔山大岙村二十三户,南四十二口,女三十口。自四甲一牌八户起,至四甲三牌十户止。

北渔山灯塔村四户,男十口,女八口。自四甲四牌一户起,至四甲四牌四户止。

——象山县地方志编纂委员会:民国《南田县志》点校本,中华书局,2010年,第137页。

(编者注:此为民国七年(1918)春季编查户口数。)

民国渔山村户口

据"表十三 城镇乡户口编查表民国十年(1921)六月"载:渔山村(南北渔山)48户,男124口,女106口。

——象山县地方志编纂委员会:民国《南田县志》点校本,中华书局,2010年,第36~39页。

社区及自然村

渔山渔村 村民散居城区,107户、257人。原北渔山居民,民国后期属三门县文山乡。1952年,属象山县石浦区檀渔乡。1955年2月解放,居民悉被劫往台湾。是年,动员城区30名居民上岛定居,翌年又21名,重建村。1956年,檀渔乡划入石浦镇。1957年,建渔业合作社。1959年,改渔山渔业大队。1983年,改渔村。1995年后,村民陆续移居城区,生产季节上岛。

大岙 属渔山渔村。在城区东南74公里,北渔山西北坡山坳,呈块状。70户、193人。1958年由石浦渔民建村。90年代后,村民迁石浦城区。尚留房屋成捕鱼者临时居所。

小岙 属渔山渔村。在城区东南74.3公里北渔山东北端坡地上。24户、85人。1958年由石浦渔民建村。90年代后,村民迁石浦城区。尚留房屋,成捕鱼者临时居所。

——《石浦镇志》编纂委员会编:《石浦镇志》,宁波出版社,2017年,第64、75页。

接管渔山岛

(1955年)1月18日,人民解放军陆海空三军解放一江山岛,挫败美蒋"共同防御"阴谋,打击盘踞大陈、披山、渔山等岛敌人。2月8日,蒋经国等偕同国防部长俞大维等,由大陈岛乘大昭舰巡视渔山,以美国第七舰队为主,调集132艘舰艇、500架飞机、4500名海军、3000名空军,担任运输和护航,裹胁大陈、披山、渔山渔民,仓皇撤离。渔山岛上80余户280余口及原逃往岛上的其他人员300余人全数携往台湾(含南渔山闽籍柯姓渔民10户40余口)。10日,解放军进占渔山列岛。县委、县政府指示,组织石浦区委、县公安局、人武部及檀渔乡鲍仁弟等9人,于11日乘解放军登陆艇去接管渔山,岛上还在燃烧、冒烟。据解放军团参谋长介绍:国民党军驻守时,埋设里外三层地雷,撤退时炸毁码头、碉堡、坑道、房屋及灯塔内设施。堆放在海边大米,浇上汽油烧毁,岛上唯留一只羊、三只猫、一具棺材,别无长物。一个月后,组织在石浦、檀头山20多名原渔山渔民返回渔山经营,由驻军帮助,建房修渠,重建家园,投入渔业生产。

1955年2月13日,国民党军裹胁渔山岛(原三门县南田区文山乡第七保)93户284渔民及岛外人员203人去台湾(其中南渔山闽籍柯姓10多户40多人)。不久南田区委会同县公安局、人武部共9人接管渔山岛。5月22日,镇政府组织20名原住石浦、檀头山的渔山渔民上岛,随带舢版6只,在解放军帮助下建住房,修水池,重整家园。翌年,动员石浦镇30名社会青年上岛定居,建4个互助组,舢版9只,运输船1只。

——《石浦镇志》编纂委员会编:《石浦镇志》,宁波出版社,2017年,第1005、825页。

接管渔山列岛　范大标

1955年1月18日,陆、海、空三军渡海解放一江山岛后,挫败了美蒋"共同防御"的阴谋,沉重地打击了盘踞在大陈、坡山和象山渔山列岛上的守敌。从2月8日开始,以美国第七舰队为主,调集132艘舰艇、500架飞机、4500名海军、3000名空军,担任运输和直接护航,裹胁大陈、坡山和渔山渔民仓皇逃窜去台湾。其中裹胁渔山岛上70多户280人(其中南渔山闽籍柯姓渔民10多户40多人)。10日,人民解放军某部一个营渡海进占渔山列岛。

那时,我在石浦区委工作,2月10日渔山列岛解放后,我根据县委、县府指示,由区委派遣,同公安局、人武部同志以及檀渔乡的鲍仁弟等9人,于11日乘大军登陆艇去接管渔山列岛。

渔山列岛位于象山半岛东南,地处渔山渔场中心,台湾海峡暖流与海岸水系交汇地,鱼资十分丰富,各地渔民常来此下网。清《浙江沿海图说》记载,该地"号为多盗","查此间,有居民者三岛,南、北渔山各二十余户,白礁五户,皆闽人之捕鱼为业者……"顺治十六年(1659)为平定郑成功、张煌言部,清政府将渔山封禁,渔民均迁徙至内地,至乾隆、嘉庆间,逐渐开禁,象山石浦闽南籍渔民陆续来此捕鱼定居。鸦片战争以后,相继被法、英、美、日侵占。光绪二十一年(1895),上海海关税务总司海务科以五万关平银两在北渔山建成圆形铁铸灯塔一座,高16.9米,镜机系法国"巴比尔"公司特制,时为远东第一大灯塔。因列岛地处浙东沿海的最外侧,东西五礁又是我国领海基线的起点岛礁,故地理位置十分重要。大陆解放后,江浙两省的国民党残兵败将、土顽、惯匪,都麇集在浙东沿海岛屿上。盘踞在渔山列岛上的有"浙江人民反共突击队"、代号"2938"的何卓权部400余人,"浙江人民反共突击纵队"、代号"6708"的边子青部130余人,国防部独立第七纵队("天台山挺进纵队")、代号"67012"的赵伸明部100余人,另外有国防部保密局"3189"突击纵队凌益三、王枢等特务部队六七十人。一江山岛解放后,国民党守军、特务、土匪和被裹胁去的渔民全部去了台湾。

我们乘船从大岙上岸,见岛上许多地方还在燃烧、冒烟,一阵阵呛鼻的硝烟焦气。与驻岛部队联系上后,据团参谋长介绍,盘踞在岛上的守军逃跑时埋了许多地雷,内外三层;码头、碉堡、坑道、房屋等设施全部炸掉,大米堆在海边坑道上,浇上汽油烧掉;岛上除一只羊、两只猫、一口棺材,没有一件完整的东西了。我们在断墙残壁旁安顿下来,见有些残墙里尚有吃剩的半碗饭,锅里还有煮熟了的番薯干,从后面撬开的破箱子、破网烂船、家具杂物遍地狼藉,一片凄凉景象。我们在岛上住了一个月左右,组织了20多名原住在石浦、檀头山的渔山渔民,在解放军帮助下,建住房、修水池,重整家园,投入张网捕鱼生产。3月中旬我回到石浦,渔山岛的工作交由鲍仁弟同志管理。

(范大标,1933年1月生,镇海俞范(现蛟川街道)人。先后在鄞县土改工作队、象山南庄区土改工作队工作。历任南庄区公所文教副助理员,石浦区委宣传干事,石浦、南庄区副区长,舟山地区专署水利局科长,定海县委办公室副主任、主任,舟山地区宣传部副部长,《舟山日报》总编,普陀县委书记,定海县委书记,定海区人大常委会主任等职。)

——象山县政协文史资料委员会编:《象山百人说百事》,宁波出版社,2013年,第132~133页。

渔山台胞台属工作

1988年……清明节富冈村民23人上渔山岛祭扫祖坟。

2001年9月,县经贸考察团赴台,会见同乡会台胞及富冈村台胞。2004年8月18日至29日,石浦镇政府组织主要水产食品加工企业董事长、总经理12人访台(以浙江省企业家协会名义),重点考察台湾港口、临港型产业、修造船业、水产食品加工业,会见高雄市浙江同乡会石浦台胞严邦杰、林立生、张彰玥等。8月21日晚专程至台东县富冈新村,与渔山岛去台乡亲会面。适逢富冈村祭神,柯位林(柯受良父)率全村老小齐会村口迎接故乡"父母官"(台胞称之),设茶点盛情招待,并与大陆乡亲合影。……2005年4月,柯受良弟上渔山岛祭扫祖坟。……2007年7月29日[①],"亚洲飞人"柯受良之父、小石浦村妈祖庙主任委员柯位林老先生率领54位台胞,敬奉从台湾随请来的如意娘娘小塑身(原塑身无法空运),首次回故里渔山岛娘娘庙祈福祭祖,开创了两岸娘娘神明省亲迎亲习俗。5月,柯位林率家人上渔山岛祭扫祖坟。当年9月14日,正值第十届中国开渔节,40位小石浦村(富冈村)代表再次护送"如意娘娘"来到石浦,进住东门岛妈祖庙作客、省亲,并举行了盛大的两岸娘娘渔港巡安活动(1955年2月装箱运至台湾富冈村,原庙于1956年8月1日台灾中倒坍,1989年柯位林与其弟柯位方等10余人首次从台湾返渔山岛祭祖,见庙废,捐款6万元修庙,1990年修复),并在柯受良纪念馆(石浦)民俗表演。

2008年……9月14日,100余位台湾台东县富冈村(小石浦)原渔山岛民护送如意娘娘金身到石浦,进东门岛妈祖庙作客、省亲。石浦-富冈信俗于2008年6月列国家唯一包含两岸民俗文化的非物质文化遗产名录。

——《石浦镇志》编纂委员会编:《石浦镇志》,宁波出版社,2017年,第902~903页。

渔山岛客运码头

解放初,部队新建。在北渔山岛西南,砼重力式结构,长110米、宽6.5米。建有500吨级客运码头泊位2个,设计年客运量2.4万人次,货运量1.8万吨。总投资850万元。2008年10月底重建。2010年5月验收合格。

——《石浦镇志》编纂委员会编:《石浦镇志》,宁波出版社,2017年,第556~557页。

代办、信柜

至1957年6月,有邮政代办所:昌国卫、金星、东门、渔山、延昌前5处。……1973年9月邮电代办所合并。其中有:金星、昌国、东门、番头公社邮电代办所;委托个人代办邮政有檀头山、渔山2处。1980年4月19日,成立象山县农村邮电联营管理站,公社邮电代办所联营。渔山、檀头山乡邮政代办所隶石浦分局。……1995年渔山邮政代办所撤。

——《石浦镇志》编纂委员会编:《石浦镇志》,宁波出版社,2017年,第611页。

[①] 原文误作"2007年2月29日"。

渔山完小

民国27年(1938)前后,渔山有私塾,石浦许年芳、延昌何鹤松等先后任教。1955年2月,渔山接管前,村中空无一人,学校无存。1963年,移民增多,复办村小,隶属石浦镇中心小学。9月,招1~3年级学生20余人,设复式1班,邵爱莲兼理教育、教学等事务。借村一平顶房为校舍。1966年8月,增办4、5年级,学生2班、30余人,教师2人。翌年8月,陈赤任负责人,为岛上第一个普师毕业生。1968年9月,增办附中1班。翌年,初中、小学均为复式教学,学生3班、100余人,教师4人,初中部分课程由驻岛部队派战士兼任。是年,驻岛海军、陆军部队与生产大队,自力更生,新建教室3个,办公室2个。驻岛通讯连与学校办田径运动会,设渡海游泳项目。女教师为东海女民兵成员,按连、排参加拉练、站岗、出操、实弹射击。防空训练中,学生在警响后8分钟,全部进坑道。"文革"期间,学校无扰,照常上课。1972年,张国成负责校务。1976年前后,初中停办。1985年,三复式1班,学生8人,教师孙爱娟。翌年8月,学校停办,学生转入石浦小学、延昌小学。

——《石浦镇志》编纂委员会编:《石浦镇志》,宁波出版社,2017年,第1077页。

四、航路海图

黑山群岛

黑山群岛[①]：有人活者三岛，并八石，在东矶东北偏东又东半向十七迷当，自北至南，占地五迷当，自东至西，占地二迷当，然小而零星不相连，足供避风。其最南者，曰马鞍[②]，高出海面三百二十尺，亦最大，以其形似马鞍而言。其居民皆福建人，谓此岛曰鞍山，其人皆渔父，嘉鱼可得。诸石皆削为奇岩，最北一小岛，为海浪冲激甚多，名曰香菌[③]，其状亦与大菰相逼肖。香菌石东北又东三分向之二一迷当又四分迷当之三，有一沉石[④]，水过其上八尺。香菌之西北北四分迷当之一，又有一石，荡涤于低水。

灯塔：据有人云，黑山之上须建灯塔。

——英国海军奥图官局辑，（清）陈寿彭译：《新译中国江海险要图志》附解题，见《海疆文献初编：沿海形式及海防》编委会编：《海疆文献初编：沿海形式及海防（第一辑）》，知识产权出版社，2011年，第553页。

（编者注：该书由英国海军海图官局（London：Hydrographic Office, Admiralty）根据1845～1894年英国海军在中国沿海实地测量资料编纂的，原名China Sea Directory，主编W. H. Petley，陈寿彭将其译成中文，于光绪二十七年（1901）出版。此书英文原著及中文译本都附有地图。现在比较容易见到的版本是知识产权出版社于2011年出版的《海疆文献初编（第一辑）》中的影印本，可惜地图非常模糊。在英文原著中，渔山列岛被称为Hieshan Isles，后音译为中文"黑山群岛"，此处其他地名也是根据英文翻译的，不是中文地名。）

渔山上有淡水

伏头山。入海洋俱是一条水，西南是牛栏基。东开二更是大鱼、小鱼，山上有淡水，小鱼北边有沉礁，当使开，不可近小鱼[⑤]。

---

① 即渔山列岛。
② 即渔山列岛之南渔山。
③ 应为渔山列岛之"中白带礁"。
④ 应为渔山列岛之"牛粪礁"。
⑤ 根据向达校注的《两种海道针经地名索引》，此处"大鱼""小鱼"即为象山县的大、小渔山。文中的"海洋""牛栏基"均为岛屿名称，位于象山县沿海。这段珍贵的文字，不仅告诉人们可以在渔山补充淡水，还提醒船舶航行时应避开小渔山北边的暗礁。

——向达校注：《两种海道针经》，中华书局，1961年，第149～150页。

（编者注：《两种海道针经》包括《顺风相送》和《指南正法》两书，约分别成书于16世纪（明代中期）明中叶和18世纪初（清康熙末年），作者均已无考。原书为中文手抄本，现藏英国牛津大学鲍德林图书馆(Bodleian Library)。由向达校注，中华书局出版，是研究中国16～18世纪航海史的珍贵原始资料。）

《郑和航海图》之渔山

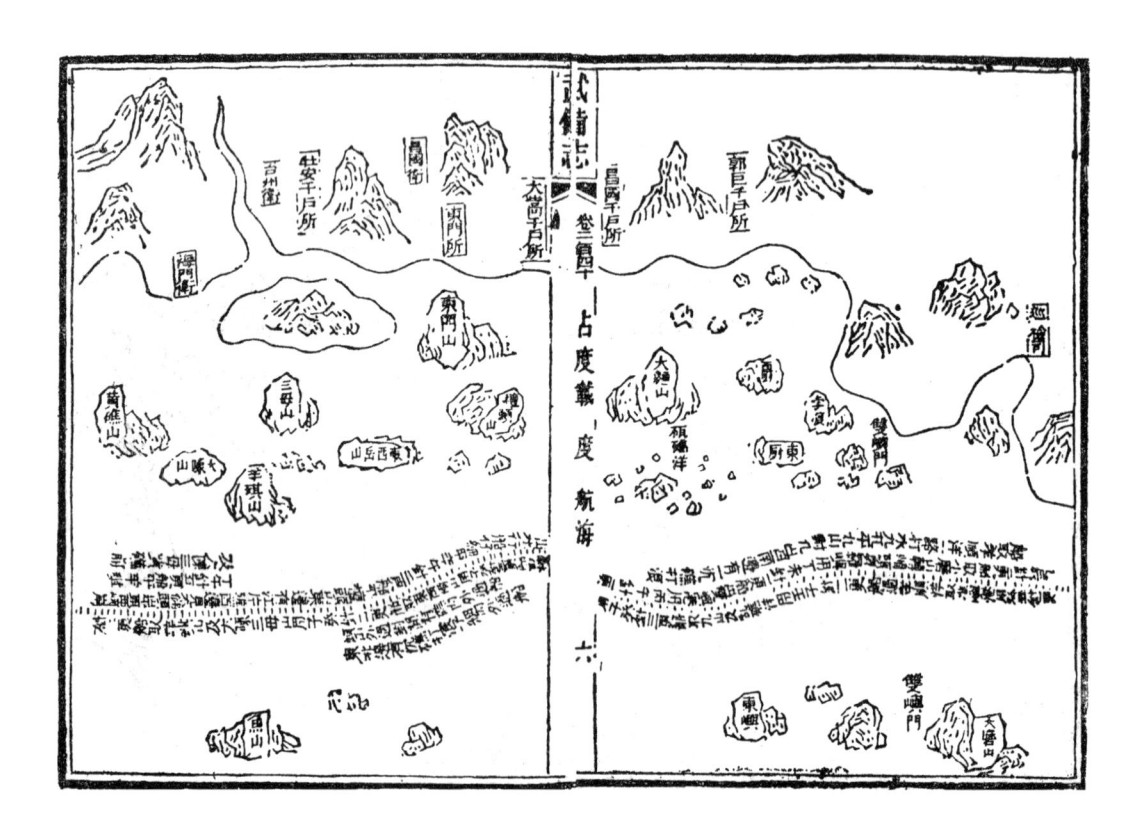

——向达整理：《郑和航海图》，中华书局，1961年，第31～32页。

（编者注：《郑和航海图》，明代航海图籍，成书于明洪熙元年（1425）至宣德五年（1430）间，记录了郑和下西洋航路航线，是研究郑和下西洋的重要资料。原名《自宝船厂开船从龙江关出水直抵外国诸番图》，后简称为《郑和航海图》。原图为自右而左展开的手卷式，明代茅元仪收入《武备志》卷二百四十后改为书本式，共24页，包括茅元仪序1页，图20页，《过洋牵星图》2页（四幅），空白1页。）

（编者注：上图为《郑和航海图》第9幅图，原书页码31，其左下角标注的"鱼山"，即今浙江省宁波市象山县东南的"渔山"。该图是目前所知最早记载象山县渔山岛的文献，也是最早绘出渔山的地图，这表明至少在15世纪前期，渔山之名已出现，同时也说明渔山在当时已是我国远洋航道上一个重要站点，郑和下西洋也曾航经此地。）

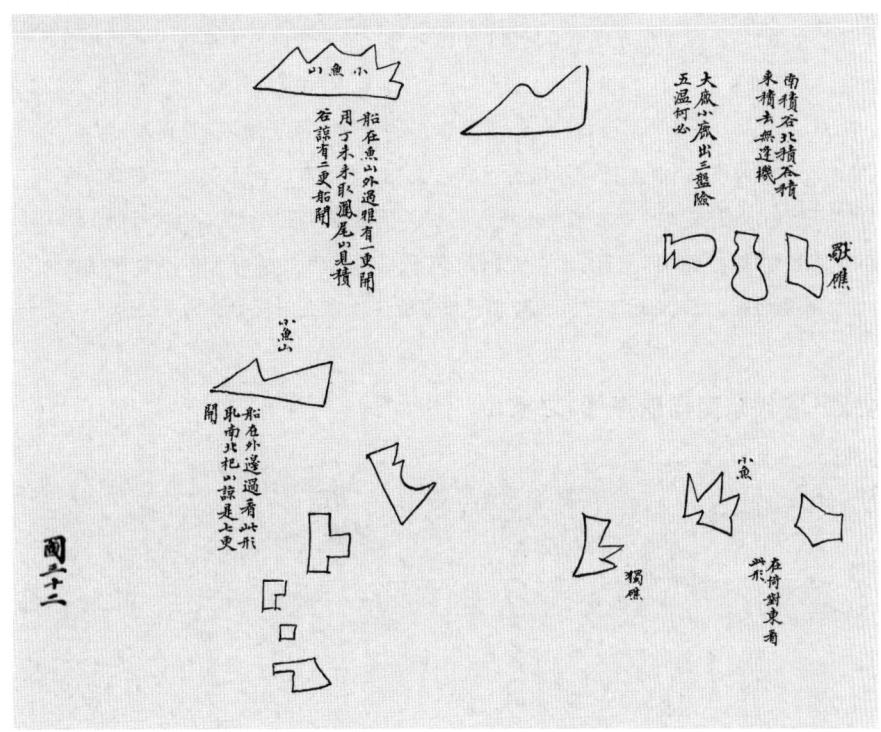

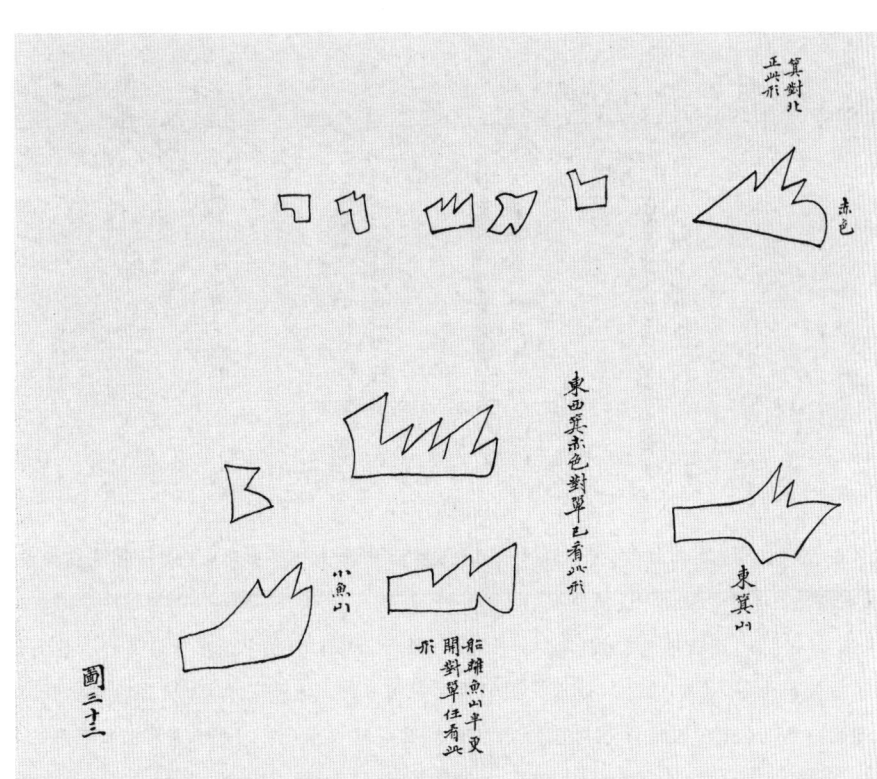

《章巽航海图》之渔山

——章巽：《古航海图考释》，海洋出版社，1980年，第71、73页。

（编者注：1956年，复旦大学章巽教授在上海一家旧书店中发现了一部民间航海图抄本，有学者称此书为《章巽航海图》。此书年代为清朝前期（17世纪后期），采用当时沿海渔民方言录写而成。）

（编者注：上图编号图三十二，其左侧上、下各绘一"小鱼山"图形，图形下方分别注文"船在鱼山外过，雅有一更开，用丁未，未取凤尾山，见积谷，谅有二更船开""船在外边过，看此形，取南、北杞山，谅是七更开"；其右下方还绘有一"小鱼"图形，图形下方注文"在倚对东看此形"，注文中的"雅"即"还有"之意，"倚"为"其"之意，现浙东方言中依然有这样的说法。下图编号图三十三，其左下方绘有"小鱼山"图形，图形右下方注文"船离鱼山半更开，对单任看此形"。这两幅图所绘的几个不同形状的渔山岛，是船只从不同方向所见之渔山岛，图形下方注文则告诉航海者在渔山岛不同方向的航法。）

耶鲁藏《清代东南洋航海图》之渔山

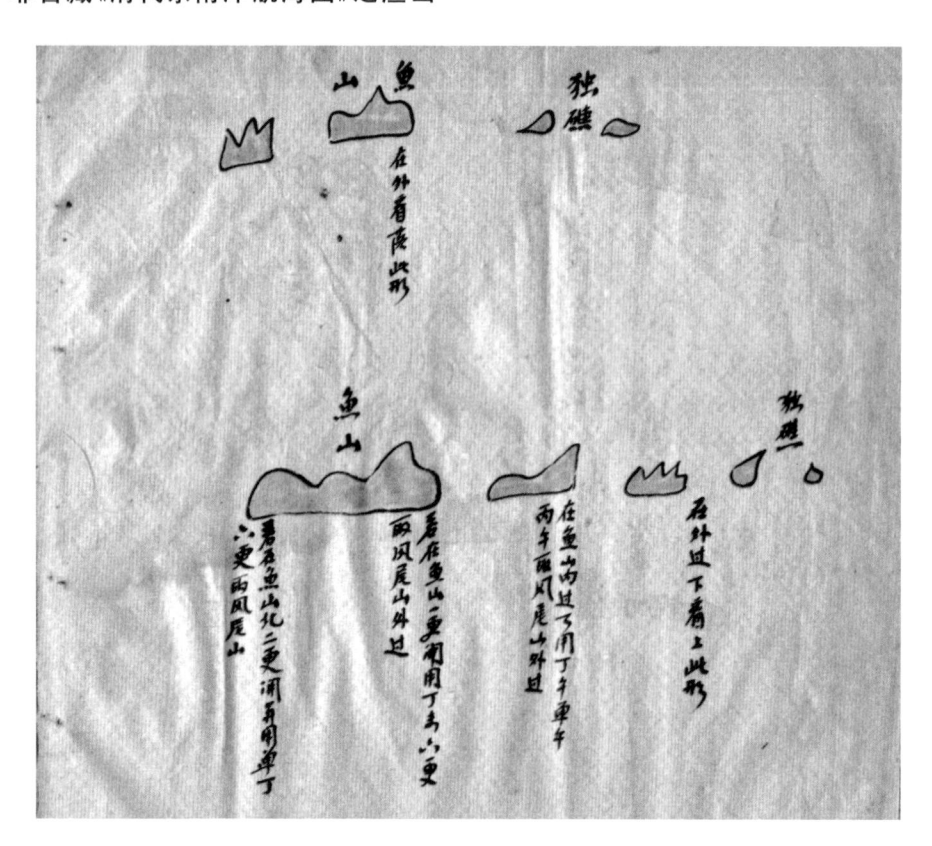

——钱江、陈佳荣：《牛津藏〈明代东西洋航海图〉的姐妹作——耶鲁藏〈清代东南洋航海图〉推介》，《海交史研究》2013年第2期，第57页。

（编者注：1841年，英国军舰"皇家先驱者号"（H. M. S. Herald）在中国东南沿海的一艘商船上劫走了一批中国民间航海图，共有122幅，现藏美国耶鲁大学图书馆。原图没有标题，香港学者钱江、陈佳荣将这批航海图命名为《清代东南洋航海图》，并将彩色原图刊发于《海交史研究》2013年第2期第1～101页。）

（编者注：上图原编号为91，钱江、陈佳荣将其刊发在《海交史研究》2013年第2期第57页时，编为图35。图上绘有上下两排岛屿。上排有四座岛屿：自左向右，第一座岛屿无文字标注；第二座岛屿上方标有"鱼山"二字，下方有"在外看落此形"的注文；第三、第四两座岛屿中间标有"独礁"二字。下排有五座岛屿：自左向右，第一座岛屿上方标有"鱼山"二字，下方左右两侧各有一段注文，分别为"若在鱼山北，二更开，并用单丁，六更，取凤尾山"和"若在鱼山一更开，用丁未，六更，取凤尾山外过"；第二、第三座岛屿都没有标出名称，但下方都有注文，分别为"在鱼山内过，可用丁午、单午、丙午，取凤尾山外过"和"在外过，下看此形"；第四、第五两座岛屿中间标有"独礁"二字，不过两个小礁石的形状不同于上排的两座"独礁"。该图所绘的上下两排岛屿，应是从不同的角度所见的"鱼山"形状。根据上排"鱼山"下方注文"在外看落此形"，可知这是从"鱼山"外侧航行时所见的鱼山岛形状。下排所绘岛屿，应是从"鱼山"内侧，即靠近大陆一侧航行时所见的鱼山岛形。这说明在木帆船时代渔山岛内外两侧均可航行。）

厦门港口放洋

厦港至大担一更

大担至乌嘴尾一更

乌嘴尾至北椗二更

又由东椗起至乌龟山七更

乌龟山至牛屿三更

牛屿至东勇四更

东勇至台山三更

台山至南北杞四更

南北杞至支山三更

支山至凤尾、长山四更

凤尾至大小鱼山三更

鱼山至普渡山前二更

或鱼山直至北乌龟山四更（左右有山）

北乌龟山至尽山三更

尽山至花鸟二更

花鸟至大捎山二更（是处走，外见红水，便入吴松外洋口；或是青水，便是舟山外洋。俱有见山）

大捎至灯船二更（此处俱是红水，可入半口，或未到灯船，便有舵水人夫接引。该处水浅）

灯船至三株树一更（有塔衣岸）

三株树至梧松二更（是入小口。此处如大船等候风潮，或雇小船引至上海，要需引费千余文）

梧松至上海二更(此系内河,有风雨时可到,无风候潮一水可到)

——《各处海岛礁屿便览》,民国初年抄本,宁波天一阁博物馆藏,第2~3页。

厦门往锦州、山东、辽岛、天津各处针路

金门、乌嘴尾开驾,用乙卯。驶离北椗外过,用甲寅及单寅。七更,取乌龟外过。外用单艮,四更,取牛屿外过。用丑艮及单丑,三更,取东涌外过。用单癸,三更,取台外过。用丑艮及单丑,七更,取凤尾山外过。兜过,用子癸,三更,取鱼山内过。在凤尾外过,离一更开,用癸丑,三更,取鱼山外过。用单癸及子癸,三更,取九山外过。原用子癸,七更,取两广外过(顺风放洋)。船在两广,兜用单癸,四更。用单子,十四更。用壬子,四更。又用单壬,六更,见马头嘴。

——《各处海岛礁屿便览》,民国抄本,宁波市天一阁博物院藏,第17~18页。

(编者注:《各处海岛礁屿便览》详细记载了从福建到中国北方沿海的航行针路及主要岛屿,是木帆船时代的航海者在长期航海实践中逐渐积累起来的经验总结。该抄本中的"鱼山""大小鱼山"即为今宁波象山之"渔山"。该抄本详细记载了从渔山到各地的航行时间("更"),并明确指出"取鱼山内过"和"取鱼山外过"的航法,表明渔山岛的内外侧均可通航。)

水道及椗泊处

羊背、青门二岛,可障东风及东北风。但二岛间之水道及羊背岛与大陆间之水道,皆甚浅,不便航行,惟鱼舟数百艘集于羊背山下而已。韭山岛之南与东南,均可泊大轮。韭山列岛与大漠山之间,水深六拓至三拓半,渐近大漠则渐浅,故航行以近韭山为宜。东门岛北与自大陆入海之山相对成门曰铜瓦门,虽可行大轮,而水道曲隘,流漩而疾,必待潮平,方便出入。大南田与石浦之间曰下湾港,对面山与东门山间曰东门港。二港均狭而多礁,轮舟无敢试行者。三门湾内水深浪阔,可停泊处甚多。大佛头东北与渔塘山间曰珠门港,水深至十拓以上,甚便停泊。遇东北风,则在大南田西南停泊亦妥。坛头山与东门山之间,阔一海里至一海里又四分里之一,惟内多隐石,不易驶行。当东北恒风时,坛头山西南与南面二角之间,可以避风寄椗。金门岛与高岛间曰无产港,阔二海里又四分海里之一,可以停泊避风。竹屿四周,均可暂泊。北鱼山有灯塔。当东北风有力时,帆船恒于其西角间停泊避风,其西北亦可下椗。

——浙江省地方志编纂委员会整理:《重修浙江通志稿》标点本第二册,方志出版社,2010年,第609~610页。

北渔山筑有灯塔

南北渔山

新隶九都,距县治一百二十五里,由鹤浦渡至石浦,转盐仓前雇船出东门港,泛海向

南行。

北鱼山　县东南一百二十里大洋中，山上筑有灯塔以便征轮，为浙洋灯塔之一。

南鱼山　县东南一百二十里大洋中，与北鱼山相距三四里洋面。

《南田竹枝词》（吕耀钤作）

灯高十丈大无伦，三角玻璃嵌罩匀。

旋转不停光四射，重洋黑夜利征轮。

（原书注文：九都北鱼山岛上，中外商轮合资筑有灯塔，理船厅派有洋员管理之，海轮夜行知所避就。）

——象山县地方志编纂委员会：民国《南田县志》点校本，中华书局，2010年，第118、99、181页。

北渔山灯塔及水文站

光绪二十一年(1895)[①]，上海海关筹资银5万关平两，于北渔山建灯塔，号称远东第一大灯塔。

光绪三十年(1904)，省设水文站于渔山。

——《石浦镇志》编纂委员会编：《石浦镇志》，宁波出版社，2017年，第15～16页。

北渔山灯塔

北鱼山灯塔，乃上海区灯塔之最南者，建于黑山群岛北鱼山之上，矗立海中，位于冬瓜山之西北约百浬，距大陆约二十五浬，而为指示船只经由远海航线自南驶沪之用，船只经过东涌岛灯塔之后，其首先耀于眼帘者，即此灯也。

北鱼山建设灯塔之问题，海务科早年曾经讨论多次，迨光绪十年(一八八四年)以还，海务巡工司持之益坚，缘光绪九年十一月(一八八三年十二月)间，曾有华轮"怀远"号，在该处附近失事，旅客船员葬身鱼腹者，计达一百六十五名之多，嗣于光绪十六年五月(一八九〇年六月)复有德轮"扬子"号，相继遇险，且该时沿海航路，南自东犬山北至小龟山，中间长途三百浬，灯务连锁，势成中断，灯塔设置，诚属必要，无如经费有限，而他处需要较急，故该塔直至光绪二十一年(一八九五年)始得落成也。

该塔所置镜机，系属特等，直径约八尺九寸，高十二尺，乃巴黎"巴比尔"公司所制造，体积为世界镜机之最大者，内部美丽宏壮，引人注目，不啻为透镜及棱镜所造之巨室也，体重十五吨，置于水银浮槽上，以手触之，即可旋转自如，灵巧异常。该灯原系六芯灯头，燃用煤油，至宣统二年(一九一〇年)始改置白炽纱罩灯头，烛力由九万四千枝增至三十万九千枝，迨民国十六年(1927)，复改装"自燃式"纱罩，烛力遂增至八十九万枝矣，至该灯镜机旋转一周，虽需时二分钟，然每半分钟尚能发放白色闪光二次。

---

① 本章数字括注年份多为编者加。

灯站建于北鱼山(又名沙阿岛)之东南端高岩之巅,该岩耸立入云,高可三百尺,灯则高出水面三百四十五尺,乃海关所辖灯塔中之最高者也(按:青岛口外大公岛灯塔之光,高出水面四百二十四尺,虽在远东海江中非属最高,而中国灯塔中固无出其右者,惟该塔之管理权,属诸青岛市政府,不在海关管辖范围之内耳)。该塔矮而圆,生铁所铸,建于向南突出小岬之上,该岬地势陡斜,故下行时必需急骤,方免倾跌。灯站屋宇则建于塔北斜坡之上,坡止于涧,涧则迤逦向东。该站之旗杆,在院落西北隅高丘之上,相距约三百码之遥,盖以每值海关巡轮输送物料时,往往于其碇泊处所,或距灯站一二浬内,不克远睹灯站之所在,故特树旗站外,以为标识,是亦特异之点耳。至于海滨峭壁,则有数处密迩屋宇,如自灯塔环廊东面,以石下投,可远及海中三百四十尺之处。一夜该站管理员某,赴塔更值之际,偶尔失足,竟为风势挟至悬崖之下,地势险峻,可见一斑。此外该站西门外通于码头及村落之蹊径,亦临危崖,往来之人,咸存戒心。十载前有站役某,曾往村中作牧猪奴戏,赌负而归,沮丧之余,竟投岩下,于是万斛愁思,偕流俱逝矣。

该站有警雾炮台二处,一建于院落东端峭石之上,一位于高丘旗杆之旁。惟因比来船只行驶航线,距塔实远,已非炮声所能及,故已次第拆除。

该岛附近,险象四伏,南有沙滩险阻,东则暗礁丛生,东北及偏北,亦危岩棋布,西面碇泊处所则峭石环抱。至站之东北礁石,土人名曰虎岛,盖渔舟自海面视之,该石颇肖蹲踞之虎也。站之西南约二三浬许则为南鱼山(外人名为马鞍岛,以其二峰形似马鞍),是为海盗出没渊薮,民国十年(1921)间海关流星巡轮游弋该处,曾与海盗一度交绥;该岛所居地位,适将北鱼山灯塔所发之光遮蔽,致使十三度弧形之内,暗然无光,但至二十浬外,反可于两峰之间,得见四度弧光射出也。

该岛怪石,颇多奇观,而灯站附近洞穴,尤足欣赏。该穴位于灯站大门之西,相隔不过二百码,名曰"破城门",其中幽邃阴森,倘在英国,必谓为"鬼窟"也,形为长方,长约二百尺,宽五十尺,深一百五十以至二百尺,穴之南端,则有拱路,下有天然水道,长约百尺,宽五十尺,海水得以流灌其中。昔时由灯站至西码头,本可遵该拱路而行,嗣经海水冲刷,路被侵蚀,发生危险,今已放弃不用矣。此外灯塔东南岩石小岬,则有悬崖突出,俗称"大观音菩萨",虽远在警雾东炮台亦可眺及。而灯站与鬼窟之间,复有石岭隆起,状如刀形,尾端亦有峭壁,而为人迹所不可到之处,名曰"小观音菩萨"。石岭之下,则有一洞,适居水平之上,曩日乡民,视为避盗之桃源。据云,洞中深阔异常,莫究其极。东南岩石之下,亦有洞穴一处,惟值潮水极低时,方可步入,内中产苔,珍贵异常,而为希世之良药也。渔人咸谓悬岩之下,为鬼所居,行人经此,恒被推下,而"破城门"则系善神税驾之所,所言荒诞,殊不足信。

北鱼山灯站,虽属孤寂,然非若图中所示之甚也。盖岛北及西北两面,既有村落二处,与之毗连,而该岛与内地石浦巨镇,相距亦不过二十五浬,非独书信传递便利,并有民船互相往来。至于岛滨岩石之间,产鱼甚多,管理员恒捕以佐餐,即巨大鳖鳌之类,亦可以绳索捕之,惟本地渔业,则以捕鱿为主。且该岛适为鸟类移徙所经之路,故每逢移徙季候,晨间塔基左右,小鸟坠毙,为数甚多焉。

该站档案,民九以前,尽行遗失,故该岛附近船只遇险案件,无从查考。但民国二十年(1931)内,附近遇难船只,竟有三次之多。缘该年三月,有法轮"长江"号,在灯塔西南偏西约半浬地方触礁,船员旅客六十名,则为灯站所收容。又同年四月,有华轮"华阳"号,在南鱼山西北角搁浅,旅客船员,悉为大英火轮船公司之"瑞普太那"轮船救护而去。又同年九月,复有日本打捞轮船东洋丸,方在打捞上述触礁二轮之际,忽遇飓风,触于该站西面礁石之上,船身破碎,轮中人员,仅有一人获庆生还,余均溺毙,但当该轮遇险之时,适为灯塔管理员所瞥见,立即集合同僚,驰往施救,惟为能力所限,救护出险者,仅上述之一人而已。

灯塔位置:在北鱼山之巅,即北纬二十八度五十三分十五秒,东经一百二十二度十五分四十秒。

灯光情形:特等透镜联闪灯,每三十秒钟闪白光二次,烛力八十九万枝,晴时二十六浬内均可望见,光绪二十一年(一八九五年)始燃,宣统二年(一九一〇年)修改。

构造形状:塔圆色白。

——[英]班思德(Banister, T. Roger)著,李廷元译:《中国沿海灯塔志(The coastwise lights of China)》,上海海关总税务司公署统计科,1933年,第173～181页。

北渔山灯塔

渔山列岛在石浦港东南方向25海里,是我国舟山群岛以南前出大陆最远岛屿,其外12里即为公海,为远海航线自南驶沪必经之域。灯塔位于主岛之一北渔山东南端海拔104米(有图标108.4米者)制高点北侧,即北纬28°53′25″、东经122°15′36″,塔北道路可通全岛,东南西三面悬崖危岩、暗礁险滩、涌荡浪激,知名岩岸风光"破城门(仙人桥)"与大小观音岩均在近旁,登塔眺望,四周汪洋、无垠天水,晴观旭日、晦骇怒涛……北渔山风光绝佳,近年已成旅游热岛,国际海钓节亦始在此举行。

灯塔落成于清光绪二十一年(1895),当年"北渔山灯塔官地"碑尚存。因光绪九年(1883)、十六年(1890)华轮"怀远"号、德轮"扬子"号相继在附近失事,前者死165人,迫于情势,由上海海关耗银五万关平两(一关平两合37.8克)建置。灯塔圆筒形,白色,铸钢组合,高16.9米(含顶上方向标),灯高海拔103.6米,为我国海关所辖最高灯塔。内置法国巴黎巴比尔公司所制特等镜机,"直径约八尺九寸(2.71米)、高十二尺(3.66米)",体积之大,时为世界镜机之最,"内部美丽宏壮,引人注目,不啻为透镜及菱镜所造之巨室也,体重十五吨,置于水银浮槽上,以手触之,即可旋转自如,灵巧异常","该灯原系6芯灯头,燃用煤油,至宣统二年(1910)始改置白炽纱罩灯头,烛力由九万四千支增至三十万九千支,迨民国16年(1927)后改装'自燃式'纱罩,烛力遂增至八十九万支矣"。故其时有远东第一灯塔之称。"该灯镜机旋转一周,虽需时二分钟,然每半分钟尚能发放白色闪光二次",晴夜26海里内均能见之。灯塔初建时,塔北斜坡建有灯站屋宇院落,院外西北隅高丘上树有海关巡轮输送物料标识用旗杆,在院落东端和旗杆旁筑有警雾炮台二处(后不奏效而拆除)。

第二次世界大战期间,渔山为日军侵占,1944 年,美机轰炸日军时灯塔被损坏。1947 年,上海海关派技师史瑞昌等修复,灯器改用美国 375 毫米电闪灯(爱迪生原电池),但效果远非昔比。1955 年 2 月 8 日,蒋经国由"国防部长"俞大维等陪同,从大陈岛乘大昭舰巡视渔山。13 日,渔山列岛解放,岛上已无居民,塔内设施悉遭破坏。

1983 年前灯塔属海军管辖,后归上海海上监督局温州航标区管辖至今。1985 年,交通部批准原塔重修。同年,温州航标区在附近建高 12 米、射程 13 海里太阳能钢架灯桩应急过渡。翌年 6 月,上海航道局和温州航标区组织施工开始重修,1987 年 6 月 30 日竣工,7 月 15 日 18 时投产正式发光;次日举行落成典礼,《中国交通报》与沪、温、台等多家报纸报道。2002 年 12 月 30 日,公布为县级文物保护单位。

重修之灯塔,块石砌筑圆形基座与直筒形铸钢组合塔身(含灯笼骨、塔顶)仍为原物,塔身去锈后漆红白相间环带。通高 16.06 米,底部直径 5.4 米,向上略有收分。塔下部朝北开有塔门。至高 7.65 米之灯室底面位,向外挑铸出带栏杆回廊,用以塔外巡眺。其上灯室自底面至顶盖檐口高 6.08 米,灯室下部身壁高 2.27 米,开有廊门与一圈进气孔,壁顶铸置纵横铁条支撑塔盖,兼作安装玻璃之灯笼骨,该身壁外皮近口沿位置复挑铸出带扶手小回廊,便养护灯笼者立足。塔盖斗笠形,高 2.33 米,由顶盖与顶子组成,其间留有空隙,资灯室排散热气。原塔顶子上有方向标,今改为避雷针,高 1.1 米。

新塔灯器引进英国 PRB-21 型密封式光束旋转灯透镜、D 型密封式光束灯灯泡,光强 1884000 cd,灯质闪(2)白 20 秒,灯高海拔 103.65 米,射程大于 25 海里,360°全方位可见。有自动控制和检测报警装置,备有自动转换之副灯系统。值班、油机、生活等用房及其相关设施均较齐全,周砌围墙,形成塔院,外筑停机坪,为国内等级标准最高之灯塔,温州航标区派员值班管理。

灯塔创建早、体量大、科技含量高、作用重要,历经沧桑,在我国灯塔史上地位甚高,为近代航标史和航标科技研究提供实物资料。修复重光后,又成为我国南洋航线和我省沿海关键部位船舶航行重要目视标志之一,有力保障国内外过往船只与渔民生产安全。为渔山列岛重添人文壮观。文物保护级别可望提高。

——《石浦镇志》编纂委员会编:《石浦镇志》,宁波出版社,2017 年,第 1273~1274 页。

北渔山灯塔

北渔山灯塔曾称远东第一大灯塔。……守塔职工 20 余名,多本岛及石浦居民,有海星号、流星号、景星号等专轮运送给养,并往来于北渔山至佘山间巡检,按月轮流。

——象山县政协文史委编:《象山旅游人文景观文献资料辑录》,象山县机关印刷厂,2000 年,第 123~124 页。

渔山列岛

概况

渔山列岛位于檀头山东南方约 20 海里处，由南、北渔山及附近的岛礁所组成，是舟山群岛以南距大陆最远的一群岛屿。南渔山是该列岛最高最大的岛。

列岛附近水深均在 30 米以上，仅北渔山西侧近岸水深在 7～20 米。

潮流

北渔山西北方，涨潮为北西北流，流速 2 节；落潮为东东南流，流速 0.8 节。

南、北渔山之间，涨潮为西流，流速 2.1 节；落潮为东南流，流速 0.9 节。

助航标志

雨伞礁　位于北渔山的北端北东北方约 2 海里处，高 13 米，是该列岛最北端的小岛，呈蘑菇形。

北渔山　位于该列岛的中部。主峰在岛南部，高 64 米，其东南部设有灯塔。

南渔山　位于该列岛的南部。主峰高 124 米。岛西北部还有一山峰（岗顶）。从东、西方望去，该岛呈马鞍形。

碍航物

雨伞礁东北方 1.5 海里处有干出 0.9 米的百亩地礁，位置孤立危险。

北渔山东岸及北岸有岩石滩。北侧小澳澳口有一干出礁石。

北渔山东方约 4 链处，有伏虎礁等多处礁石形成的险恶地。

小白礁与其东方的约 1 链的礁石南方近岸有多处礁石。小白礁东南方约 2 链处有一水深 10.4 米的沉船。

南渔山的北岸外有一处干出礁，其东北端附近有两处明礁和一处干出礁。南渔山的东南侧有一处明礁，其周围为险恶地。

水道航法

南、北渔山之间水道　航道宽约 7 链，水深 36 米左右，船位保持在水道中央就可避开两侧的暗礁。

锚地

北渔山西方锚地　位于小白礁和其东北方约 7 链处礁石连线以内水域，水深 8～20 米，泥底，是该列岛较好的锚地，可供中型船舶避 6 级东北至东南风。

南渔山北侧锚地　位于南渔山北侧的湾澳，锚地水深 5～13 米，底质为泥，可供船舶避南风，注意湾口附近有一干出礁。

南渔山南侧锚地　位于南渔山西南侧湾澳，水深 5.8～30 米，泥底。

——中国人民解放军海军司令部航海保证部编制：《中国航路指南》（东海海区）第 2 版，第四章第五节渔山列岛，中国航海图书出版社，2010 年，第 134～136 页。

五、抗击倭寇

渔山海洋之捷

万历三年(1575)①四月十四日,松海外洋有倭船一只,自东南行使内向,该台州兵巡道佥事王□督同参将杨文统,率把总王有麟等,领兵追至渔山海洋,犁沉其船,生擒真倭四名,斩获倭首一十二级,贼徒溺死者不计其数,救回被掳渔人二十名。

——(明)王在晋:《海防纂要》卷十,见《海疆文献初编:沿海形式及海防》编委会编:《海疆文献初编:沿海形式及海防(第二辑)》,知识产权出版社,2011年,第767~768页。

(编者注:明万历四十一年(1613),时任浙江按察使的王在晋完成并刊刻了《海防纂要》十三卷,清乾隆四十四年(1779)禁毁。王在晋(? ~1643),字明初,号岵云,河南浚县人,明万历二十年(1592)进士。曾任福建副使兴泉兵备、浙江右参政兼佥事、浙江按察使、浙江右布政使、江西左布政使、兵部左侍郎、兵部尚书等职,后因受张庆臻改敕书事件的牵连,削籍归乡,卒于乡。)

韭山浪冈渔山三捷

万历四年(1576):"五月初五日,官兵杜德辉、江明等哨至南北竺海洋,瞭有异船一只向内行使,约有倭贼五十余徒,即督兵船追至渔山、擂鼓、笔架海洋,各用火器攻烧贼船,击贼下水。比因铳惊龙起,风洊大作,止捞斩倭首四级,余贼尽皆溺没,并获在船、在水夷器二百一十八件。"

——(明)范涞:《两浙海防类考续编》第七卷,见《续修四库全书》编纂委员会:《续修四库全书》七三九·史部·地理类,上海古籍出版社,1996年,第496页。(明)王在晋:《海防纂要》卷十,见《海疆文献初编:沿海形式及海防》编委会编:《海疆文献初编:沿海形式及海防(第二辑)》,知识产权出版社,2011年,第775页。

(编者注:《两浙海防类考续编》于万历三十年(1602)刊行,计十卷。此书作者范涞(约1538~1614),字本易、原易,号啸阳,徽州休宁(今安徽黄山市)人,明万历二年(1574)进士。万历二十二年(1594)就任浙江按察司副使,后升任浙江右布政使,曾在杭州重铸跪在岳飞墓前的秦桧等奸臣像。该书中保存了大量文献档案,具有较高价值。)

---

① 第五至八章的数字括注年份为编者加。

官兵游哨海洋遇贼血战奋勇获捷事

案呈到部,看得巡按浙江监察御史王题称查勘过,万历五年(1577)四等月内,倭贼乘船,一犯渔山,再犯大陈等处外洋,当被各该设伏官兵督并剿捕尽绝,两次在阵擒斩倭首四十六名颗,内有名倭主弟侄头目、船主、柁工并勾倭汉人,贼首十名颗,夺回被虏男子一百一十五名是的,及称带管巡视海道佥事须、台州兵巡道佥事杨,先后督哨,大收全功;镇守浙江总兵官(今告病回籍)李超筹筭无遗,宁绍参将徐正摧陷有赖,署台金严参将事游击张澡部多斩获,中军右游击潘清首挫贼锋,均当首录。内李超虽经患病回籍,尤当追叙。松海把总王有麟等力战有功,相应纪录。内张应梦、任和、李尚忠愿赏军门标下旗牌官袭良用等,冲击有功,相应一体给赏。宁波府知府游等董督粮饷,宁波府同知李棨等修葺船械,所当并录。又称,巡抚侍郎徐奠黎庶于域中,静鲸波于海外,尤当优以殊格,特加表扬,各一节为照。倭奴骚扰两浙,积有岁年,近来整顿海防,动遭挫衄,而贪骛成性,大创难驯,去年四等月内连艘直至渔山,再至大陈等洋,将犯内地,若使防御少疎,纵令登岸,沿海残害何可胜言?所幸该镇抚臣先事有备,号令严明,分布舳舻,设伏险阻,镇守海道,各官闻警督兵,奋勇剿灭,殱之外洋,俘斩数内有名渠魁倭主弟侄至十名颗,尤为奇绩。先因未经核实,遽难轻议恩赉,今该巡按御史王查勘真确,分别功次题叙前来,臣等逐一参详,俱已允当。内李超患病回籍已在一年之上似难叙录外,及查原任巡抚侍郎徐才兼文武,志切安攘,筹运域中,功收海外,所据擒斩之绩,皆其指示之功,尤宜特加优叙,以劝将来。合无恭候命下,将徐特加优异,以酬懋功,须等优加俸级,仍行厚赏,游等量赏,并王有麟等准与纪录,张应梦等、队兵毛秀等一十五名并救回被虏男子一百一十五名,应赏官兵及阵亡被伤等项官兵一百五十五员名,通听巡抚衙门动支布政司饷银,行令该道悉。如今拟赏恤则例,各照等第数目给赏优恤。但恩典出自朝廷,臣等不敢定拟,伏乞圣裁。其生擒各犯苦喇肆几等六名,除已监故不知姓名二人已经枭示外,其余四名所咨都察院转行浙江巡按御史即便会官处决枭示,具由回奏施行。万历六年(1578)七月初八日具题。初十日,奉圣旨:是;徐栻赏银三十两、纻丝二表裏;须用宾等各升俸一级,仍赏银二十两;游应乾等各十两;其余依拟。苦喇肆几等着便会官处决枭示。

钦此。

——(明)项笃寿:《小司马奏草》,据北京大学图书馆藏明刻本影印,见《续修四库全书》编纂委员会:《续修四库全书》四七八·史部·诏令奏议类,上海古籍出版社,1996年,第629~630页。

(编者注:《小司马奏草》作者项笃寿(1521~1586),字子长,号少溪,别号兰石主人,浙江秀水(今嘉兴)人,好藏书,筑有万卷楼。嘉靖四十一年(1562)进士,曾任兵部郎中,因与张居正意见不合,被贬为广东参议,随即称病辞官归乡。项笃寿编撰的《小司马奏草》是其为官兵部时议覆内外陈奏之文,包括《驾部稿》一卷、《职方稿》五卷。现在比较容易找到的是收录在《续修四库全书》中的明刻本。)

周翼明小传

周翼明,字季醇,少习韬略。万历丙午(1606),中浙江武举第一。己酉(1609),武举第二,中庚戌武会举第四,授镇抚,升昌国备倭。有贾舶飘洋至者,贪弁欲借为功,翼明持不可,遂被逭以归。归二年,幕府檄署金盘,复署临观。倭犯温州,翼明提兵,由大洋抵鱼山,驱之去。寻以抚顺失守,征浙兵,诸弁缩朒,莫敢将兵往。翼明慨然请于抚台,借彭游击将八营以行,抵辽,充大将军刘綎部右翼先锋。时,翼明到才二日,四千里重趼,兵不得休息,随綎出宽奠,入横壤,力战,破牛毛、马家、董古、深河诸寨,殪奴酋爱子及婿火狐狸骁将常多勇,斩首万余级。会有伪张杜帅旗帜,声言合兵者,开营入之,四面围,千总死者三人,士卒死者千五百人。翼明突围出,尚二千余人,上青石岭列营,为死战计,或劝之逃,厉声曰:"汝止吾不死,非壮士也!"复伤杀数十人,面中流矢卒,年四十有三。赐祭葬,荫子乍浦所百户世袭,当道建特祠,春秋祭。

——(明)程楷修,杨俊卿纂:天启《平湖县志》卷之十五,明天启刻本。

(编者注:明朝军官周翼明小传中,提及周翼明于万历三十九(1611)带兵前往渔山驱赶倭寇。)

万历四十六年御倭

万历四十六年(1618)四月:"廿四日,倭船突窝儿湾,参将张可大御之。又倭船突海松,把总胡献琛御之,收其草撒船而还。廿七日,倭船突台逼,把总罗奎章御之。廿八日,倭船突壇头,昌国把总王施仁御之。五月初二日,倭船突渔山,参将俞咨皋御之。接日五船,斩倭十级,余悉毁溺。巡抚刘一焜以捷闻。"

——(明)方孔照:《全边略记》卷九,崇祯刻本,见《续修四库全书》编纂委员会:《续修四库全书》七三八·史部·地理类,上海古籍出版社,1996年,第522页。

(编者注:《全边略记》作者方孔照(1590~1655),字潜夫,号仁植,桐城(今属安徽)人,明万历四十四年(1616)进士。崇祯时以右佥都御史巡抚湖广,因反对魏忠贤被罢官,魏忠贤伏诛后,方孔照复官。曾长期与张献忠作战,因失败而被免职。明朝灭亡后,终老乡里。《全边纪略》是方孔照的主要著作,分蓟、门、大同、宣府、延绥、甘肃、宁夏、蜀滇黔、两广、沿海、辽东、腹里等十二卷,卷一至卷十一记载朱元璋北伐至天启以前,明朝边疆、内地和沿海地区之战事,边镇、各地都司卫所之建立,粮饷军额之沿革,城堡军屯之建设,以及关于军事建设之奏议等。卷十二载有"师中表""神势图",以明全国军情大势。全书多取材实录,较为翔实,是研究明代军事的重要参考文献。该书清乾隆时列为禁书,留存极少,今有北平图书馆1930年铅印本,现在比较容易找到的版本是收录在《续修四库全书》中的崇祯刻本。)

编者附记:明朝自建立以来,一直遭受倭寇侵犯,嘉靖年间(1522~1566)尤为严重。至万历年间(1573~1620),由于明廷的有力抗击,加之当时日本江户幕府实行严格的锁国政策,倭寇的入侵日益衰弱。渔山列岛正位于倭寇入侵浙江沿海的要道上,《两浙海防类考续编》对此有过精辟的论述:"凡倭之来也,必至此汲水窥觇,乘风流窜;其去也,则至此潜伏,候风归岛。实为倭夷出没之窟。"在倭患最为炽烈的嘉靖时期,渔山列岛应有倭寇出没,但在嘉靖时期的抗倭记载中,难觅渔山列岛踪迹,而在倭患已经缓和的万历时期,却多次出现关于明军在渔山列岛抗倭的记载。究其原因,可能在于嘉靖时期倭寇活动猖獗,相比之下,远离大陆的渔山列岛的倭寇活动就显得微不足道了;相反,当倭患在沿海各地缓和下来后,发生在渔山列岛的倭寇活动就显得格外引人注目,受到了上上下下的高度重视而被记载下来。

六、缉剿海盗

南北渔山多盗

南、北鱼山,西图总名黑山列岛,号为多盗。

——(清)朱正元辑:《浙江沿海图说》,清光绪二十五年刊本,见《中国方志丛书》华中地方第二〇〇号,成文出版社有限公司,1974年,第162页。

渔山海盗活动

伪郑在台,民人往来至半线而止。自归版图后,淡水等处亦从无人踪。故北路营汛,止大肚,安设百总一名,领兵防守。沙辘、牛骂二社,则为境外。自海盗郑尽心脱逃,部文行知:伙盗供称,郑尽心约在江、浙交界之尽山、花鸟、台州之鱼山、福建台湾之淡水等处藏匿。维时总兵崔相国分拨千总一员领兵分防淡水。

——(清)黄叔璥:《台海使槎录》卷二,见《中国海疆文献续编》编委会:《中国海疆文献续编》台湾、琉球、港澳册,线装书局,2012年,第82~83页。

兵防志总论

国家削平台湾,置一郡三县,勤水陆之士,万人更番屯戍。诸罗特置北路一营于陆路,另分安平协水师以防沿海,制云密矣。……自康熙三十五年(1696)吴球谋乱,继之以吞霄、淡水之土官,继之以刘却(俱详见"萑苻");五年之间,数见骚动,皆在北路。于是四十三年(1704)秩官、营汛,悉移归治;而当是时,流移开垦之众已渐过斗六门以北矣。自四十九年(1710)洋盗陈明隆称其渠郑尽心潜伏在江、浙交界之尽山、花鸟、台州鱼山①、台湾淡水,于是设淡水分防千总,增大甲以上七塘;盖数年间而流移开垦之众,又渐过半线大肚溪以北矣。

——(清)周钟瑄主修,陈梦林等纂:康熙《诸罗县志》卷七,清康熙五十六年序刊本,见《台湾文献史料丛刊》第一辑(12)《诸罗县志、澎湖纪略(合订本)》之《台湾文献丛刊》第一四一种《诸罗县志》,台湾大通书局,1984年,第109~110页。

---

① 此"鱼山",即今浙江省宁波市象山县东南的渔山。关于海盗郑尽心在渔山一带的活动情况,除康熙《诸罗县志》有所提及,其他史料未见记载。

范时崇追捕海盗

福建浙江总督臣范时崇俯伏敬请皇上圣安。

本年(1710)十一月二十五日,兵部差拨什库赖岱赍文到闽,臣接阅部文,内开:因海贼郑尽心在江南、浙江交界之尽山、花鸟及台州之鱼山、台湾之淡水等处地方存身,议令督抚、提镇带领官兵搜缉务获,准此。除移闽浙两省抚臣、水陆提臣外,随即飞檄台湾镇总兵官崔相国,会同台澎两协水师官兵前至淡水,逐岛逐澳水陆兼搜。又飞檄黄岩镇总兵官王文煜亲统官兵前往鱼山查拿。另遣舟师在于洋面兜截。至定海总兵官吴郡因伊运米来闽,先飞檄该镇中军游击王珍先统舟师,会同江省官兵两路夹搜。今吴郡已于十一月三十日运米到泉州府,臣即差催来省,面嘱该镇从陆路回浙,亲率舟师星飞出洋,毋分疆界,协力搜捕,务尽根株。是郑尽心潜匿之处,已有三镇直抵各岛,自难存身。又恐伊闻风逃窜,臣复飞檄两省沿海各汛昼夜防范,不使首犯混迹入口,致滋漏网,务在必获。另行题报外,臣细读部议,有令督抚、提镇带领官兵之语,是督臣亦在出洋之列。但两省之幅员辽阔,封疆任重,若督抚、提镇尽数出洋,时届岁暮,内地无人,似非持重之计。万一首犯一时未获,遽尔收师,观瞻所系,更当筹度。况淡水、鱼山,臣境所辖,尽山、花鸟又系交界,道里既以绵远,南北难以兼顾,必得居中督催方克有济。且臣已具疏,恭请圣训在案,倘蒙俞允便得趋觐天颜,此又于国体所关之外,更存犬马恋主之微忱也。谨具折,差家人焦德赍进以闻。

伏祈皇上批示遵行,臣谨奏。

康熙四十九年(1710)十二月十五日

——中国第一历史档案馆:《康熙朝汉文朱批奏折汇编》,档案出版社,1985年,第212~217页。

黄秉中搜捕海贼

上谕事。

康熙四十九年(1710)十一月二十六日,准兵部咨开:山东省拏获洋贼陈明隆供出"郑尽心系福建福州府人,大略在江南、浙江交界尽山、花鸟、浙江之台州鱼山、福建台湾之淡水等处存身"等语。部议令该省督抚、提镇带领官兵搜缉务获。奏奉俞旨,移咨到奴才,当即飞咨水师提督臣吴英,并移行台湾镇及各协营,带领官兵前至淡水等处搜捕。至王遇机所供伙贼姓高、姓许、姓陈、姓张,虽无的名,均令细心查缉。又恐郑尽心等闻各省官兵缉拏,或□处潜窜,随出示悬赏千金,遍行晓谕,多方购捕,务期必获。总督臣范时崇统辖两省,现在省城提调闽浙官兵水陆搜擒,兼弹压内地。奴才于康熙四十九年(1710)十二月二十八日亲酌带官兵前赴厦门等处,会同水师提督臣吴英,酌调官兵出洋搜捕。奴才生长北方,海面情形素所未识,提臣吴英坐镇年久,熟悉海疆,一切搜捕机宜悉与商酌,期在必获。所有奴才启程日期,理合奏闻。

为此具折恭进,伏乞睿鉴。

康熙四十九年(1710)十二月二十八日

福建巡抚降五级戴罪效力奴才黄秉中

——中国第一历史档案馆：《康熙朝汉文朱批奏折汇编》，档案出版社，1985年，第221~223页。

合剿海盗蔡牵于渔山

乾隆五十九年(1794)，蔡牵亡命入海，啸聚党徒。初，有人称为"义盗"，后依安南夷艇，为安南政权敛财，抢劫过往商船，北上，占檀头山为巢穴。

嘉庆元年(1796)，蔡牵聚众起事，在石浦洋面被总兵孙全谋击败，首领陈宝被获。定海总兵李长庚获侯纳、丁郭，平檀头山外洋六盗。七年(1802)，剿贼檀头山洋，获首领张如茂。八年(1803)，海盗蔡牵赴普陀进香，李长庚率部掩击，战于北渔山至钱仓所处，复追至闽洋。

嘉庆九年(1804)……蔡牵犯浙，浙江提督李长庚战于定海北洋。蔡牵退泊铜瓦门外，石浦城民尽避山中，副将许缵登城守卫，蔡兵见城防甚严，不战退去。提督李乘机追击。次日晨，击败蔡牵所部，率兵会于石浦。

嘉庆十一年(1806)三月，蔡牵在台湾因清军围攻而败退，乘船突围由三莼外洋进击，石浦奉令备兵，并团练乡勇防守，提督李长庚连败蔡牵于台湾、尽山、渔山。

嘉庆十四年(1809)八月，蔡牵复窜浙洋，浙江提督邱良功、福建提督王得禄合剿于渔山，蔡牵退败至黑水洋，举炮自裂其船，溺死。

——《石浦镇志》编纂委员会编：《石浦镇志》，宁波出版社，2017年，第13页。

击败海盗蔡牵于渔山

(嘉庆)十四年[①](1809)秋八月，浙江提督邱良功、福建提督王得禄合击蔡牵于渔山外洋，破之，牵投水死，海道肃清。

——(清)黄鸿寿编：《清史纪事本末》卷三十八，民国三年石印本，北京图书馆出版社，2003年，第272页。

击败海盗蔡牵于渔山

(嘉庆)十四年(1809)："八月十七日，浙江提督邱良功会福建提督王得禄追蔡牵于台州鱼山洋，击之(《揅经室诗录》)。次日，复会，击之于温州黑水洋，沉其船，牵及妻子皆死于海(《揅经室诗录》)。"

——(民国)喻长霖修，柯华威纂：民国《台州府志》第一百三十五卷，民国二十五年铅印本，见《浙江省台州府志》，《中国方志丛书》华中地方第七四号，成文出版社有限公司，1970年，第1811页。

嘉庆东南靖海记

国家自康熙二十二年(1683)克台湾，平郑氏，二十四年(1685)大开海禁，闽、粤、浙、吴，航天万里，鲸鲵不波。及嘉庆初年而有艇盗之扰。艇盗者，始于安南，阮光平父子窃国后，师

---

① 原书作"十五年"，今据相关史料改之。

老财匮,乃招濒海亡命,资以兵船,诱以官爵,令劫内洋商舶以济兵饷,夏至秋归,踪迹飘忽,大为患粤地。继而内地土盗凤尾帮、水湾帮亦附之,遂深入闽、浙。土盗倚夷艇为声势,而夷艇恃土盗为乡导。三省洋面各数千里,我北则彼南,我南则彼北;我当艇则土盗肆其劫,我当土盗则艇为之援;且夷艇高大多炮,即遇亦未必能胜;土盗狡,又有内应,每暂遁而旋聚。……

……上褫玉德职,逮问治罪,以阿林保代之。

时闽文武吏以不协剿、不断岸奸惧获罪,交谮长庚于新督阿林保,阿林保即三疏密劾之。时浙抚阮元以忧去,上密询浙抚清安泰。清安泰奏言:"长庚熟海岛形势,风云沙线,每战自持柁,老于操舟者不能及。且忘身殉国,两载在外,过门不入。以捐造船械,倾其家赀。所俘获尽以赏功,故士争效死。且身先士卒,屡冒危险,八月中,剿贼渔山①,围攻蔡逆,火器瓦石雨下,身受多创,将士亦伤百有四十人,鏖战不退。故贼中有'不畏千万兵,只畏李长庚'之语,实水师诸将冠。……"

……而浙江提督邱良功、福建提督王得禄合剿蔡牵于定海之渔山②,俱乘上风,贼惧,东南遁。转战至绿水深洋,逼贼船火攻之,夜半风浪并怒,不得登贼船,随浪饳出。明日,仍据上风截之,各舟师环攻,贼且战且逃,傍午逾绿水洋,见黑水,良功惧贼暮遁外洋,大呼,以已舟骈于贼舟东,闽舟骈于浙舟东。贼篷与浙篷结,浙篷毁,贼以椗札浙船,决死战,矛贯良功腓,浙船毁椗脱出,闽船复骈于贼船。贼伙党舟皆为诸镇所隔,不能援救,牵船仅余三十,贼铅丸罄,以番银作炮子。王得禄亦受伤,挥兵火其尾楼,复以坐船冲断其柁。牵知无救,乃首尾举炮自裂,其船沉于海。诏封王得禄二等子、邱良功二等男。于是,闽、浙二洋巨盗皆灭。(编者注:以下另述其他,省略不录)

——(清)魏源:《圣武记》卷八,见《四部备要》史部,上海中华书局据古微堂原刻本校刊。(清)魏源撰:《圣武记(附夷艘寇海记)》,岳麓书社,2011年,第350~351、353~356页。

宰辅阮元浙江剿匪

(编者注:嘉庆四年(1799),阮元被任命为浙江巡抚,主持剿匪。以下摘录的是阮元于嘉庆五年(1800)在浙江的剿匪事宜。)

又于杭州、温州设冶局,铸锻大炮四百余门;令沿海州、县民壮兼习鸟枪,不增饷而增兵千百。严号令,警弛废,励廉隅,肃赏罚。檄沿海村岸十丁立一甲、十甲立一总甲、一村立一总保、一山一岙立一岙长,给以费,使之互纠通贼者,获之有赏。檄渔户小船坚以白,编其姓名、年貌,属之埠头旗长。晨出者暮必返,不返者有稽;远赴者鸣于长。船之偶者分正脚,私驾者毁其船。檄汛口:凡船出岙稽之,人口持米升五合,验以印票;私漏者执之,执私漏者赏以所漏之物。檄海滨冶者迁入城,私造铁器出城者有诛。檄兵船漏硝磺以济贼者斩。檄商船毋独行,贼来则禁出海;不遵令者有罚,私充标客以误商者诛。檄营汛察

---

① 此"渔山",即今浙江省宁波市象山县东南的渔山。
② 此"渔山",即今浙江省舟山群岛新区岱山县西的渔山。

奸民；民有缘商被劫而为保释者、有以酒米易贼货为之消赃者,吏稽之。檄村吞壮丁团练相守望,立耆老绅士之贤者为长。村有警,鸣锣相召；有不应者,桔其颈。檄府、县、营、汛实力同心,贤能者敬之、擢之；弛者,纵胥吏扰民者,疾如仇。遴教职佐杂官数十人分巡海口,微服步行,率乡勇、线民随时御捕；雕木印,令其事无巨细,直达毋少隐。以故千里海澨,事皆如目睹；而营、县亦互相纠,不敢少讳事。于是定海教谕王鸣珂率乡勇守黄岩；定海县知县宋如林稽空船出口,凡空出者给以照,使贼无所支饰；平阳县知县杨荣肃清渔户团练、乡勇二千七百人；镇海县知县魏右曾力行保甲、造铁枪千杆,民踊跃从者大百,衣上书"勇"字。黄岩县知县孙凤鸣令士民自派壮丁,备木棍、竹笼、锄耙、石块,识以旗,旗上书丁名,丁立其下,王鸣珂实统之；沿海之旗连续如云,有警鸣锣相召,在田业农者闻声并集,故贼不敢近岸。太平县知县赵耀彤于海上垒石为垣,外周以堑,兵勇内伏；宁海县知县陈鹏南于健跳螺师山设劈山炮,以击贼船之入口者。象山县知县徐元梅于石浦泥湾设立炮房,而镇海之小港、大碶头,慈溪之后山北,定海之西道头,临海之海门、金沙滩,太平之狗洞门、石板殿、鲎壳呑、金清港、石塘,乐清之岐头、蒲头、洛西地呑,皆□民偷漏之地,令既行巡。乐清县之教官王应虞访有奸民龚大、陆大、阿买等通于贼,诛之；鄞县之姚家浦凤为土盗之薮,官兵不能制,巡抚用计擒其魁姚富衡,其保长首出姚阿三十六人。既而,温、台各巡员获通盗张周贵、陈大海、王兆才等数十人。又有浙贼潜登岸,伪充乡勇刺听官兵虚实者,皆诘获,立斩以徇。乐清张阿三素附凤尾,贼登岸,其兄集族人缢杀之。沿海村民演戏自约,禁偷漏。闽、浙贼穷蹙断粮,附夷艇；五月丙戌,窥平阳北关,遂泊于黄沙关。壬辰,巡抚自杭州之鄞县；己亥,提督赴台州。李总兵之追贼入粤也,返至闽,值贼蔡牵留,击之；既归镇,艇贼已踵至。是时巨舶未成,提标兵分御各隘口；李总兵初归,士卒劳顿未息。巡抚以历年剿贼闽师俱至,乃致书于闽,请拨闽舟师会剿。甲戌,巡抚至台州,会提督仓公保、黄岩总兵岳公玺,为会剿计。是时夷艇三十余踞三盘：水澳、凤尾、蔡牵各六七十船,水澳南泊玉环外洋,凤尾及土盗小船散泊大陈、石塘、鲎壳等呑,蔡牵往来无定。适闽贼、浙贼隙,巡抚谋因其隙而间之。叶万根荐渔山郑天选①,札玉环同知招之,与水澳言。庚戌,艇贼自三盘入深门,岳总兵饬兵船、鱼船分泊以俟。巡抚具奏,请调闽、粤舟师,略曰："粤、闽、浙皆有土匪,而艇匪为尤甚；日多一日,年复一年,若不亟为剿灭,则前明倭寇甚可鉴也。此时船炮未办,各盗皆萃于浙。臣愚以为分而捕之,不如合而擒之为□也。请敕两广督臣选镇臣领兵船二十号乘南风来浙,同闽、浙之师合剿；使艇匪知内地兵力之厚、策应之灵,于三省皆为有益。"得旨允行。夏六月,巡抚驻守台州,李总兵犹未至,以书速之；自丙午至于丙辰,书六致。辛酉,李总兵统师出洋；癸亥,抵普陀,巡韭山。巡抚致以书曰："立秋已过,捕务尚无眉目。水澳已窜入南洋,夷匪病疫；若会合三镇,便可试剿。否则,七

---

① 郑天选,是目前所知明清史料中唯一出现的渔山人名字。由于整个事件都发生在台州洋面,且郑天选是玉环同知叶万根熟悉并推荐的,因此,此处的渔山,应是今浙江象山县东南的渔山,而不是浙江岱山县西的渔山。

月中闽师始至,未免太迟矣。"丙寅,李总兵至铜瓦门;丁卯,驻师石浦。时温州镇总兵胡公振声亦移师楚门。水澳以间,故两端,退泊玉环;与凤尾斗,互有杀伤。夷艇及凤尾进踞龙王堂、松门之下,环于松门山,计将扑岸,且避风潮也;太平参将李成隆、同知时敏以守兵五百、乡勇二百据松门御之。提督谋火攻,巡抚令台协中军造火箭千五百枝,札温州府备水带给涉水军兵,调抚标兵二百贴防。癸酉,巡抚及提督会定海镇李公、黄岩镇岳公于台州校士馆之四照楼,谋所以破贼。李总兵曰:"贼鼠耳,闽师来有日矣,不战而俟人,非勇也!"即乘小船,与岳总兵同赴海门。巡抚即札胡总兵自楚门出,与两镇会于金清。人定,风大起且雨,甲戌之子、丑风东转甚;遣使探两镇所在,路阻于水。丙子,有弁卒水至,言是夕风雨狂烈,独注龙王堂;雨中有火爇人,贼艇皆破。李总兵船在海门,为风水所举,絓于岸木,乃止。两镇兵船损破大半,胡总兵师在黄华关,风未之及。是时贼奔窜海山,水师船不可驾。参将李成隆妇新产,风雨破其屋,惊死不顾,率陆路兵由松门涉石塘剿贼;贼乘破舟犹能以炮拒,且掠商船,皆就擒。有一艇未损,贼数百争乘而没;登岸攫食,吞长督乡勇获之。参将蔡德耀有五舟,托买米他泛,立褫其冠。太平武生林羽林率乡勇及乌枪兵二十人乘乌鸠杉板船出海搜捕,值凤尾遗船相拒甚急,李总兵以八船驶于洋,贼震而退。前后生获八百余贼,淹毙约四、五千人,狱不足禁,栈郡厅以拘之;首从以下,各如律。释难民之被掳者。李成隆率兵涉水取贼炮,得油布包、安南敕文、总兵铜印各四;敕称"善艚队大统兵进禄侯伦贵利"。明日,王鸣珂获三人,一诡为瘖者、一发种种者名王贵利,讯之即其人。元年(1796)秋,闽中获艇贼安南总兵范光喜,供辞述安南事:言阮光平既代黎氏,光平死,传子光缵,其中称新阮;黎之甥阮种奔暹罗,暹罗妻以女弟助之,克复农耐,谓之旧阮,岁为新阮患。新阮之总督陈宝玉招集粤艇,而肆掠于洋;继而安南总兵黄文海与贼官伍存七隙,以二艇投诚于闽。今造船,用其式也。伦贵利者,广东澄海人,投附安南,与农耐战有功,封侯。以巡海私结闽盗,来闽、浙劫掠;王弗知也。安南艇七十六,分前、中、后支;贵利统后支者。四印,其一贵利自佩;其三,三总兵佩,曰耀、曰南、曰金。南、金俱没于海,耀则前日不知其为总兵而已斩矣。供若此,巡抚磔贵利,以供入奏;天子命军机大臣字寄两广总督照会安南国王。冬十有二月丙辰,安南国王呈覆,其略曰:"小番世荷天朝恩庇,旷格逾涯;无能酬报,思以慎守疆隅,永作屏翰。只因本国极南沿海农耐地方,有贼渠阮种窃据其地啸集,齐桅盗伙,数为海程之患。本国海防正紧,间亦收抚舱客以离贼党,且助洋面帆柁之役。如伦贵利者,前年依附作活,本国听其住泊,同商伴随在巡防。讵知该犯暗藏顽狡,私瞒小番,敢尔潜约匪船,越赴内洋肆行抢劫;又敢擅造印札,转相诳诱,尤为情罪重大;甘犯天宪,为法律所不容。该犯栖居本国海分,驯习既久,悔不能先烛其奸,此实钤束稍疏所致。仰蒙圣慈普鉴,洞悉肫诚;训诲有加,天日垂照。恭译圣谕,直感激于五衷,更悚惶而无似!谨当遵奉彝训,绥靖封守。嗣令本国所委巡海人员,一一严加警饬,密施钤勒,断不容结同匪伙越境作非;务期桂海永清,以上副圣天子怀柔之至德:是所自勉也。"是役也,李成隆率外委林凤飞、陈际会登山追击,守备陈世熊、把总崔荣华、郑殿魁、秦得胜于松门龙王堂小菱阵获贼三百余人,武生林羽林、氽长朱大钱、义民徐国恩、乡勇刘向荣等获贼百余人,巡员邓必玉、杜兆勋、易元曜及提标兵武生林兆鳌获各有差,并获竹盔、红布包、夷冠服。乡民于水中得紫铜炮二,各重二、三千斤,铁炮重四千斤,余铁炮三十余门;又船桅大者长八丈,其夹长丈余,以铁梨、紫榆、青栗等木为之,棡木橹长三丈余、番木碇二丈余、棕缆长三十余丈。教谕王鸣珂既擒伦贵利,感海气,至今病疟。风之三日,闽贼蔡牵入浙洋,平阳副将徐鲲及平阳知县杨鑅击之;水澳贼附之,南遁。贼登岸掘番薯,乡勇林深入贼队,斩其红衣一人。秋九月,温、黄二镇舟师大击水澳于东臼,毙其贼首林亚孙,余贼附于蔡牵,叛侯齐添;共十余船为一党。风后艇匪余二船,一没于海;一至闽粮绝,投诚。凤尾鲜有存者;存者惟蔡牵及侯齐添。明年,土盗陶小猫、张阿恺投诚,言蔡牵有五十船、水澳十七船,二者恃众敢于拒捕;又有剃鬓乌艚十二船、晋江邱念二船,然遇官兵则远避,而畏舟山李总兵尤甚。六月癸酉之事,天子以为诚感神应,敕建天后宫、龙王庙于松门。事详阳湖孙观察星衍所撰碑记。

——(清)李桓:《国朝耆献类征初编》卷三十九,见《国朝耆献类征初编》第五册,国风出版社,第3049~3052页。

渔山之战

(编者注:以下摘录的是浙江巡抚阮元于嘉庆十四年(1809)指挥渔山之战的过程。)

三月,温州总兵李景曾追亚卢余船至闽省七星洋,获盗一船,擒李霖等十七名。又叶机等攻获二船,擒盗沈振大等五十四名,斩首级三颗。立书藏于灵隐云林寺大殿东大悲阁后。四月十六日,临海知县王维堉督乡勇拏获盗船一只,擒盗二十七名,斩首级五颗。二十八日,护定海总兵朱天奇、参将邱章、同知陈大琮等追盗至江南界,击沈①盗一船,攻获四船,擒盗男女九十二名口。亚卢仅剩数船南遁,浙江提督邱良功新莅任,折略云:"浙江土盗亚卢等,今年春夏以来,经各兵勇拏获多船之后,余船不过数只,远窜温洋。现经提臣邱良功向南搜捕,其宁台洋面甚为宁谧,云云。"五月,奏销通省钱粮。(编者注:以下记载征收钱粮事宜,省略)……蔡逆自李忠毅并船被炮之后,闽浙兵船人人馁葸。上年两次入浙,兵船皆已近逼首逆坐船,皆因贼船高大,迄未能直与併命②。大人乃立专注首逆分船隔攻之法,叠次密札各提镇,约俟蔡逆入浙,分兵船若干,专隔蔡逆之余船,以不能救首逆为功。牵灭时,张折云:"牵子小仁等船不能救,即其效也。"不以获盗为功,分精锐若干船,专注首逆之船,将其篷柁节节打破,俾其不能再逃,然后尽力攻击,则兵将皆无毕命之虑,首逆难挂速遁之帆。八月十七日,蔡逆被邱、童两提镇攻击于台州渔山洋,帆已破如鱼网,柁亦损,见张折内死者狼籍,穷一夜之力逃不能远,至十八日又被兵船追攻于温州外洋,全船沈没。若是前数次攻法,十七夜未有不远逃者。是此次得力,乃专注首逆之法合宜也。

---

① "沈"即"沉",下同。
② "併命"即"拼命"。

致邱提台书云："蔡逆坐船高大，浙师仰攻，往往不能得力。兄前曾酌商诸镇台，以贼船虽大而少，兵船虽小而多，若令某镇某字号若干船隔断蔡逆伙匪，船只不令救援，以隔断为功，不以攻获为功，另挑某某镇高大坚好船若干只，认定蔡逆本身坐船，连环施放枪炮，先将篷胎舵牙节节攻打破坏，使彼不得行驶，然后替换攻击，多用火箭火瓶，贼行与行，贼止与止，久久相持，便可得手也。"又致邱提台书云："顷奉初九、初十两次赐函，知弟台现在星夜返篷北上，稍慰鄙念。蔡逆自十八九等日近回大陈洋之后，并无或北或南消息，惟顷据台协具报，十七日拏获蔡牵盗船逃难民，据供'该逆有船三十五只，护逆木船过宁波、乍浦，还要到普陀烧香'等语。但此种难民之言，殊不可据，屡屡有蔡牵故差人上岸造为将南反北之谣言，现在兄饬宁波陈道已雇大同安船十二只，据云不日可齐。如蔡逆尚匿台洋，即交朱护镇军管带南下会剿，弟台由温北上，正可首尾夹攻。如果真至宁波普陀，即当合追北上。如有捷音，希为速邮寄示。至闽师是否合帮前来，来函未荷叙及，并望见示及之。再雇船应配炮位，宁道现有库贮红衣炮六位，劈山炮一百位，又城守营现选红衣炮二十位，共大小一百二十六门。如有不敷，提标各营尚可挑用。所有绍郡各炮，均系分设城汛，辗转搬运，未免缓不济急，似无庸再为调拨矣。"又致邱提台书云："廿九日连接赐函，知军麾于十六日在三盘遭风，现在分饬赶修，一面统带完好廿五船兜会黄镇舟师过北剿捕，既慰且念。黄镇兵船亦同日在披山等处遭风，淹毙兵丁四名，惟定镇幸保无恙。此次各兵船虽叨庇，无大伤损，而冒险前进，实为劳苦出力。兄已札饬宁道，俟兵船抵定后，每名各赏银二钱，以示奖励，并饬将定镇未经遭风兵船，及新配十二船兵丁，普赏银一钱，以励勇气矣。蔡逆匪船昨据宁道禀报，廿四日经潭头往北，共大小船十九只。此时当已至定海。未知弟台及童镇军所带各舟师何日追及，悬系之至。新雇商船，据道早已配齐，而兵丁尚未调到，未免延缓，兄已严札申饬，并如前命令定中军金得标管带合之三镇兵船，共得五六十号，兵力已壮。如闽师未到，尽可独剿，不必等待也。修船经费及新得胜□不敷银两，顷已札司发银二千两，固扣存篷索一半银两，顷日委员解宁□候弟台分别给发，惟望谆饬各营撙节估用，无在稍为浮冒。另示酌派兵船七只，守催在温修理各船，俟修竣后，即令在温侦缉土盗，并备截剿蔡逆南窜之处，具仰调度周密。其新任温镇李公，昨接阿制军来札，已允来浙。顷复札，致张署制军，催令赴任矣。"

——（清）张鉴《雷塘庵主弟子记》卷三，清光绪间仪征阮氏刻本。

阮元小传

阮元，字伯元，江苏仪征人。……嘉庆四年（1799），署浙江巡抚，寻实授。海寇扰浙历数年，安南夷艇最强，凤尾、水澳、箬黄诸帮附之，沿海土匪勾结为患。元征集群议为弭盗之策，造船炮，练陆师，杜接济。五年（1800）春，令黄岩镇总兵岳玺击箬黄帮，灭之。夏，寇大至，元赴台州督剿，请以定海镇总兵李长庚总统三镇水师，并调粤、闽兵会剿。六月，夷艇纠凤尾、水澳等贼共百余艘，屯松门山下。遣谍间水澳贼先退，会飓风大作，盗艇覆溺无算,余众登山,檄陆师搜捕,擒八百余人。安南四总兵溺毙者三,黄岩知县孙凤鸣获其一,曰伦贵利,磔之。九月,总兵岳玺、胡振声会击水澳帮,擒歼殆尽。土匪亦次第歼抚。浙洋渐清,而余盗为蔡牵所并,闽师不能制,势益炽,复时犯浙。李长庚已擢提督,元集赀与造霆船成,配巨炮,数破牵于海上。八年(1803),奏建昭忠祠,以历年捕海盗伤亡将士从祀。盗首黄葵集舟数十,号新兴帮,令总兵岳玺、张成等追剿,逾年乃平之。偕总督玉德奏请以李长庚总督两省水师,数逐蔡牵几获,而玉德遇事仍掣肘。十年(1805),元丁父忧去职,长庚益无助,复与总督阿林保不协,久无成功,遂战殁。

十一年(1806),诏起元署福建巡抚,以病辞。十二年(1807),服阕,署户部侍郎,赴河南按事。授兵部侍郎,复命为浙江巡抚,暂署河南巡抚。十三年(1808),乃至浙,诏责其防海殄寇。秋,蔡牵、朱濆合犯定海,亲驻宁波督三镇击走之,牵复遁闽洋。时用长庚部将王得禄、邱良功为两省提督,协力剿贼,元议海战分兵隔贼船之策,专攻蔡牵。十四年(1809)秋,合击于渔山外洋,竟殄牵,详得禄等传。元两治浙,多惠政,平寇功尤著云。(编者注:以下另述其他,省略不录)

——(民国)赵尔巽等编修:《清史稿》卷三百六十四,列传一百五十一,中华书局,1977年点校本,第11421~11422页。

右神风荡寇记　焦循撰

圣天子仁勇神武,赏罚明信,将帅用命。嘉庆十三年(1808)夏,命阮元复任浙江巡抚。明年(1809)春,诏邱良功补授浙江提督。秋八月丙午,歼逆贼蔡牵于温州黑水洋,海寇悉平,闽师合战之力也。牵,漳州民,乾隆六十年(1795)间入海为盗,时浙贼凤尾、闽贼水澳最强,牵及箬黄附之。嘉庆五年(1800)夏六月,神风荡寇之后,凤尾盗首庄有美、其母李缚献、水澳贼首林亚孙,毙于东臼,惟牵遁于闽。牵之党侯齐添不睦于牵,收水澳、凤尾余孽别为一帮,牵忌之。六年(1801)冬,与妻诱杀齐添于台州石塘洋,官兵尝追牵,将及之,一红衣人自舱中出,缘桅而上,斧其篷索,却令兵船乘风不可留击。红衣者,牵妻也。

齐添死,其党推张阿治为总盗首,称窈嘴帮,又名肥饼。阿治分其党为三,小贼首曰白面角,即陈角;曰郭潭,又名乌蛋;曰纪江均,又有烂脚陈、黄葵,亦侯之党也,自为新兴帮,又称再兴帮,与张阿治并为浙贼。牵既杀侯齐添,并其众。七年(1802)五月在闽,飓风碎其船,贼党星散,势最弱,闽师不能剿灭,遂至瑶山,招集余贼,然势未强也。八年(1803)正月丁卯朔,牵窜渔山①,浙江提督李长庚、温州镇总兵胡振声,以舟师掩至,牵仅以身免。追至闽,贼粮尽,篷索战具朽坏,我师据上风,贼不能遁,乃遣其人干兴泉永道,乞降于闽,闽使道赴三沙招抚之。牵又言曰:"果许降,勿令浙兵逼我。"闽又信之,以令箭调浙兵居下

---

① 此"渔山",非浙江省宁波市象山县东南的渔山,而是舟山群岛新区岱山县西的渔山。民国《象山县志》卷九"史事考"载:"八年(1803),蔡牵进香普陀,忠毅掩之,战于定海北渔山,战于钱仓所外,追至闽洋。牵诡降于闽浙总督玉德,得逸去,赂闽商更造船之大于霆船者。"

风,牵得间,不果降,扬去。自是乃猖獗,无所惮,至于渡台湾,称王,攻掠城野。

九年(1804)夏六月,天子命李长庚总统闽浙水师,以温州镇、海坛镇为两翼,专捕蔡牵。其金门、黄岩、定海诸镇各守其地,总统追贼至境,率师助之,命未下,温州镇总兵胡振声杀贼,死之。先是,浙抚造艇既成,名曰霆船,船坚壮,载以巨炮,故渔山之役,牵几获。牵畏霆船,厚赂闽商,更造船大于霆,令商载货出洋济牵用,而伪以被劫报官,牵遂能渡横洋,劫台湾米数千石,及大横洋台湾船。粤盗朱濆粮断,牵分米饱之,与濆合,濆驾红头艚艒船猝入闽海,牵、濆共船八十余,势甚炽。四月甲申,胡振声以船工木在闽,往运之,闽人惧贼,止振声于闽以御贼。六月戊午朔,越五日壬戌,胡振声独率二十四船,首击贼于竿塘,闽师不援,遂陷于阵,同舟八十人同日死。秋七月,贼牵、贼濆,以九十船分三帮入浙,至于黄龙。八月丙子,总统率海坛镇孙大刚、温州镇李景曾、黄岩镇张成、定海镇罗江泰,出普陀,东击贼于定海北洋,大破之。牵责濆不用命,濆怒先返。牵、濆分,牵势乃少衰。

十年(1805)春三月,黄葵率其党五百人降于浙。浙盗自凤尾外,又有小猫帮、补网帮、卖油帮,皆土贼小盗。六年(1801)五月,小猫帮张阿恺等九十人先后降,余贼徐亚六等二十四人,象山乡勇陈元章获之于玉环冲担屿,小猫帮灭。六月,温州镇兵擒丁亚歪四十八人于东日,补网帮灭。七年(1802)八月,卖油帮盗首杨课率其党百十五人赴玉环降,卖油帮灭。黄葵屡挫于黄岩、定海两镇,训导叶机以乡勇破之于江南小羊山,至是,诣玉环乞降,新兴帮亦灭。浙海土盗惟张阿治,合小肥饼邱獭,而蔡牵窜于闽。是年[①]夏,浙抚阮元以忧归,李总统致书浙抚清公安泰曰"蔡逆有舟八九十,而长庚所统兵船八十二,浙洋尚有丘搭(即邱獭)、小肥宾(即小肥饼)等船三四十,而定、黄、温三镇兵船亦不过三四十,自计兵力未足以胜贼。用兵之道,知彼知己,谋出万全,万一军威一挫,所关非细。长庚自制府奏定勒限一年以来,奔驰闽浙,涉历艰阻,横戈直前,出入死生,徒劳无绩者,缘闽浙洋面三千余里,各处兵力俱单,止恃长庚一人往来追捕,或闽,或浙,顾此失彼,贼反以逸待劳。前奉有不可徒事尾追之旨,仰见圣明洞鉴。今日之病,实在于此。窃谓闽浙两省必须合立大帮兵船,属之两提督,使不分畛域,彼此呼应,如贼在浙界,闽兵即由三沙、四霜一带策应遏截;在闽界,浙兵亦如之,随贼所窜,勿予以暇,而奸民之火药篷杠亦不能源源济贼,庶事有少豸"云。

十二年(1807)冬十二月,总统率浙闽之师追贼入粤海。先是,牵以百船合陆路万人寇台湾,总统率金门镇许松年、澎湖副将王得禄大破之。时,所部止三千人,闽不济师助塞鹿耳门,牵得遁去,然已狼狈不支,奸人济之,势复张。已而击之大星屿,又击之浮鹰,牵仅有三船,将就擒,总统中贼炮,遽卒,闽师远见统帅船乱,竟退。牵遁入安南夷海中,李公之威,贼畏惮若神,而屡不得志于闽。天子圣神先觉,诛闽将士不渡台者,逮大吏之掣肘者,洞悉逸忌之口,专任长庚。长庚没,天子震悼,叠下诏书,封长庚三等壮烈伯,谥忠毅,以忠

[①] 据前引陈寿祺《大清建威将军浙江提督总兵官追封三等壮烈伯忠毅李公神道碑文》,此年应为嘉庆十年(1805)。

毅戏下士王得禄嗣其职，勉以同心敌忾之义，上以张国威，下以泄众愤，为长庚复仇。于是浙闽将士感泣激励，无不誓以死杀贼。

明年（1808），牵自安南夷洋回棹，朱渍资助之，复与渍合，百数十船入浙。浙中土盗张阿治滋扰亦急。浙江巡抚阮元复莅任。夏五月丙午，亲驻鄞县，肃军政、严防御、增器械、配船炮、募义勇、杜岸奸，克期剿贼。一月之内，定海镇兵获董清秀二十一人于鼠浪湖，提督舟师擒陈丁五十六人于佛肚山，擒陈雄二十四人于羊山，黄岩镇兵擒林桂二十六人于沙护，黄岩游击刘成魁、太平参将福尔敏生擒王宗荣二十三人，象山知县孙泉雯获王阿仓三人，玉环同知宋如林生擒李亚罗，义勇船何廷模获桑四三十四人于韭山，斩首五级，叶机在岱山获盗十一人，机弟枢追盗至江南崇明获一船，生擒李葛十一人，皆张阿治党。阿治窜于南。秋七月，蔡牵、朱渍入浙，巡抚驻鄞县督击，用间以离之。浙江副将项统自闽归，遇渍于韭山，攻之，获一船，擒其党王长。渍窜于闽，已而，闽总兵许松年击毙之，其弟渥领其众。提督何定江击牵，牵不敢拒，亦遁于闽。乃并剿张阿治，擒其党百六十人。阿治穷蹙，巡抚访得其母与弟在闽之惠安，密告总督阿林保。总督密饬惠安知县吴裕仁系其母与弟，阿治乃率其党四百七十六人、炮八十六乞降，窃嘴帮灭。小盗首郭潭、纪江均先灭于闽。陈角投牵党青筋茂，茂降，角不知所终。其党惟亚卢存。亚卢，一名亚罗，一名骆卢仔，号小差帮。冬十二月甲寅，同知陈大琮攻亚卢于鱼山①外洋，获其船，擒二十八人，斩五级。

十四年（1809）夏四月，温州镇李景曾、定海镇朱天奇、参将印章主簿朱锦城、同知陈大琮、候选知县叶机，共剿之，仅余数船。提督邱良功初莅任，追之至温州。秋七月乙亥，飓风覆亚卢船，亚卢溺死，余二船四十四人平阳知县周镐擒之，浙洋土盗尽平。亚卢溺之日，牵舟亦坏，漂于松门龙王堂，至于定海，邱良功自闽海追击，破之。闽师亦至。八月壬辰，浙江提督邱良功、福建提督王得禄、海坛总兵孙大刚、黄岩总兵童镇升，合师击。癸巳鸡鸣，童镇升率所部首追及贼，贼回拒，镇升击贼，篷顶落，守备武大定跃上贼船，擒其党王乌五十一人，斩首十级，获其炮械九十，贼落海死者无算。牵由衢港窜入外洋。先是，李忠毅镇定海，巡抚阮元与相勉励，以尽心捕贼为务。忠毅尝追贼至极远外洋，于岛屿获一猱，贻巡抚，蓄之"诚本堂"。每闻其啼，巡抚辄曰："非李总兵奋力剿贼，不闻此声。"尝相与赋诗倡和，以见志。忠毅以《鹿洲集》贻。《鹿洲集》者，漳浦蓝鼎元作。鼎元以其谋佐兄襄毅公平海寇朱一贵，撰《平台纪略》以是勉。巡抚且示己志也。巡抚复任时，忠毅没于贼，巡抚慷慨涕泗芄兰，数亲督战海滨。提督邱莅任，推心相结，亲若兄弟。尝勉之曰："圣明廑念海洋，无时或释。奸擒渠魁、仰副宵旰，在此一举！"又致以书曰："蔡逆坐船高大，浙师向攻，往往不能得力。然贼船虽大而少，兵船虽小而多，若令某镇隔断贼党，不令救援，以隔断为功、不以攻获为功，别使某镇高大坚好船若干只专伺蔡逆本船，连环施放枪炮，破其篷

---

① 由于缺乏史料，此"渔山"无法判定是今浙江省舟山群岛新区岱山县西的渔山，还是宁波市象山县东南的渔山。

胎、柁牙,使彼不能行驶,然后更番攻击,多用火箭、火瓶,贼行与行、贼止与止,久久相持,贼之就擒可必矣。"时巡抚将入都祝嘏,又致以书曰:"一切剿捕事宜,诸望专司指挥提挈;并明示将士以功过所在,俾共图免过立功。元身在省垣,心系海上。今两省舟师及所雇商船共得七、八十号,兵力壮甚;歼灭渠魁,定在此举。捷音不远,我公与王提军平贼即会奏勿迟也。"牵既窜,闽师以朱渥入闽,南还御之;浙师北追贼至马迹,不见贼。己亥,牵由潭头①外洋而南;癸卯,邱良功至普陀,简舟师穷追南下。甲辰,至牛栏基,谍知牵匿黄岩之鱼山②;乙巳黎明,追及。贼方起篷南窜,逼之;牵返篷拒。牵所乘绿头大船,良功挥令众舟趋而围;贼以炮击黄岩镇船,桅折。时闽师犹在浙,乃合击,俱乘上风;贼惧,向东南遁。浙师随击,自卯至申,毙贼无数。转战至黑水深洋,闽师亦至;海坛镇孙大刚从浙师,与贼船逼,以火燎贼,贼亦以火拒。时夜半,风浪并怒,不得登;贼船随浪舣出。良功据上风,截之,贼莫能遁。丙午寅刻,良功率各舟师联络攻击,牵且拒且逃;右营游击陈宝贵左腕伤于炮。午刻,过黑水洋,见清水;良功曰:"深洋弯远,天且晚;此时不得贼,贼将遁!"大呼以己舟骈于贼舟东。闽师至,闽舟骈于浙舟东;贼篷与浙篷结,浙篷毁,贼以椗扎浙船,决死战。我兵奋勇,无不一当十;贼多跳水死。贼以矛刺良功,贯胖流血;邱成勋,良功兄子也,与贼格斗,坠海死。海坛镇孙大刚、乍浦参将陈琴、守备李增阶,各以舟师趋贼。贼火斗及增阶药舱,舱轰,琴两足伤,舟亦沈;琴、增阶遇杉板救,不死。牵仅有二、三十人,船漏坏;牵急,将以火投药舱自轰。浙船被毁,椗脱出;闽船遂骈于贼船,贼犹以死拒敌。东风大起,福建提督王得禄、海坛总兵孙大刚力持贼;浙师自外观之,炮火联络。贼以炮击王得禄,伤额及肘;忍之,挥千总吴兴邦以火攻贼船,柁楼脱。牵别子小仁与其党矮牛等隔于众镇,不能救;牵船裂,与妻子落海死——是为八月十八日。越四日庚戌,巡抚赴京师;乙卯过扬,余饯之北湖相墩,及办贼事。巡抚曰:"贼平,宜几日矣!"因述所以制贼事宜——时实未知捷音。未几,阅邱提督报书,乃得其详。

余往来节署者有年,稍知海上本末;尝恸李、胡两公之死,自恨儒懦,不能执殳从王事。既闻贼平,大快,颂扬天子之盛德以示里中父老;里中人莫不欷歔太息,浮大白以相庆也。或曰:"蔡逆之灭,由浙师奋不顾身,首先攻击,致贼不能遁。闽船大钝,于浙追及时,贼已垂殆,故收其功耳。"焦循曰:"否!否!方浙船破,仅存底板,邱将军足且伤;使非闽师戮力同心,邱将军纵不罹李、胡之祸,贼亦扬帆去矣。当是时,贼船与浙船结,闽船夹浙船外;浙船毁而闽船又骈于贼船,贼所以灭耳。向者三沙之役,闽地也,而闽误之。今贼所歼之地,浙地也;而闽助成之。然则贼之生死,视闽、浙合与不合。李忠毅杀贼之勇,讵逊于邱;乃抱恨而殒者,抑又何哉!"

牵既死;是冬,朱渍亦以其党降于闽,海寇悉平。

---

① 此"潭头",即今浙江省宁波市象山县东的壇头山。
② 此"渔山",即今浙江省宁波市象山县东南的渔山。

胡振声,闽人;嘉庆五年(1800),为黄岩副将。从总兵岳玺擒获箬黄盗首江文,箬黄灭;授温州镇总兵。九月,会黄岩镇灭水澳于狗洞门。六年(1801)正月,追侯齐添于披山洋,破之。六月,灭补网帮于东日。十月,击蔡牵于南麂,生擒其党林照四十四人。八年(1803)正月,从李长庚追蔡牵至闽,牵几获。十一月戊戌,夜袭蔡牵于南麂。己亥,与参将李景曾、县丞王正悦三路掩击,获贼九十六人、炮械数百。是役也,振声身先近贼,牵几就擒。振声杀贼之勇亚于李,战死于闽;闻者悲之!

　　叶机,定海人;由廪生,官训导。八年(1803)夏,请以家财募乡勇下海捕贼,数有功。巡抚荐之,升云和教谕,候选知县。

　　陈大琮,同安人;壮烈伯李长庚女婿也,安徽候补同知。以谙习出洋,巡抚奏留浙,授同知。

　　——(清)焦循:《右神风荡寇记》,《国朝耆献类征初编》卷三十九,见《国朝耆献类征初编》第五册,国风出版社,第3052~3056页。

浙江提督总统闽浙水帅追封三等壮烈伯谥忠毅李公行状　王芑孙

　　公讳长庚,字超人,自号西岩,福建泉州府同安县人。父希岸,台湾府彰化县学生,举五丈夫子,公于兄弟次居三,幼而见奇,故命以今名。年十七丧母,精习骑射,慨然有志于当世。试补武生,举乾隆庚寅(1770)恩科乡试,明年(1771)成进士,授蓝翎侍卫,扈跸畿辅者三。高宗纯皇帝之四十一年(1776),公年二十六,出为浙江衢州都司,居六年,迁提标左营游击,又六年,由太平参将擢乐清副将。

　　林爽文之乱,入闽护海坛镇总兵。海坛所隶,南曰湄州,故盗薮,公至,始哨其地而捕除之。会邻境有被劫者,误指为海坛界,落职留缉。公不申辩,遽自毁家,募乡勇出洋擒大岞盗陈营。盗善火器,战屡却,公竿月镰,断其船缭,跳而登,火燎公须,短兵接,大获以归。顷之,福文襄郡王访水师将才,得公一见,骤加礼异,公慷慨言曰:"长庚破家为国,船既自造,军食军械无资于官,惟火药非私家物,愿有请。"于是,文襄下檄沿海,凡李某所在调用军火,不限多寡与之。先是,闽盗林明灼及陈礼等阑入浙江,戕参将张殿魁,吏莫能捕,以属公。不三月,获之。奏起游击,五十五年(1790),署福建铜山参将。铜山战舰徒空名,公别用选锋,作商人装出海不张旗帜,罔知其官军也,故贼至辄得。居铜山五年,先后三出南洋,五出北洋。公谓:逐捕固武臣常职,不当报功。有所获,往往不以自闻。中间丁父忧暂归,仍还署事,补海坛右营游击。未之任,今上御极,即授公铜山参将。先是,救象屿商船之被劫者,贼来扑,我兵少,势不敌,公伏不动,待贼炮尽,出不意,战过其舟,一炮殪之。日向暮矣,隐约又见数艇,公亟收泊。数艇者亦泊。比晓相持,公命我舟一字排列,作长蛇形,后船插前船尾,绹之巨缆,贼从东来,我师东第一舟应之,以迄第八,从西来,西第一舟应之,以迄第八,回环终日,贼无如之何。是役也,枪炮声震数百里,海水为沸,所杀伤过当。贼有夺尸以埋者,遮而堕之海中。

上之二年(1797),擢署澎湖副将,以保举入京,未至,授定海总兵。纯皇帝召见慰遣,以三年(1798)四月就镇。定海累更盗患,前此文武吏独事城守,公至,以水战利病,指授其士,不三月,出击盗之泊衢港者,追过山东黑水洋,生擒盗首林苏及其众五十余人。其年(1798)八月,平普陀外洋之盗。明年(1799),平潭头①外洋之盗。已而,土盗凤尾帮诱入安南夷艇,公破之三盘澳,拔他将被围者出之。当是时,群盗蔡牵、柳阿全等诸有名目无名目大小以百数舶交海中,而当事者独急艇匪,日夜程督。公追之浙洋、追之闽洋、又追过闽粤交界之甲子洋,乃返。

五年(1800)四月,击蔡牵白犬洋,获多,赐花翎。五月,夷匪大入,巡抚阮公元奏以公为统帅,报可。公更定章程,条下其法,凡所俘获,悉以赏功,俾弁兵知富贵皆在盗船之内,枪炮必贼近乃发,勿虚施。六月,与黄岩镇会师松门,飓风作,覆贼舟几尽,获其伪侯爵伦贵利,俘斩数千人,我师亦颇失亡。自是,艇患纾矣。而蔡牵在闽洋横甚,公出收抚其胁从者而后击之,所击灭李出、丁郭、林俊新、杨乌等有名贼目数十股。七年(1802)冬,擢浙江提督。

明年(1803)正月朔,蔡牵进香渔山②,公掩至,牵踉跄,仅以身免。公蹑之猛,贼船食尽,篷索坏不得修,乃遣党诣总督乞降。总督不虞其诈也,遽檄我师入口,掎公勿往,而牵以其间次第缮完,大购粮储,扬帆去。其年(1803)闰二月,公复与黄岩镇合兵击盗尤升等,获之。九月,平石塘钓艇盗。十一月,遇蔡牵于三沙,沈其船一。十二月,追之南麂,夺其船二,沈其船一,烧其船一,斩首二级,生擒八十余人。

明年(1804)三月,及之浮鹰,烧其船一,夺其船二,斩级十三,擒其男女四十余人。八月,战马迹,公率师中贯其阵,贼东西窜,公分兵,授孙大刚俾西追,自率罗江泰、李景曾东追,及黄拢,沈其二艘,毙其人七八十,入衢港,数俘得五十二,斩首五级。牵船重迭张牛皮渔网,炮弹不得入,又其船高出官军所驾米艇,仰攻非便。公建议贼船之高于兵船者,贼固劫船于商,今兵船有成式,而商船无定制,请嗣后商船有当修者,其梁头限以一丈七八尺,如此数年,贼无大船可劫,其大炮亦且无施。公又尝以意创火攻船略,本明人子母联环船法,用善泅者载油薪驶钉盗船,药发,凫水而还。督臣以奏,皆见施行。于是,土盗朱濆挟艇匪窥伺金厦,而蔡牵入台湾大掠,上调公为福建水师提督。公以艇患方剧,即先击艇匪,艇匪既逸,别遣将追之外洋,而身自东渡,剿蔡牵。牵闻,解去,公追创之,台湾平。

自上亲政以来,一意任公,又鉴公孤忠,有不获尽其用者,及是授为总统,命温州、海坛二镇为左右翼,专以蔡牵事付公,各路舟师皆属焉。公感上知,益自奋。其年(1805),败蔡牵于青龙港,又覆之斗米洋。有旨,调浙江,总统各路舟师如故。九月,过尽山,遭飓风,失公所爱将罗江泰、刘成业。十二月,蔡牵再扰台湾,阴结岸匪万余人,据州仔尾,凿大船,塞鹿耳门,我师不得进。鹿耳外巨浸稽天,其别港有曰南北汕、曰安平港、曰大港,公驻汕外,

---

① 此"潭头",即今浙江省宁波市象山县东的壇头山。
② 此"渔山",是今浙江省舟山群岛新区岱山县西的渔山,非今浙江省宁波市象山县东南的渔山。

别遣将以小澎船由大港绕安平,出不意攻之,密约台湾镇道为内应。一战,烧其船二十余,夺其船九,乘胜入之。当是时,岸匪助贼势张甚,公率所部水陆,分道连五战,如破竹。十二月朔,夜薄州仔尾,贼以小舟二三十蜂拥来拒,锋乍交,忽鹿耳门所屯大帮盗船内轶出同安船数十,横袭我师。公以所造火攻船绕出其大帮船后烧之,于是同安船贼还救,我师从而蹙之,大胜。质明,击山匪之屯聚者,焚其寮,七八里火光烛天,贼气自此沮矣。牵既败,走北汕中,其北汕旁出有道曰旧港,南汕旁出有道曰新港,公自守新港,以别将守旧港,又凿沈同安船堵其隙,牵困阱兽,咋且擒。俄暴风从东来,掀起所沈同安船,牵从掀船处漏出。事闻,夺翎顶。(1806)四月,牵与朱渍合窜福宁外洋,公以两镇兵败之三盘。牵折而北,又败之调班洋。八月,大搏渔山①。贼舟瓦石与火箭火球雨下,公纵横血战,受伤,事闻,复冠顶。九月,再败之东涌,炮击蔡牵从子蔡添来,落海。

十二年(1807)二月,扼之粤洋大星屿,断牵船大桅,毁其头篷,合围者屡,而粤援不至,亟收抵肇庆戢船澳。上闻,切责粤帅下部叙公功。四月,与粤帅会剿澳门盗,已,还视浙江军政。旋复出洋,有旨责公速行,而公实先已就道矣。十一月,合金门、福宁两镇击牵浮鹰,擒九十五人,斩级十五。十二月二十五日,至粤黑水洋,追及之蔡牵所有二舟耳。公奋欲逼登其舟,几登矣,风浪暴作,仓猝误中贼炮,伤咽喉额角,是日日辰加未,薨于阵。督臣疏入,上震悼,遣抚臣迎奠,赐白金千两治丧,追封三等壮烈伯,予专祠,仍下部臣议恤,赐祭葬,予谥忠毅,倍其恤赏。又累降旨,申诫水师将帅为公复仇。敕督臣用所获蔡牵义子伪总兵蔡二来祭公,枭其首幕次。其他恩数,皆如故事。

公生平读书之外,喜静坐,天性知兵,尤长水战,盗贼相诫,有"不怕千军,只怕李长庚"之语。身经大小百十战,所歼擒匪酋千数,所俘获军械炮火匪酋万数,他人得其一皆奇功,在公为不足书。(编者注:以下记载李长庚其他善举之类的,省略不录)

——(清)贺长龄:《清经世文编》第八十六卷"兵政"十七,广陵书社,2011年,第298~299页。

总统闽浙水师浙江提督壮烈伯李忠毅公神道铭

当嘉庆十一年(1806)五月,公北汕失利之后,渔山受伤以前,某以雁荡山游,谒公于双昆之泊,别公,公哭指酒尊而誓曰:"子知老夫之在水师乎?蓄忧者丧心,急死者丧勇。事成勿议,则刘向不必争陈汤之功;致死若冤,则李翰必为我上张巡之状。"逾月,某以游舆道松门,路人藉藉,谓公已入凶水,犯雾露,逼手搏,披六创,漂舟蛟门,吏民荒荒,不知公之存亡死活也。某笑曰:"将军死矣,全名为上,全军次之,全身又次之;今而后,将军之厉为神,将军之卒为灵,将军之寇歼,将军之海平矣。"又逾月,渡浙,见邸报,知闽大吏诬公逃寇,陷公以必死,后先一日,浙中丞以公负重伤入告②,二章交上,诏复公翎顶。于是浙百姓呼天

---
① 嘉庆十一年(1806)八月,蔡牵和李长庚交战的渔山,即今浙江省宁波市象山县东南的渔山。
② 指李长庚于嘉庆十一年(1806)八月在渔山之战中负伤。

而谢曰:"皇帝圣明,见万里外,将军生矣。"……渔山之战,公士燮祈死,贾复轻斗,内惧杼投,外忧杯影,乃誓祭三王白虎之船,走丁旿抱河之阵,集垣护断铁长柯之斧,约韦叡焚桥灌草之兵,以是年某月,搏蔡牵于舟中,桅烟卧水,帆火烘云,陆浑之烧海赤,睢水之血天腥,百舟鬼烂,万刀鱼吞,公投不磔石,登不悬布,横尸一舱,悬命四手,诸葛亮之七擒七纵,老生常谈,韩昌黎之再接再厉,斗鸡联句,吕布拳捷,石勒手毒,丑父伤肱,桓魋肿目,魏犨牵胸,林雍鏨足,良夫披发,华元幡腹,搏人未投,枕尸乃哭,公以为退原原降,围鼓鼓服,遂乃办葛荣之长绳,回头缚虎,牵忽掣董公之手戟,反面当熊卫侯手拸,子犯戈逐,中肩中背、志眉志目,及黄盖之走舸方来,而庆舍之俎壶中面矣。

——(清)王昙撰:《烟霞万古楼文集》卷四,见王云五主编:《丛书集成初编》,商务印书馆,1935年,第45、49页。

建威将军歌为壮烈伯李忠毅公作

大星如斗堕炎海,李将军死天惨昏。其身死战神不死,终歼逆贼酬主恩。
将军毁家为谋国,自制军械给军食。一门子弟尽骁腾,心甘蹈海气吞贼。
安南夷艇初入闽,防海将弁多逡巡。将军伏兵伺贼出,飞炮中之如有神。
五年大入浙滋扰,将军领师扼其要。台州酣战逼松门,天助飓风覆夷盗。
旌旗五色号令新,赏罚必信士气振。鲸浪渐消外扰靖,凤尾蚁贼来纷纷。
是时蔡牵称盗首,巨万逋逃萃渊薮。阴购民米劫商船,豕突鸮张无不有。
将军曰嘻某在斯,么么何者犹猖披。誓搜汝族倾汝穴,生啖汝肉寝汝皮。
一战白犬洋,再战青龙港。
将军所向靡不摧,郑一朱濆散其党。贼牵势蹙奔三沙,如鱼游釜兔入罝。
将军灭此且朝食,坐听欢声腾鼓笳。大府何人飞羽檄,趣令将军退坚壁。
诈降修备贼远扬,帐下健儿皆掩泣。牵也再出围台湾,鹿耳阻塞陷凤山。
将军出奇绕贼背,夹攻连破开重关。乘潮贼窜机又失,天意苍茫苦难必。
渔山之役[①]箭雨集,将军被创战逾急。大星屿前烧贼舟,我舟亦复摧中流。
粤援不至兵力竭,事嗟掣肘功难收。将军行与家人别,曰贼不除吾永诀。
二镇兵合黑水洋,贼剩三舟趋险绝。将军乘胜以火攻,牵命已在呼吸中。
海水忽立天怒风,将军殉国成孤忠。左手持刀右握盾,魄力已尽犹争雄。
请于上帝泄冤愤,明年(1809)部将收其功(提督王公得禄、邱公良功、总兵许公松年)。
呜呼!将军生平五十有八耳,死得其所死非死。
百战威名草木知,千秋大节河山伟。
平生特达受知深,独恨封圻未一心。

---

① 即嘉庆十一年(1806)八月在今浙江省宁波市象山县东南洋面的渔山之战。

赖有两贤能协力（巡抚阮公元、清公安泰），遂令群盗屡成擒。
天语当年诫持重，爱惜臣身勿轻用。
臣身自惜贼谁歼，万古臣心抒一恸。
易名拜爵崇专祠，贞石峨峨谕祭碑。
我交公子（袭伯廷钰）详遗事，感激为公赋此诗。
——（清）吴嵩梁：《香苏山馆古体诗钞》卷十三，见《清代诗文集汇编》编纂委员会编：《清代诗文集汇编 四八二》，上海古籍出版社，2010年，第270页。

书建威将军浙江提督三等壮烈伯李忠毅公事

方蔡牵之陆梁浙闽海上也，为嘉庆二年（1797），公由澎湖副将迁浙江定海镇总兵，牵党林阿全、朱濆等之舶，亦啸聚劫掠。……公之追牵于三沙也，贼食餲，篷缆战具皆败坏，乃遣党伴乞款于督府，督府不知其文降，即遣吏招抚，飞檄趣舟师入，止公勿动，贼以间缮备，扬帆去。牵之围台湾，陷凤山，据洲尾，凿巨舟，塞鹿耳门，杜外援，纠奸民万余肆掠。公下令院临口，遣将绕出，其腹背夹攻，连破之。已而，贼浮潮由北汕逸，公逆知港道辽阔，贼众我寡，尝从督府乞济师，不时，应故失牵，事闻，夺翎顶。渔山之役，贼瓦石火箭如雨集，公力战，被数创。……公自从戎胕，大小数百战，皆有功，为乐清副将，权海坛镇总兵也。扫南日湄州之逋薮，其起复为海坛游击也。安南盗艇阑入闽，旁近惶骇，公率战舰八破之象屿，逐北至三彭。及为总兵，讨牵也，犄之南盘，掩之白犬洋，溃之旗头，至东霍山，乘胜抵尽山。其为提督也，乘之象山东，薄之东沪，蹙之三沙北，驱之南虎，手鏦之浮鹰。其为总统也，邀之马头北，及于黄垒蹦之。贼复来淡水北，覆之青龙港，撕之斗米洋，战三昼夜，火其舟数十，熘之台湾洲尾，北走而东，翦之张坑，搜出虏者，复北折而南，克之调班洋，合诸镇兵围之渔山，挤之竿塘，殪之三盘。（编者注：以下另述其他，省略不录）
——（清）张澍：《养素堂文集》卷二十二，清道光十五年枣华书屋藏板。

李壮烈战迹

闽中固积富区，自总督雅德、伍拉纳等骄奢贪纵，吏治废弛，下属习为懈怠，海中盗艇猖獗，鲸鲵日盛。闽中水师懦怯，莫敢与撄，提督倪斯得老而耄，不谙纪律，惟令士卒避寇而已。故蔡牵、朱濆等啸聚海滨，兵至十万，于乙丑（1805）冬突入台湾，赖浙江提督李公长庚抵死御之，台湾得以恢复。

公同安人，由武科起家，出为浙江副将。福文襄王康安见而奇之。时安南阮光平阴叛本朝，命其夷官等入中国海面掳劫，以充其国帑，王命公往擒之。公曰："官船钉疏板薄，不能冲突波涛，长庚愿倾家造船，以适其用。惟火药非私家所有，愿公赐之，其余不费官丝毫物也。"王大悦，奏署总兵衔，并赐银数万。公乃造海船数十艇，不加镂饰，与客船无异，率兵三千，尾追夷艇。夷人以为客船，遂返舟与之敌。公乃旗鼓突出，声振数里，加以飓风大作,海涛汹涌,公士卒百倍,枪炮骤发,贼舶惊溃,覆船数百殆尽,俘斩数千人,生擒夷伪官伦贵利等以献。王优奖之,请命于朝,任海坛总兵,浙抚阮公元倚为左右手。公虽武人,好读书,乐静坐,与阮公唱和无虚日。

台湾之役,公已将蔡牵贼艇围于鹿耳门,计日可擒。其时所率多闽兵,公浙中精兵只五百余人。蔡牵以赇钱四百余万遍豢闽中将卒,诸将遂解体,不为力战。数日,牵遣娈童蹈小船伪献降书,欲效郭循之策。公觉之,抵书于地,褫衣刃见,公立诛之。是晚大风雨,蔡牵乘势解缆而去。公方饮酒,立倾杯整队进,闽中兵无不披靡,莫有继者。公太息曰:"朝廷养兵百余年,一旦用之,乃反为贼之间谍,诸将帅果何为者?"因全军而归。闽督阿林保置酒与贺,筵间从容笑语曰:"海上事易为掩饰,如公以蔡牵假首至,余即飞章露布,不惟公居首功,吾亦当受帷幄之赏。如此则海氛告成,此局易了,岂不胜冲突鲸涛,侥幸于万一哉!"公奋然曰:"于清端之捉贼,姚制府之用兵,长庚所知也。石三保、聂人杰之擒,长庚所未解者。皇上之所以委任长庚者,盖欲使永靖海氛,以绥民命,其成功与否,则天也。公以文吏徜徉中外,故宜幸其事,早蒇其功,仆则视海舶如庐舍,不畏其险也。公今以逗挠劾长庚之罪,他日以覆舟讳长庚之死,皆惟公命之是从也。仆一武夫,犹知以死报国,公以世臣名族,扬历封疆,纵未娴于军旅,亦罔识'忠孝'二字乎?公何其浅视仆也?"遂推几而出。其幕客谏曰:"将军误矣。自闽、粤用兵以来,生灵糜烂者几数百余万,皆以蔡牵一人故也。今或假传其授首,以博天颜之喜;或羁縻以官爵,收其桑榆之效,则其局可了。将军宴坐衙斋,缓带投壶,不亦乐乎!定必冒风涛之险,必欲涸其巢穴,一旦飓风阻路,音耗莫通,粮饷莫继,士卒散亡,纵竭将军一人之力,难以敌狡獝百万之师。倘稍失利,大吏朦胧奏之,将军必遭狱吏之辱矣!"公慨然曰:"君不闻王彦章'人死留名、豹死留皮'之语乎?仆虽不肖,愿与蔡牵同日死,不愿与其同天生也。"闽督故恨之切齿。至渔山之战,公舶遭风失信,阿遂诬公逃寇不知所之入奏,赖阮公以公受伤入告,上优诏奖之。

后于丁卯(1807)十二月二十五日战于黑水洋。时蔡牵以三舟舣岛,去公艇半里耳,寇势已穷迫,公因山为垒,以逸待劳,舟师四面围之,计日以擒。而闽督以飞檄催战,动以逗挠为词。幕客劝公封章以奏,公斫舷怒曰:"大丈夫以死报国,不受唾面之辱也!"因整军进。下令军皆持短兵,以为必死计。及战,浙军无不一当百,有卒校跳牵船上,牵几被其擒,以众寡不敌,死之。而牵奴林小貃素识公面,暗中指示,由篷窗中出火枪,中公胸。公茹痛呼诸将部署其事曰:"诸君不杀此贼,老夫死不瞑目矣!"因长号而终。事闻,上震悼,封一等壮烈伯,谥忠毅,祀昭忠祠。

公卒后二年(1809),公部将邱公良功、王公得禄等,率公旧卒,建功海上。时闽督易以方保岩制府维甸,与二将合志歼贼。戴文端公衢亨时掌枢柄,凡所请,无不立时俞允,中无阻挠,二将得以用命。蔡牵投海死,其子小仁获而奴之,海氛遂平。然皆由公裹血茹疮,大小百余战,于惊涛怒浪之中,使贼无以休息,其精锐日见耗亡,是以继之者奇功之易蒇也。

——(清)昭梿撰,冬青校点:《啸亭杂录续录》,上海古籍出版社,2012年,第59~60页。

李长庚传

李长庚,字超人,号西岩,福建同安人。乾隆三十六年(1771)武进士,官至浙江提督,封三等壮烈伯,谥忠毅,有《李忠毅公诗集》。

公幼学书,即书唐李白句"天生我材必有用",赠公大奇之,命以今名。……嘉庆元年(1796),授定海总兵。纯皇帝召见,奖谕有加。明年(1797),击蔡牵,白犬洋功最,赐花翎。公获海盗,有名目者数十人,贼中口号曰:"宁遇千万兵,莫遇李长庚"。盖自嘉庆之元迄丁卯(1807),历十二年,无一日不搜捕海盗,鬓发以此白,面目以此黧,而公亦誓死灭贼,不复有旋踵想矣。六年(1801)冬擢浙江提督,调福建水师提督。自上亲政以来,专以蔡牵事付公,闽浙水师皆属焉。公感激上知,益思自奋。其剿蔡牵也,败之于青龙港,覆之于斗米洋,又大蹙之于鹿耳门,以牵船从北汕漏出,有旨夺翎顶。继败之三盘,又挫之渔山,血战受伤,事闻复顶戴。又败之东涌,炮击牵从子蔡添落海。(编者注:以下另述其他,省略不录)

——(清)张维屏编撰,陈永正点校,苏展鸿审定:《国朝诗人征略》二编卷三十七,中山大学出版社,2004年,第977~978页。

大清建威将军浙江提督总兵官追封三等壮烈伯忠毅李公神道碑文

嘉庆十二年(1807)冬十二月二十有五日,浙江提督李公帅师剿海盗,死之。事闻,上震悼,诏追封三等壮烈伯,予世袭,谥忠毅,给丧事,命福建巡抚往迎其丧,摄奠,建祠其县,数敕水师将士为公复仇,恩礼笃异动天下。越明年(1808)九月,葬公同安坪边山之原。公女夫宁波同知陈大琮来京师,请文于碑。寿祺,公乡人,且史官也,谨次功状之实,以昭示来世。叙曰:公讳长庚,字超人,一字西岩,泉州同安人,曾祖思拔,祖宗德,父希岸,寄籍彰化县学生,三世赠皆如公官。公于兄弟次三,幼偶傥异常,稍长,习骑射,慨然有当世志。弱冠,以武学生举乾隆三十五年(1770)乡试,明年(1771),成进士,授蓝翎侍卫。四十一年(1776),出为浙江衢州都司,擢提标左营游击,迁太平参将,再迁乐清副将。林爽文之乱,檄入闽,权海坛镇总兵,所辖南日、湄洲,故盗薮,公至,捕除之。会邻民被劫,误指海坛,坐削职。遽归,散家财,募乡勇,率子弟操舟入海,擒盗首从数十,复擒盗大岞,公自是有致命之志矣。顷之,郡王福文襄定台湾,还访水师将才,礼异公。公慷慨请曰:"长庚破家为国,舟及军食、军械一不资官,惟火药非私家物,愿便宜得调。"文襄许之。初,闽盗林明灼等入浙海,戕一参将,吏莫能捕,以属公,不三月,皆获。奏起游击,五十五年(1790),权铜山营参将,后四岁(1794),补海坛右营游击,仍权铜山事。六十年(1795),安南艇盗阑入闽,傍近骤骇,公率战舰八击之象屿,追北及三澎。贼来扑,舟师未集,麾兵士急伏舩艦中,候贼炮尽,突过其东,发一炮歼之。日暮,望数艇踵至,令列舰衔舻迤若长蛇;比晓,东西迭转斗,大挫之。今上即位之二年(1797),由铜山参将擢守澎湖副将;未行,迁浙江定海镇总兵。定海更盗患,婴城守;公条上缉捕事于总督故大学士书麟,多施行。于是攻盗衢港,北越山东登莱;又攻盗普陀洋,又攻盗潭头,斩获多。当是时,风尾群盗诱夷艇百余踞浙江岛澳,而巨盗蔡牵、林阿全等名号以数十舶交海中。当事者特急艇患,日夜程督。公乃击之温州三盘澳;还,拔他将之被围者,锋锐甚,贼宵遁。南追至竹屿,过粤、闽之交甲子洋乃返。上闻,慰谕曰:"李长庚素勇,追剿力;然风涛险阻,稍持重,不可轻进!"又诫总督玉德曰:"李长庚为水师杰出,宜用于要处;莫令往返奔波,徒劳无益也。"公致书提督苍保,大略谓:"定海、黄岩、温州三镇,宜更抽战船,专督帅、假便宜、励赏罚、加口粮、足薪米、稽要隘、断火药、遏籴汲、益募丁壮、增调水兵,稍变通成例,权利害而勿惜小费。"其言皆中机要。五年(1800),击贼功最,赐花翎。夷艇大入浙江,巡抚阮元奏以公总领水师。遂申军约、别徽帜、严号令,明进退疾徐之节,曰:"吾熟水战,不如法,不可欺也!"夏,扼夷盗于松门;飓风作,覆其艇几尽,献俘千,磔伪侯伦贵利。自是,夷盗不复践浙海,他土盗亦寝蹙,而蔡牵扰闽海剧张。其冬,公南下,靡水澳盗及牵党。六年(1801)冬,授福建水师提督;寻调浙江。九年(1804)秋,命公为闽浙水师总统,温州、海坛二镇为左右翼,专捕牵。公议:"贼略船于商,船高大,仰攻不便。当禁海商毋擅造巨舶,巨舶毋出口;贼所掠止千斛之舟,乃无能为矣。"又自创火攻船,颇仿明人子母连环船法。十年(1805),夷艇挟群盗朱渍窥金、厦,漳、泉戒严,牵因入淡水,迫台湾。复授公福建水师提督,出厦门;牵引去,仍调浙江。其秋,诒书巡抚清安泰曰:"蔡牵有船八、九十,而长庚所统兵船仅相抵;浙江尚有邱搭、小肥宾等盗船三、四十,而三镇兵船亦仅相抵。自揣兵力犹未足胜贼。用兵之道,知彼知己,谋出万全。长庚自督府奏定勒限一年以来,趋蹈艰险、横攻直前、出入死生、徒劳无成者,缘闽、浙洋面三千余里,所在兵力单寡,祇恃长庚一军往来逐捕;顾肩失股,贼反以逸待劳。前奉中旨'勿事尾追';今日之病,实在于此。窃谓两省宜各厚集鹈鹕,隶之两提督,使不分畛域,首尾策应;勿予贼暇,庶少有豸。"

公自以总兵讨牵岁余,东击之南盘、掩之白犬洋、败之旗头;至东霍山,乘胜至尽山。以提督二岁,乘之象山,东薄之东沪、蹙之三沙,北蹑之南麂,手鐵之浮鹰。以总统逾三岁,邀于马迹,东及于黄垒轰之;贼复自淡水①,北覆之青龙港②,捣之斗米洋③,战三昼夜;东燿之台湾洲尾④,焚其舟数十;北走而东,蹶之张坑⑤,掀商艘出臥者。复北折而南,克之调班洋;合诸镇兵围之渔山⑥,再蹈之竿塘⑦,破之三盘⑧;贼东走,逐之东涌;反而北、又窜而南,趾之广东大星屿。凡斩首八十余级,殪擒数千人,得贼从子一人、头目十余人,俘器械、炮

---

① 嘉庆十年(1805)四月,蔡牵聚集于台湾淡水,自称"镇海威武王",伪造年号为"光明元年"。
② 嘉庆十年(1805)闰六月,李长庚等在青龙港洋面打败蔡牵。
③ 嘉庆十年(1805)八月,李长庚在大陈斗米洋打败蔡牵。
④ 嘉庆十一年(1806)一至二月,李长庚在洲仔尾打败蔡牵。
⑤ 嘉庆十一年(1806)四月,李长庚在张坑洋打败蔡牵。
⑥ 《清朝耆献类征选编》第十一卷(上,第1403页,台湾银行经济研究室编)记载,嘉庆十一年(1806)八月,李长庚部下杜魁斗在今浙江省宁波市象山县洋面追击蔡牵,烧毁船一只,击沉一只,擒获7人。由前后时间排列来看,此次所说的渔山,即今浙江省宁波市象山县东南的渔山。
⑦ 嘉庆十一年(1806)九月,李长庚在竿塘打败蔡牵。
⑧ 嘉庆十一年(1806)十月,李长庚在三盘打败蔡牵。

火万计。上知公不遗余力,且功簿无虚饰,累诏嘉之。公追牵三沙也,贼食尽,篷缆、战具皆败,乃遣党诈乞降督府;督府不虞也,辄遣吏招抚,而飞檄趣舟师入,掎公勿动。贼以间缮备,扬帆去。牵之围台湾也,陷凤山、据洲尾,凿巨舟塞鹿耳门阻外援,结奸民万余人大掠;公令扼隘口,遣将绕出其腹背夹攻,连破之。已而,贼乘潮从北汕逸。事闻,夺翎顶。而公固逆知港道辽阔,贼众我寡,尝从督府乞济师;不时应,故失牵。渔山之役①,贼瓦石、火箭如雨,公力战被数创。当是时,总督玉德以罪谪戍边,代者因衔公,构蜚语,遽劾公;而巡抚清安泰讼公战功,章寻至,诏复公冠顶而切责劾者。大星屿之役,断贼舟大桅,毁其篷;围急,而公舟亦摧于浪,粤援绝,故止。上闻,切责粤帅,叙公功。其岁与粤帅剿他盗竣,还浙江;请暂理军政,上不许。遽行,与家人诀曰:"吾不灭贼,誓不返矣!"于是合金门、福宁二镇兵南击牵,及之广东黑水洋,贼才三舟矣;火攻船乘风絓其艄,公奋欲登者三,几获牵。俄,风大起,水立,舟中皆倾眩;飞炮中咽及额。是日日昃,殒。垂绝,犹左手持刀、右执盾,目怒视如生时。

公天性知兵,尤长水军。衽飓涛、颊霜雹、袒锋镝,身大小百余战,所向风靡;贼私相戒曰:"不畏千万兵,但畏李长庚!"其詟服如此。天下知与不知,皆以为今之颇、牧。然所与同心者,阮公、清公而已;它督部多不相中,骤之、掣之、龃龉之。提孤军奔命,四涉万里,往往客主不相接。发凋齿豁,卒罹鼍鳄,悲已!然而公将兵在外十数年,上未尝识公面,独排箕舌、洗筐书,始终倚公如长城;其生也爱之,其死也哀之,盖古名将不易得之于其君。天下又以感公之遭也,或谓以公之勇,功瘵旦夕,贼罪巨于海而网数漏,何也?岂天欲俾公尽瘁,以彰忠烈而后已耶!公卒逾年,提督王得禄、邱良功竟以闽、浙舟师毙牵海上,总兵许松年亦已毙贼朱渍,渍弟渥、牵义子小仁先后举党降。然则天子之威德、公之英灵与文武吏士之所以为公雪愤者,皆可知矣。昔汉灭蜀,追念来歙;越隽夷降,赐岑彭家;晋平吴策,告羊祜庙;唐扫荡河洛,原功张、许,绘形凌烟。今公功方百世祀,天下无一日不思公;公何恨哉!公所至,尝修学校、赈饥、施棺,置义冢;善拊吏士,今大帅得禄、松年之属,皆公所荐拔;盖又仁智儒将也。生乾隆十五年(1750)四月二十五日,春秋五十八。无子;养子廷驹,武举人,早卒。闻于朝,以所抚同姓子廷钰嗣,袭爵。

铭曰:茫茫大瀛,实生蛟鼍;去来闪尸,血人于波。天子命我,楼船峨峨;翦此朝夕,齿我天戈。雷砰霆激,奔骇妖魄;乘风簸涛,困而反龁。黄头之军,南北寡援;苍兕、苍兕,触涉险难。胄虱十霜,饥不暇餐;志业未竟,先摧师干。陇西确虏,昆邪恐亡;新息介介,壶头卒僵。公知国恩,安知福祸;惟帝念忠,报勋优大。鼓鼙琴瑟,听之立懦;登于明堂,功宗曰可!

——(清)陈寿祺:《左海文集》卷九,清道光刻本,见《清代诗文集汇编》编纂委员会编:《清代诗文集汇编(四九九)》,上海古籍出版社,2010年,第384~387页。

---

① 此"渔山",即今浙江省宁波市象山县东南的渔山。

李忠毅公事略

初，公以谋勇耐辛苦，受仁宗知遇。屡立功，军事悉主阮公。福建忌之，故主招抚，后被绐，益恚怒，而阮公又以忧去，福建益阻挠公。阮公尝欲造巨舟远过霆船者，既去浙，公乃请于总督，愿与三镇总兵预支养廉，捐造大船三十。总督尼之。当牵自鹿耳门败遁时，甚狼狈，蓬柂皆毁。迨至福宁，得岸奸接济，势复张。至是，公皆列状上闻，诏褫玉德职，逮问治罪，以阿林保代之。时闽文武吏以不协剿，不断岸奸，惧获罪，交谮公于阿林保。阿林保即密劾公逗遛，捏报斩获，疏五上。上密询浙抚清安泰公。清奏言："长庚熟悉海岛形势、风云沙线。每战，自持柂，老于操舟者不能及。且忘身殉国，两年于外，过门不入。以捐造船械倾其赀，所俘获尽以赏功，故士争效死。且身先士卒，冒危险。渔山之战[①]，身受多伤，将士亦伤百有四十人，鏖击不退，故贼中有'不怕千万兵，只怕李长庚'之语。惟海艘越两三旬即须燂洗，否则苔黏蟹[②]结，驾驶不灵，其收港并非逗遛。且海战全凭风力，风势不顺，虽隔数十里，旬日不能到也。是故海上之兵无风不战，大风雨不战，逆风逆潮不战，阴云蒙雾不战，日晚夜黑不战，飓期将至、沙路不熟、前无泊地，皆不战。及其战也，勇力无所施，全恃巨炮轰击，船身簸荡，中者几何？我顺风而逐，贼亦顺风而逃。无伏可设，无险可扼，必以钩镰去其皮网，以大炮坏其柂牙篷胎。船伤行迟，我师环而攻之，然后可获其一二船，而余船已飘然远矣。贼往来三省，皆沿海内洋，外洋则无船可掠，无岙可依，从不敢往。惟剿急时始逃入焉。倘日色西沉，贼直窜外洋，我师冒险无益，势必回帆，而贼又遁诛矣。且船在大海中，浪起如升天，落如坠地，每遇大风，一舟折桅，则全军失色。虽贼在垂获，亦必舍而收泊。易桅竣工，贼已远遁。故尝累月不获一战。夫船者，官兵之城郭、营垒、车马也。船诚得力，以战则勇，以守则固，以追则速，以冲则坚。长庚所造船，颇能如式。第兵船有定制，商船无定制。商船愈高大，则愈足资寇。近日长庚剿贼，专令诸将士隔断贼船，不以擒获为功，而自率精锐，专注蔡逆坐船围攻。贼行与行，贼止与止。无如贼船愈大，炮愈多，是以未能得手。且兵饷例止发三月，海洋路远，往返稽时，而事机间不容发，迟之一日，虽劳费经年，不足追其前效。此皆已往之积弊也。非尽矫从前之失，不能收将来之效；非使贼失其所长，亦无由攻其所短。则岸奸接济之禁，尤宜两省合力，乃可期效。"奏入，上切责阿林保连次参奏，专以去长庚为事："倘朕轻信其言，则长庚正当奋不顾身为国殄贼之际，忽将伊革职挐问，岂不令将弁寒心？试问水师中有过于长庚者乎？朕非昏瞆糊涂之主，岂受阿林保蛊惑，自失良将耶！此后剿贼事，责成长庚一人。阿林保倘忌功掣肘，逞忿挟私，则玉德即其前车之鉴。"并敕造大梭船三十，其未成以前，择大商船雇用。(1806)十月，公击蔡牵于竿塘，获牵侄添来。十二月，败牵于温州。

——（清）李元度：《国朝先正事略》卷二十二，见《四部备要》史部，上海中华书局据原刻本校刊。又

---

① 即指嘉庆十一年(1806)八月在今浙江省宁波市象山县东南洋面的渔山之战。
② 该字发音"撮"，现在象山一带还称此类贝壳为此名。

见(清)李元度纂,易孟醇校点:《国朝先正事略(一)》,岳麓书社,2008年,第701~702页。

李忠毅公事略　　李元度

嘉庆十有二年(1807)十二月壬辰,浙江提督李公剿海盗蔡牵,中炮薨于广东潮州之黑水洋。事闻,上震悼哭之,廷臣亦哭。诏曰:"朕于李长庚素未识面,因其宣力海洋,忠勤勇干,身先士卒,锐意擒渠,叠经降旨褒嘉。原拟俟捷音到时封授伯爵,不意功屈垂成,临阵捐躯。览奏心摇手颤,为之堕泪。李长庚可追封三等壮烈伯,赏银千两治丧,并于原籍建祠,春秋祭祀,灵柩抵家,着巡抚张师诚代朕赐奠。"……初,公以谋勇、耐辛苦受仁宗知遇,屡立功,军事悉主阮公,福建忌之,故主招抚,后被绐,益恚怒,而阮公又以忧去,福建益阻挠公。阮公尝欲造巨舟远过霆船者,既去浙,公乃请于总督,愿与三镇总兵预支养廉捐造大船三十,总督尼之。当牵自鹿耳门败遁时,甚狼狈,篷柁皆毁,追至福宁,得岸奸接济,势复张。至是,公皆列状。上闻,诏褫玉德职,逮问治罪,以阿林保代之。时,闽文武吏以不协剿、不断岸奸惧获罪,交谮公于阿林保,阿林保即密劾公逗留、捏报斩获,疏五上,上密询浙抚清安泰公,清奏言:"长庚熟悉海岛形势、风云沙线,每战自持柁,老于操舟者不能及,且忘身殉国,两年于外,过门不入,以捐造船械倾其赀,所俘获尽以赏功,故士争效死,且身先士卒,冒危险,渔山之战,身受多伤,将士亦伤百有四十人,鏖击不退,故贼中有'不怕千万兵,只怕李长庚'之语。惟海艘越两三旬即须燂洗,否则苔黏螫结,驾驶不灵,其收港并非逗遛。且海战全凭风力,风势不顺,虽隔数十里,旬日不能到也。是故海上之兵,无风不战,大风雨不战,逆风逆潮不战,阴云蒙雾不战,日晚夜黑不战,飓期将至、沙路不熟、前无泊地,皆不战。及其战也,勇力无所施,全恃巨炮轰击,船身簸荡,中者几何?我顺风而逐,贼亦顺风而逃,无伏可设,无险可扼,必以钩镰去其皮网,以大炮坏其柁牙篷胎,船伤行迟,我师环而攻之,然后可获其一二船,而余船已飘然远矣。贼往来三省,皆沿海内洋,外洋则无船可掠,无岙可依,从不敢往,惟剿急时始逃入焉。倘日色西沈,贼直窜外洋,我师冒险无益,势必回帆,而贼又遭诛矣。且船在大海中,浪起如升天,落如坠地,每遇大风,一舟折桅,则全军失色,虽贼在垂获,亦必舍而收泊,易桅竣工,贼已远遁,故尝累月不获一战。夫船者,官兵之城郭、营垒、车马也,船诚得力,以战则勇,以守则固,以追则速,以冲则坚。长庚所造船,颇能如式,第兵船有定制,商船无定制,商船愈高大,则愈足资寇。近日长庚剿贼,专令诸将士隔断贼船,不以擒贼为功,而自率精锐,专注蔡逆坐船围攻,贼行与行,贼止与止,无如贼船愈大,炮愈多,是以未能得手。且兵饷例止发三月,海洋路远,往返稽时,而事机间不容发,迟之一日,虽劳费经年不足追其前效,此皆已往之积弊也,非尽矫从前之失,不能收将来之效,非使贼失其所长,亦无由攻其所短,则岸奸接济之禁,尤宜两省合力,乃可期效。"奏入,上切责阿林保:"连次参奏,专以去长庚为事,倘朕轻信其言,则长庚正当奋不顾身为国殄贼之际,忽将伊革职拏问,岂不令将弁寒心?试问水师中有过于长庚者乎?朕非昏瞶糊涂之主,岂受阿林保蛊惑,自失良将耶?此后剿贼事责成长庚一人,阿林保倘忌功掣肘,逞忿挟私,则玉德即其前车之鉴。"并敕造大梭船三十,其未成以前,择大商船雇用。十月,公击蔡牵于竿塘,获牵侄添来。十二月,败牵于温州。十二年(1807),败牵于粤之大星屿。十一月,败牵于闽之浮鹰岛。十二月,率福建提督张见升等追牵入粤海。(编者注:以下另述其他,省略不录)

——(清)万友正纂修:《马巷厅志》附录卷上,清光绪十九年补刊本,见《中国方志丛书》第九十八号,成文出版社,1967年,第229、231~232页。

李忠毅公祠堂碑记　王宗炎

嘉庆十有二年(1807)冬十有二月壬辰,浙江提督西岩李公以舟师追剿海贼蔡牵,薨于广东黑水洋。明年(1808)春正月,闽浙总督以闻,天子震悼,追封壮烈伯,世袭予谥忠毅,敕建祠原籍福建同安,有司春秋以时享祀,备哀极荣,无与伦比。其年(1808)冬,祠宇落成,楹桷寫棁,堂庭广邃,迎奠栗主,……蠢尔蔡牵,抗逆颜行,敢窥台湾,敢扰浙洋。帝命总统,提督舟师,用汝浙江,汝惟勉为。公感泣言,竭股肱力,死而后已,以尽臣职。爰率诸镇,孙、罗、王、许,飞炮轰雷,浴血濯雨,渔山捍围,楼船云集,制贼死命,悬于呼吸。(编者注:以下记载李长庚在其他地方的战斗,省略不录)

——(清)万友正纂修:《马巷厅志》附录卷上,清光绪十九年补刊本,见《中国方志丛书》第九十八号,成文出版社,1967年,第226、228页。

李忠毅公墓志铭　洪亮吉

盖自上亲政以来,又专以蔡牵事付公,闽浙水师皆属焉。公感激上知,益思自奋。其剿蔡牵也,败之于青龙港,覆之于斗米洋,又大蹙之于鹿耳门。嗣以牵船从北汕漏出,有旨夺翎顶。继又败之于三盘,又挫之于调班洋,又大挫之于渔山。公血战受伤,事闻,复顶戴。又大败之东涌,炮击牵从子蔡添来落海。

——(清)万友正纂修:《马巷厅志》附录卷上,清光绪十九年补刊本,见《中国方志丛书》第九十八号,成文出版社,1967年,第222、225页。

李长庚小传

李长庚,字超人,同安人。读书习骑射,乾隆三十六年(1771)武进士;由蓝翎侍卫补浙江衢州都司,迁游击参将,至乐清副将。林爽文乱台湾,调入闽,护海坛镇总兵。会邻海有民船被盗,误指海坛,坐夺职。公罄家财募精勇,擒盗首林权等数十人;又击盗陈盗于大岸。盗善火器,公回舟据上风,以长竿系月镰,断其帆缭,须眉皆被燎;跃入盗船,斩以归。……十一年(1806)正月,复败之于柴头港。二月朔,松年夜率锐师趾海水,登洲仔尾,焚其寮,牵反救;公遣将出南汕,自后焚其舟,松年进蹙之,贼大败。明日登岸击陆贼,燔其小舟。牵弃洲仔尾,困守北汕,以鹿耳门沉舟,自塞走路也。越二日,沉舟漂起,牵出追击之,夺船十余,卒以闽师不助扼各港,竟遁去。夺翎顶。然是役也,前后歼贼数万,尸横数十里,台湾获全。是年(1806)牵、濆合寇福宁,追败之。牵入浙,又击之于台州。八月,击之于走海渔山。公专击牵舟,火器雨下;额身皆受创。复翎顶,果擒渠。许锡世职。初长庚以谋勇耐辛苦,受上知遇,屡立功军,事悉,主浙抚。阮元福建忌之;及阮元以忧去,福建益阻挠,长庚尝请总督,愿与三镇总兵,预支养廉,捐造大船三十,总督尼之。当牵自鹿耳门败遁时,甚狼狈,蓬柁皆毁;追至福宁,得岸奸接济,势复张。至是长庚列状上闻,褫玉德职,逮治罪,以阿林保代之。时闽文武吏,以不协剿、不断岸奸惧获罪,交谮长庚。阿林保密劾公逗遛捏报斩获,疏五上。密询浙抚清安泰,清安泰奏言:"长庚熟悉海岛形势,风云沙线,每战自持柁,老于操舟者不能及,且忘身殉国,两年于外,过门不入。以捐造船械,倾其赀,所俘获,尽以赏功,故士争效死;且身先士卒,冒危险,渔山之战,身受多伤,将士亦有伤。百四十八鏖击不退;故贼中有不怕千万兵,只怕李长庚之语。……"(编者注:以下另述其他,省略不录)

——(清)唐景崧修,蒋师辙、薛绍元纂:光绪《台湾通志》,见台湾省文献委员会编印:《台湾通志》,台湾历史文献丛刊第一三〇种,1993年,第526~529页。

李长庚小传

李长庚,字西岩,福建同安人。乾隆三十六年(1771)武进士,授蓝翎侍卫。出为浙江衢州营都司,累迁乐清协副将。五十二年(1787),署福建海坛镇总兵。……

十一年(1806)正月,牵合百余艘犯台湾,结土匪万余攻府城,自号镇海王,沉舟鹿耳门阻援兵。长庚至,不得入,谍知南汕、北汕、大港门可通小舟,遣总兵许松年、副将王得禄绕道入,攻洲仔尾,连败之。二月,松年登洲仔尾,焚其薮,牵反救,长庚遣兵出南汕,与松年夹击,大败之。牵无去路,困守北汕。会风潮骤涨,沉舟漂起,乃夺鹿耳门逸去,诏夺花翎、顶戴。四月,蔡牵、朱濆同犯福宁外洋,击败之,追至台州斗米洋,擒其党李按等。

长庚疏言:"蔡逆未能歼擒者,实由兵船不得力,接济未断绝所致。臣所乘之船,较各镇为最大,及逼近牵船,尚低五六尺,曾与三镇总兵愿预支养廉,捐造大船十五号,而督臣以造船需数月之久,借帑四五万之多,不肯具奏。且海贼无两年不修之船,亦无一年不坏之杠料。桅柁折则船为虚器,风篷烂则寸步难行。乃逆贼在鹿耳门窜出,仅余船三十,篷朽硝缺;一回闽地,装篷熰洗,焕然一新,粮药充足,贼何日可灭?"诏逮治玉德,以阿林保代。既至福建,诸文武吏以未协剿、未断岸奸接济,惧得罪,交谮长庚。阿林保密劾其逗留,章三上,诏密询浙江巡抚清安泰。清安泰疏言:"长庚熟海岛形势、风云沙线,每战自持柁,老于操舟者不及。两年在军,过门不入,以捐造船械,倾其家赀。所俘获尽以赏功,士争效死。八月中战渔山,围攻蔡逆,火器瓦石雨下,身受多创,将士伤百四十人,鏖战不退。贼中语:'不畏千万兵,只畏李长庚。'实水师诸将之冠。"且备陈海战之难,非两省合力不能成功状。时同战诸镇,亦交章言长庚实非逗留。仁宗震怒,切责阿林保,谓:"朕若轻信其言,岂不自失良将?嗣后剿贼专倚长庚,倘阿林保从中掣肘,玉德即前车之鉴!"并饬造大同安梭船三十,未成以前,先雇商船备剿。长庚闻之,益感奋。是年(1806)秋,击贼于渔山,受伤,事闻,复还翎顶。(编者注:以下另述其他,省略不录)

——(民国)赵尔巽等编修:《清史稿》卷三百五十,列传一百三十七,中华书局,1977年点校本,第11253、11255~11256页。

王得禄小传

王得禄,字玉峰,福建嘉义人。林爽文倡乱,陷县城。得禄家素丰,捐赀募乡勇,助官军复之,授把总。明年,贼复围城,从总兵柴大纪固守。及围解,率乡勇搜捕大坪顶等处余匪,焚琅峤贼巢,贼渠庄大田就擒。台湾平,赐花翎、五品顶戴,迁千总。嘉庆元年(1796),巡洋至獭窟,遇贼,得禄先登,擒吴兴信等。历年出洋捕海盗,号勇敢,累擢金门营游击。七年(1802),从李长庚击蔡牵于东沪洋,擒贼目徐业等百余人,又擒吕送于崇武洋,被奖叙。九年(1804),从总兵罗仁太击贼于虎头山洋面,获船械甚多。十年(1805),击蔡牵于虎井洋,败之,署澎湖协副将。九月,遇牵于水澳,焚其舟,擒歼朱列等百余人。十一年(1806)春,牵入台湾,围府城。李长庚令得禄与许松年驾小舟自安平港入侦之,帆樯弥望,夜纵火焚贼舟,遂入屯柴头港。明日,贼自洲仔尾攻府城北门,得禄率兵蹑其后,大呼以前,贼惊却。城内军出夹攻,大败之,乘胜至洲仔尾,破其营,贼乃遁。五月,牵复窜鹿耳门,得禄首先冲击,获船十,沉船十一。叙功,加总兵衔。寻擢福宁镇总兵。

十二年(1807),调南澳镇。七月,败朱濆于鸡笼洋,获船十四。十一月,又败其党于古雷洋,射殪贼目朱金,擒张祈,被奖叙。未几,李长庚战殁,命得禄与邱良功继任军事。十三年(1808),擢浙江提督。既而调福建,邱良功代之。时阮元再任浙江巡抚,张师诚为福建巡抚,两省合力,得禄与良功同心灭贼。十四年(1809)八月,同击蔡牵于定海渔山,败之。牵东南走,追至黑水洋,合击累日,良功以浙舟骈列贼舟东,得禄率闽舟列浙舟东,战酣,良功舟伤暂退,得禄舟进,附牵舟,诸贼党隔不得援。牵铅丸尽,以番银代,得禄额腕皆伤,掷火焚牵舟尾楼,复冲断其柁。牵知不免,举炮自裂其舟沉于海。诏以牵肆逆十有四年,渠魁就歼,厥功甚伟,锡封得禄二等子爵,赐双眼花翎。余党千二百人,后皆降。海盗遂息。

得禄为福建提督历十载,屡疏陈缉捕事宜,改定水师船制,皆如议行。二十五年(1820),调浙江提督。道光元年(1821),乞病归。十二年(1832),台湾张丙作乱,得禄率家属擒贼目张红头等,加太子少保。十八年(1838),台匪沈和肆掠,输粮助守,晋太子太保。二十一年(1841),英吉利犯厦门,命驻守澎湖。次年(1842),卒,赠伯爵,谥果毅,次子朝纶袭子爵,官户部员外郎。

——(民国)赵尔巽等编修:《清史稿》卷三百五十,列传一百三十七,中华书局,1977年点校本,第11257~11259页。

邱刚勇公传　　黄家鼎

邱良功,字玉韫,号琢斋,马巷金门岛后浦人,幼孤,事母至孝,母病痢,尝粪。长隶金门营为兵,乾隆六十年(1795),随总兵李芳园出洋缉匪,在苏尖洋获许江等,在乌浔洋获林凤等,又擒张春等,并船获焉。芳园深器之,拔补外委。是年(1795),复在南日洋获陈合等,祥芝洋获刘叹等。嘉庆元年(1796),随游击魏成德巡洋,迭获剧盗刘三、张训、王时、陈明、吴班等。次年(1797),又获王忠、杨善等。五月,在祥芝外洋遇盗艇,一跃登舟,擒匪首莫阿三等。六月,在深沪庙内获贼酋陈三贵。升把总,旋在永宁获高集等,在崇武獭窟洋获曾春,在将军澳获艇匪张阿四。督抚奏请议叙,奉朱批"可嘉",并于良功姓名加朱圈焉。良功以末弁结主知,感激愈自奋,其后又迭获陈六、郑梅梅、吴秤、黄克正等,旋补千总,引见,擢守备。是时,洋盗蔡牵、朱濆方横行海上,分扰闽、浙、粤三洋。七年(1802),良功在铜山港获牵匪伙陈质等,复送部引见,升游击。随浙江提督李长庚在江省扁礁洋获骆然等。十年(1805),蔡牵窜扰台湾,复随长庚赴台剿捕,并护理台湾副将,统率师船,在台澎各洋侦缉。十一年(1806),牵以朱濆方扰北路,突犯鹿耳门,攻台湾。良功乘其不备,以火攻之,歼其众于洲仔尾,转由北汕与长庚夹击牵船,几获。会潮涨,逸去。奉旨,摘去顶戴。乃率舟师至大鸡笼,进剿朱濆,沈其艘,又灭白衣匪于笨港。牵再扰鹿耳门,良功冲阵败之。疏入,上复朱圈其姓名,加副将衔,赏花翎。盖良功忘身殄寇,其简在帝心固已久矣。逾年(1807),追朱濆于沪尾,濆东窜入鸡笼洋,值潮退,堵港口,困之。南澳总兵王得禄率舟师夹攻,擒匪首林红等。濆遁入生番界,穷追抵苏湾,毁其巢,叙功一等,授安平副将,擢定海总兵。未赴任,值长庚殒于阵,上念海上将材可继长庚者无逾良功,乃授浙江提督,代统其军。良功随长庚久,痛其功败垂成,以灭牵自任。十四年(1809),带领舟师出洋督捕,获牵匪伙王鸟等,侦知贼中绿头大船牵坐艇也,遇于渔山外洋,良功挥令诸将击散别船,自以坐驾专攻之。得禄亦率闽师至,连夜追,过黑水洋,良功股被炮伤,裹创擂鼓,督战益力,飓风骤起,浪起伏如山,牵船大篷猝挂良功帆上,压船几覆,军士多落水,势急甚,犹指挥奋击,贼船坏,牵坠海死,其妻及余党二百五六十人并歼焉。生擒胡有均、郭浅等。捷闻,上大悦,谕曰:"邱良功左腿受伤,着加恩晋封男爵,仍赏给白玉翎管一个,白玉四喜搬指一个,金累丝搬指套一个,大小荷包各一对。"良功愈感恩遇,虽极贵不敢稍自逸。尝于田呙洋面瞭见贼船,戗帆追之,至东矶外洋,风雨暴至,官船贼船皆漂散,良功坐船亦折断大桅,椗舵杠具尽坏。次日,始收泊,亟派兵弁沿海搜捕,获庄姜等。盖料贼船被漂必登岸修葺也。十六年(1811),入都陛见,回任复出巡洋,获蔡险、郭魁、虞焕章、徐进才、翁阿三、叶三豹、邱合发、癞头四等。次年(1812),复获陈登、陈乌青、施阿兴、蔡胜玉、王有升、骆阿楚、孔阿三等。良功遇盗不避危险,坐船尝为贼炮洞穿,水暴入,兵弁皆失色,而良功夷然也。十八年(1813),又获陈彩能等。十九年(1814),复请觐,回任迭获胡时智、柴武魁、王文星、陈祖金等。二十年(1815),又获梁成起、洪启大、郭乃姐、陆瑞伦、舒玉燕等。二十一年(1816),又获何金凤、陈得奇、潘永光等。二十二年(1817),又获张和尚、梁阿川等。是春,奏请述职。出都,于八月三十日行次甘泉县病殁,年四十九岁。遗疏入,上震悼,予祭葬,赐谥刚勇。子联恩以三等男承袭,官总兵,自有传。良功性端谨,谦以下人,严以驭将,专阃九年,以清廉著。其官水师也,衽席波涛,殄剧寇无算,即生擒交地方官讯办者,亦几及千人。贼见良功旗帜,无不股栗。嘉庆朝以水师名将称者,首数李长庚。然长庚始扼于总督玉德、阿林保,所志不得遂。洎受知仁庙,几成功矣,竟殒于阵,则天为之也。良功随长庚为偏裨,独见宠任,官把总,即邀九重特达之知,卒歼巨逆,以功名终其遭际,有胜于长庚者。闽中多将帅材,漳泉两郡五等之茅土备焉。联恩死捻乱,尤能以忠孝世其家。于戏!与戚继光、俞大猷争烈矣。

丘成勋,后浦人,良功从子,常从良功出洋缉匪。嘉庆十四年(1809),良功追蔡牵至渔山,逾黑水洋,舟相比喷筒,火箭迸集如雨,成勋奋身格斗,中伤落海,死事闻,照把总例赐恤,世袭云骑尉。

——(清)万友正纂修:《马巷厅志》附录卷上,清光绪十九年补刊本,见《中国方志丛书》第九十八号,成文出版社,1967年,第244~246页。

邱良功小传

邱良功,字玉韫,金门后浦人。襁褓失怙,长从戎,为金门镇李芳园所器。时海寇蔡牵、朱濆等窃发,良功剿贼数月,有功;自把总累迁游击,署参将,护副将。十一年(1806),蔡牵以朱濆扰北路,突入鹿耳门攻台湾,良功率兵会剿,出不意攻之,歼其众于洲仔尾;转由北汕与提督李长庚夹攻。牵船几获,会潮涨逸去。乃率舟至大鸡笼进剿朱濆,沈其艘。牵再扰鹿耳门,良功冲阵,败遁去。疏入,赏戴花翎,加副将衔。逾年(1807)追朱濆于沪尾,濆东窜入鸡笼洋,值潮退,守港口困之。南澳总兵王得禄率师夹击,濆遁番界,穷追抵苏澳,毁其巢。叙功一等,晋安平副将,擢定海镇总兵。未赴任而蔡牵势仍张,提督李长庚战死;授良功浙江提督,追蔡牵至渔山外洋,牵落海死,其妻及贼伙二百五六、十人并歼。捷闻晋封三等男爵,世袭;赏赉有差,旋入觐,道卒,年四十有九,授建威将军。赐祭葬,谥刚勇。良功事节母孝,母病尝粪。

——(清)唐景崧修,蒋师辙、薛绍元纂:光绪《台湾通志》,原稿本。

清仁宗御赐浙江提督邱良功晋封男爵敕

邱良功,原系浙江提督。因洋盗蔡牵一犯,原系闽省平民,在洋面肆逆十有余年,往来闽浙粤三省,扰害商旅,抗拒官兵,甚至谋逼台湾,率众攻城,伪称王号,不特商民受其荼毒,官兵多被伤亡,并戕及提镇大员,实属罪大恶极。该逆一日不除,海洋一日不靖。节经降旨谕,令该督等严禁接济,鼓励舟师,速擒巨憝。兹据张师诚奏,称王得禄接到咨会,南洋尚有蔡逆匪船,王得禄即与邱良功连舻南下,于十七日黎明驶至鱼山外洋,见蔡逆匪船十余只,在彼超驶,当即督催闽浙舟师,专注蔡逆本船,并力攻击该逆,复敢用大桩札住邱良功之船。拼命抗拒,邱良功被贼枪戳伤。其时,王得禄紧拢逆船奋击,该匪因不得铅丸接济,用番银作为炮子点放,王得禄身被炮伤,仍喝令千总吴兴邦等连抛大斗大罐,烧坏逆船舵边尾楼。王得禄复用本身坐船,将逆船后舵冲断。该逆同伊妻并船内伙众登时落海沉没,提讯捞获各匪犯十九名,并难民六名,均称蔡逆手足俱被火药烧伤,落海淹毙。是蔡逆受伤落海,已据所获贼匪难民供指,确凿毫无疑义。王得禄、邱良功协力奋追,歼除首恶,均属可嘉。邱良功着加恩晋封男爵,准再承袭八次。

钦此。

嘉庆十四年(1809)十月　日

——(民国)左树夔修,刘敬纂:民国《金门县志》文征卷上,民国十年修抄本,见《金门县志》(二),《台湾文献汇刊》第五辑第二册,九州出版社、厦门大学出版社,2004年,第355～357页。

邱良功、陈步云小传

邱良功,福建同安人。起行伍,屡以获盗功,洊擢闽安协副将。嘉庆十年(1805),偕许松年会剿蔡牵,追至小琉球,见台湾师船二为贼围,赴援,松年举旗招之,未至。以违调遣被劾,褫职逮讯。得白,复原官,署台湾副将。十一年(1806)春,从李长庚击蔡牵,破洲仔尾贼巢,牵乘间逸,夺顶戴。五月,破牵于鹿耳门,赐花翎。十二年(1807),朱濆犯淡水,偕王得禄追至鸡笼洋,连败之,擒歼甚众,被优叙。十三年(1808),擢浙江定海镇总兵。十四年(1809),擢浙江提督。偕王得禄合击蔡牵于渔山外洋,乘上风逼之,夜半浪急,不得进。明日,复要截环攻,牵且战且走,傍午逾黑水洋,见绿水。良功恐日暮贼遁,大呼突进,以己舟逼牵舟,两篷相结。贼以桩冲船,陷入死斗。良功腓被矛伤,毁贼桩,得脱出。闽师继之,牵遂裂舟自沉。论功,锡封三等男爵,次于王得禄。或为之不平,良功曰:"海疆肃清,已为快事,名位轩轾何足计?"二十二年(1817),入觐,卒于途,赐恤,谥刚勇。子联恩袭男爵,官直隶河间协副将。

陈步云,浙江瑞安人。入伍隶水师,数获盗,以勇力称,授温州营把总。从良功追蔡牵,步云以四十人驾舟径逼牵舰鏖斗,舟小不相当,见两提督至,亟投火罐焚贼舰,以长戟钩舷,率数卒跃登,短兵相搏,歼牵妻及其党。贼舰已坏,牵犹持利刃踞柁楼,顾欲取之。良功隔船疾呼,船与水平,速去,放长绳水中援之起,而牵船没矣。步云身被十数创,两提督皆临慰视。事闻,赐奖武银牌,擢千总。累迁闽安副将。总督孙尔准欲裁减师船,步云言李提督所造船高大坚致,其利远胜同安夹板、快驹诸船,裁之缉匪无具,有事不能制敌,议乃寝。尔准荐其才可胜专阃,入觐,宣宗曰:"汝即随邱、王两提督攻沉蔡牵之陈步云耶?"询战功甚悉。遂擢定海镇总兵,历琼州、福宁、金门、海坛诸镇。道光十九年(1839),以伤发,乞解职。三十年(1850),卒。

——(民国)赵尔巽等编修:《清史稿》卷三百五十,列传一百三十七,中华书局,1977年点校本,第11259～11260页。

陈步云小传

陈步云,字锦塘,瑞安人,嘉庆间以把总随闽浙邱、王二提军过南,剿捕于鱼山黑水深洋。值渠魁蔡牵大帮连艉截战,步云首先过船,徧身被伤三十四处,经提军会奏,上闻,得旨交部议叙给功加一等军功功札,复赐奖武银牌、玉扮子各一拨,补温左千总,洊升定海游击。道光二年(1822),调署玉环参将。在任七月,以弭盗有功,不次迁转历官镇海、琼州、温州、福宁总兵,遄征穷岛,净扫鲸鲵,计先后于玉环之披山、三盘、灵门、大鹿洋面攻沈盗船多帮,斩获淹毙无算。散见寇警留绩。

——(清)杜冠英修,吕鸿焘纂:光绪《玉环厅志》卷之九,清光绪六年刻本。

诰授武显将军福建福宁镇总兵陈公事状　孙诒让

公讳步云,字锡镳,别号锦堂;世居瑞安城东清泉乡赟笃村,至公始迁邑之城南铺司街。曾祖顺卿,县学生员;祖迪生,国子监生;父国柱:并以公贵,赠武显将军。

公生七岁,而父赠武显公卒,母木太夫人抚之成立。及长,容止伟然,异于恒人。家故儒族,自赠公卒后,贫无儋石储;乃弃而学贾,非所好也。顾好习拳勇,投石超距;以艺雄其曹伍。邑东南厢多恶少年,群行横恣,为乡里患;莫敢谁何。公心不喜也,遇诸涂,必痛折之,不少假。诸少年怒,聚谋将辱公;公与角,辄挫其众,皆悚息遁去。由是,以勇名于邑。年二十一,入瑞安营左标为守兵。随副将巡海获剧盗,以功拔补右营外委,升镇标左营把总、右营千总、镇海营守备、定海左营游击、镇海参将、福建闽安协副将;授定海镇总兵,调广东琼州镇、浙江温州镇、福建福宁镇。历署温州中营守备、黄岩左营游击、玉环、乍浦参将,福建金门、海坛二镇总兵,护理黄岩镇总兵。

自乾隆季年闽贼李发枝引安南艇匪扰闽、粤、浙洋面,沿海奸民蜂起附之,分为二帮:在闽者为水澳帮、在浙者为凤尾帮;而蔡牵、朱濆纵横海上,势尤张甚。于是当事始议整饬水师,百计剿捕。然水战与陆异,以十丈之舰与寇驰逐于大海之中,风波险诡,晌息异形;虽有健者,多怵嘌眩惑,失其故步。自非深习水战、魁伟非常之士,莫能尽其技也。公勇敢、多智略,自入行伍,即隶水师,于海上风水沙线及海防利害,尤谙习;而善抚士卒,得其死力。自起行间以至专阃,扬历七镇咸在海疆,所至威信风行,千里肃谧。大府倚以治盗,前后所获盗及船械不可胜计;而功尤伟者,莫如沈蔡牵。当壮烈伯李长庚之亡也,牵几灭而复振;朝廷以壮烈部将邱良功为浙江提督、王得禄为福建提督分领其兵,而严旨饬闽、浙督抚,俾会师剿贼。嘉庆十四年(1809)八月,牵犯浙洋,方连樯集渔山墨水大洋;时公以把总随王提督领舟师追剿及之,而邱提督亦以浙师来会。牵联巨艇数百为椭陈以拒官军,中楼船大倍常制、上悬五色帜,则牵之坐船也;王提督命公驾船,以卒四十冲其前。公遂命捩柁径向牵坐船,戏下卒有难色,斩其一以徇;众惧,不敢违。既迫,而我舟小,贼舟俯瞰,势不相当;公与殊死战,相持未决。会两提督亦引舟至,贼回顾耸惧;公急燃火罐投牵舟,舟火发,贼众惊扰。公乘间以长子钩其舷,率数卒跃而登,持短兵与搏;擒其伪将陈昐、刘水,斩其众殆尽。欻一女子由覆版中持两刃而上，公迎击，猝以矛劘其胸，遂溺于海；盖牵之妻也。时船被焚，危没；而牵犹踞柁楼以利刃自卫，公顾欲击之。忽闻隔船疾呼曰："贼舟已与水平，陈将官犹不舍耶！"视之，则邱提督也。然提督船与牵船相距犹数丈，势无由登；乃命放长纤水中，公援以上。比公登，而牵船没矣。是役也。公身受重伤三十有四创。及罢战，两提督皆来慰视，嘉叹再三。总督上其功曰："把总陈步云首先过船，独力攻沉蔡牵正身盗船，功最。"得旨优叙，并荷银牌、玉扳指之赐。及道光十年（1830），公以闽安副将入觐；宣宗召对圆明园，犹问曰："汝即昔年随邱、王二提督攻沉蔡牵之陈步云耶？"垂询前后战功甚悉。比归，未及两月，遂有定海总兵之擢；盖其荩劳伟绩，迎邀睿顾者如此。（编者注：以下记载陈步云在海南岛的事，省略不录）

——（民国）闵尔昌纂录：《碑传集补》卷二十九，见周骏富辑：《清代传记丛刊》综录类（5），《碑传集补》（二），明文书局，1985年，第700～703页。

孙大刚小传

孙大刚，字剑凌，年十八，充镇海水师营兵，旋补定海营外委，五迁至黄岩营游击。嘉庆元年（1796），闽浙洋盗方炽，其渠魁曰蔡牵，次则朱濆。牵之艇百数十，濆数十，皆乘风潮往来，飘忽无定，朝廷切责督抚提镇务获盗。大刚率兵船巡洋，遇则击之，疆臣以闻，两奉上谕褒嘉。四年（1799），补福建烽火门参将，五年（1800），署闽安水师副将，旋升广东顺德内河副将，署南澳镇总兵。闽浙总督玉德以堪胜水师总兵闻，有旨引见，未至，升福建海坛镇总兵，遂入京谢，召见两次，赐克食两次。大刚起行伍，至节镇，大小数十战，擒盗魁无数，所获盗船七十余艘，大炮器械粮食称是。其在崇武洋面力战，伤于额，伤于左股，仍跃过贼船，擒其魁十有八人，斩首十级，玺书嘉奖焉。方浙江提督李长庚之中炮而殁也，军气大沮，大刚策励将士，扬扬如平常。十四年（1809）八月，会同福建水师提督王得禄追蔡牵于浙，遇之渔山，麾众直攻其所坐船，转战一昼夜，至于黑水洋，卒裂其舟，蔡牵毙于海。时朱濆已前死，海盗悉平。先后叙功，上命照一等军功例给之赏，戴花翎，赐翎管小刀搬指。韭山之役，以失蔡牵降参将，护理海坛镇总兵。逾年，上知大刚忠勇，仍还其官。道光元年（1821）卒于任，年六十有八。

——（清）于万川修，俞樾纂：光绪《镇海县志》卷二十四，清光绪五年刻本，见《续修四库全书》编纂委员会编：《续修四库全书》七〇七·史部·地理类，上海古籍出版社，1996年，第465～466页。

海坛镇总兵孙公家传（附其孙古愚君传）

孙公讳大刚，字剑凌，浙江宁波府镇海县人。祖讳玉，父讳燕杰，俱隐居不仕。公年十八，充镇海水师营兵，旋补定海镇标右营额外外委，五迁而至黄岩镇标右营游击，时嘉庆元年（1796）也。当是时，闽浙洋盗方炽，北接山东，南通两粤，出没数千里。其渠魁曰蔡牵，次则朱濆。牵之艇百数十，濆数十，皆乘风潮往来，飘忽无定，朝廷切责督抚、提镇务获盗，公率兵船巡洋,遇则击之,疆臣以闻,两奉硃批曰"好"。又于奏报功状,尤翕赫处,奉硃笔作圆围于旁。盖天子聪明神武,于行间将士功罪不啻若目击,而将士奉诏书则感且泣,又震慑股栗,若天威之临其上,罔敢不力。公素勇敢,至是益奋。四年(1799),补福建烽火门参将。五年(1800),署闽安水师副将,旋升广东顺德内河副将护理。南澳镇总兵、闽浙总督玉德以堪胜水师总兵闻,有旨引见。未至,升福建海坛镇总兵,遂入京谢。召见两次,赐克食两次。公起行伍,至节镇最,大小数十战。战潭头①,擒王杜;战拍脚澳,擒杨店;战东西柱,擒范中材;战瑞安海口,擒周伯元;战竿塘,擒李车;战白犬洋,擒林秋秋;战南屺,擒陈发;战北竿塘,擒刘紫紫;战四礵,擒林免、吴有;战马迹,擒骆然;战青龙港,擒彭求;战白沙墺,斩茭青六,擒陈宗章;战屿头,擒陈六六、郑康康;战永宁,擒陈角;战台山,擒杨法;战马砌,擒王松;战披山,擒郭淡;战浮鹰,擒陈饱;战大岞,擒李贯;战崇武乌垱,擒林民;战高丽外岛,擒王香;战东峇,擒不懂萧;战韭山,擒王长;战獭窟,擒胡解;战积谷,擒许但。又战竿塘,擒陈海;战北茭,擒陈养;战崇武,擒李得顺、陈元;战祥芝牛山,又战乌垱,擒杨亚豪、翁亚二亚目;战石圳,擒陈据、江茅;战南日,擒陈亮;战小岞,擒王标。又战祥芝,擒许智明;战壁头,擒陈加舵;战钟门,擒何平平;战小日,擒邱金;战下里,擒陈谈;战五桐厝,擒金抄。又战小日,擒严东邱;战浯屿,擒曾辛四;战东壁,擒高四四;战赤表,擒林星。当日文书上幕府,率曰擒某某等,今略记其姓名如此,其草薙擒狝无姓名可考者,盖不可以数计。又其余缉获奸宄,非洋面力战所擒斩者,今亦不尽录也。所获盗船七十余艘,大炮器械粮食称是。呜呼多矣! 当崇武洋面之战,伤于额,伤于左股,仍跃过贼船,擒其魁十有八人,斩首十级,玺书嘉奖焉。方李忠毅公之中炮而殁也,军气大沮,公策励将士扬扬如平常。十四年(1809)八月,会同福建水师提督王得禄,追蔡牵于浙,遇之于渔山②,麾众直攻其所坐船,转战一昼夜,至于黑水洋,卒裂其舟,蔡牵毙于海,时朱濆已前死,海盗悉平。先后叙功,交兵部记名者一,交总督存记者一,照一等军功例,给与军功加一级,纪录二次者再赏戴花翎,赐翎管小刀搬指。韭山之役,以失蔡牵,降参将护理海坛镇总兵,逾年仍还其官。盖公之忠勇,仁庙深知之也。每入觐召见,赐克食,悉如前。二十四年(1819),恭逢仁庙六旬万寿,入京祝嘏,恭诣太和殿朝贺,恩礼优渥,同时介胄之士莫能及也。公自幼好学,能读《两汉》《三国志》诸书,驭士卒严而有恩,或以缓急告,辄周郧之,岁散数千金不少吝。有降盗无食,公予之资,使聚其族垦某呑地以自食,子孙繁衍,遂成邨聚,因姓公之姓,奉公为始祖焉。公为人如此,宜其以功名始终,称一时名将矣。道光元年(1821)卒于位,年六十有八,子六人:奉尧,候选知州;灏,二品,荫生,候选通判;鼎鳌,福建福宁镇总兵,署厦门提督。余三子曰奉廷、曰鼎晟、曰凤仪,皆不仕。灏之子怀邦,余为作《古愚君传》者也。(编者注:后不录)

---

① 即今浙江省宁波市象山县壇头山岛。
② 即今浙江省宁波市象山县东南的渔山。

——(清)俞樾撰著,应守岩点校:《春在堂杂文》三编卷二,见赵一生主编:《俞樾全集》第 12 册,浙江古籍出版社,2017 年,第 226~228 页。

谢恩诏小传

谢恩诏,号紫斋,住厦城。乾隆间,以征台湾林爽文功,累官龙门协副将,嘉庆九年(1804)升苏松总兵。海贼蔡牵窜入吴淞港,降都司,入闽调用,旋补黄岩游击,护瑞安副将。十四年(1809)秋,在渔山外洋从击牵,奋勇鏖战两昼夜,牵赴海死,叙功,擢安平副将,升黄岩总兵,署宁波提督。恩诏知书史,文移笺牍手自起稿,性严察,所至湔洗积习,推引贤能,在龙门曾建义学,延师教弁兵子弟及民之无力就傅者,人颂其德。提督吴必达、林君升作《水师要略》《舟师绳墨》,恩诏重梓以行,海上事取则焉。(后不录)

——(清)周凯纂修,凌翰等纂:道光《厦门志》卷十二,清道光十九年刊本,见《福建省厦门志》,《中国方志丛书》第八十号,成文出版社,1967 年,第 254 页。

陈登捷小传

陈登捷,福山社人,副将万山弟。兄弟并起戎行。登捷状貌魁伟,屡着战功。嘉庆十四年(1809),任玉环参将。渔山之役,从攻蔡牵,迫贼船,抛掷火斗火炮,焚贼船,牵落海死,举船贼伙二百余人并死。叙功,例升副将,护黄岩总兵。(后不录)

——(清)周凯纂修,凌翰等纂:道光《厦门志》卷十二,清道光十九年刊本,见《福建省厦门志》,《中国方志丛书》第八十号,成文出版社,1967 年,第 254 页。

陈大琮传

陈大琮,字汝璧,号江洲,福建同安人。诸生,官宁波府同知。有《客中》。

君生而岐嶷,八岁能诗。浙江提督李忠毅公一见有国士之目,妻以女。十八补博士弟子员。戊午,乡试报罢。忠毅公招赴任所,延师课读。君于诗文之外,翻阅《三略》《七书》及楼船陈法。公又以素所心得者亲为指授。壬戌,丁外艰,居丧守墓。服阕,公再招至浙,文檄多出君手。旋遵衡工例捐同知,签掣安徽,署太平府同知。十三年(1808),忠毅公战殁,君矢志雪仇,呈请投效海疆。巡抚阮公具奏,奉旨:"据阮元奏,李长庚之婿候补同知陈大琮具呈投效一折。候补同知陈大琮在安徽试用有年,将届补缺,闻伊妻父李长庚剿捕蔡逆阵亡,该员半子之谊,情愿在浙投效,代为报仇。既据阮元验明,人尚明白,谙晓捕务,着加恩准其留于浙江效力。如果奋勉,遇有同知缺出,即予补用。钦此。"是年(1808)八月,带领丁勇出洋邀蔡逆,当先奋击,追至三沙洋。十月,署台州府同知。十一月,补宁波府同知。十二月,击盗渔山洋①。府君挟短兵过船,众随之,斩首五级,生擒黄温等二十八名,

---

① 此"渔山洋",无法确定是今浙江省舟山群岛新区岱山县西的渔山,还是今宁波象山县东南的渔山。

获其船二。奉旨交部议叙。十四年(1809)四月,会定海镇尽山外洋获盗船二,生擒陈阿荣等十五名。七月,率雇募商船同闽浙舟师剿蔡逆。八月,奉浙江提督邱札饬同定海镇在北洋堵截数日,蔡逆窜南洋败死。十六年(1811),署嘉兴海防同知。十八年(1813),督造战船工竣,请制府汪公委验。公曰:"他人督造须验,至陈君无庸也。"其见信于大吏类如此。君事亲孝,训子严,御下宽,好为诗,著有《客中吟》。忠毅公之殉难也,君遍征碑铭哀诔,咸为上石镂板。君体素壮健,以祁寒暑雨冒险海洋,积劳成疾,卒年三十九。(编者注:以下记载陈大琮的诗作,省略不录)

——(清)张维屏编撰,陈永正点校,苏展鸿审定:《国朝诗人征略》二编卷五十八,中山大学出版社,2004年,第1162~1163页。

程尚蛟小传

程尚蛟,字□凤,浙江提标右营水师,嘉庆辛未(1811)海寇蔡逆猖獗,随浙江提督邱、福建提督王在渔山外洋。自八月十五,历三昼夜,并力攻击,身带重伤,获党匪陈盼芍等三十九人,进兵剿之,巨寇遂平。以军功恩赏搬指,升乍浦营参将,署瑞安协副将,补广东龙门协副将,历署黄岩镇、定海镇总兵。

——(清)李汝为等修,潘树棠等纂:光绪《永康县志》卷六,据民国二十一年重印本,见《浙江省永康县志》,《中国方志丛书》华北地方第六八号,成文出版社有限公司,1970年,第310页。

(嘉庆)七年(1802)夏五月初一日洋匪蔡牵夜入大担门举巨炮去外委陈凤高死之

蔡牵,同安人,以弹棉花为业,后入海为盗。嘉庆初,有船百余艘,其妻尤骁诈。同时盗匪朱濆、张保仔、凤尾、矮牛、红头、白底诸帮,及零星土盗皆附之,呼为大。出海闽粤浙三省,沿海受其害,漂驶无定。是时,泊厦门之南铜山之北虎头洋面,暮夜遣贼数百人乘潮入大担,劫去大小铁炮六。外委陈凤高拒之,受伤死,汛兵死者五人。奏入,奉旨切责,提督以下降革有差。牵乘涎台湾,五年(1800)四月入鹿耳门,大掠。九年(1804)冬,犯凤山,知府庆保御于东港,炮毙其妇。十年(1805)四月,再入鹿耳门,十一月入沪尾港,陷新庄,艋舺分舟入东港,陷凤山,戕知县,转入鹿耳门,据洲仔尾,攻台湾府城,沉大船塞鹿耳门以绝外援。自称威武王,山贼内应,封伪职,给旗印,遍张伪示,词狂谬,而仍用嘉庆纪年。(1806)正月,总统闽浙水师提督李长庚击败之,走北汕,几获。牵潮涨逸去,与朱濆合。五月,复犯鹿耳门,将军赛冲阿击走之,长庚屡挫牵,仅余三舟。十二年(1807)冬,及之于广东青水洋,为贼炮所中,卒。十四年(1809),提督王得禄、邱良功薄之于浙江之渔山,沉其舟,蔡牵溺海死。

——(清)周凯纂修,凌翰等纂:道光《厦门志》卷十六,清道光十九年刊本,见《福建省厦门志》,《中国方志丛书》第八十号,成文出版社,1967年,第335~336页。

窦振彪小传

窦振彪,字升堂,吴川人,由行伍历拔千总。嘉庆十九年(1814),擢水师提标中军守备。二十四年(1819),升海口协中军都司。道光二年(1822),升广海寨游击。六年(1826),升水师提标中军参将。八年(1828),升海口协副将。九年(1829),署琼州镇总兵。十年五月(1830),两广总督李鸿宾遵旨保奏振彪熟习海洋、巡缉明练、堪胜水师总兵之任,九月升福建金门镇总兵。……二十八年(1848),以浙江渔山为洋匪逋逃薮,振彪督师出洋,偕黄岩镇兵会剿,擒斩甚伙,毁其巢。三十年(1850)卒。

——(清)杨霁修,陈兰彬等纂:光绪《高州府志》卷三十九,清光绪十六年刻本,见《中国地方志集成 广东府县志辑 36》,上海书店出版社,2013 年,第 576~577 页。

窦振彪简传

窦振彪,字升堂,硇州人,由行伍历拔千总。嘉庆十九年(1814),擢水师提标中军守备。……二十八年(1848),以浙江渔山为洋匪逋逃薮,振彪督师出洋,偕黄岩镇总兵会剿,擒斩甚伙,毁其巢。

——(清)毛昌善修,陈兰彬纂:光绪《吴川县志》卷七,光绪十四年刻本,见《中国地方志集成 广东府县志辑 42》,上海书店出版社,2013 年,第 288~289 页。

披山洋盗

温州海洋辽阔,为盗匪出没之区,近日此风尤炽,而舟师所获,不过零星小伙,故无所忌惮,积日滋多。戊申(1848)腊月十七日,新获任叶玉田镇戎(万青),巡海至披山外洋,遇洋盗大船五只,率所属战船悉力攻击,生擒巨盗林蒂等五十余名,又登时击毙及轰沉落水数十名,救释被胁难民数十名,并收获炮械无数。余因过镇署,亲见堂上器械林立,有大炮六位,并重至数百斤,皆从盗船中运来者也,而遽听纵谈者,犹或疑其有所粉饰,吁可叹矣!时恭儿方权温守,本有丁勇随同舟师协捕者,是会适遇粤省商船,即邀其协同攻击,亦生获蔡阿直等十三人。金曰此温州文武数十年来所仅见之事也,不可以无记。因成二律,约同人共歌咏之云:"横海楼船壮鼓鼙,坎门岁暮羽书驰。力驱敢避掀腾险,遽听犹烦粉饰疑。助顺燆来舟共济(适值粤东大伙估船,邀其助击),倒悬亲解命如丝(谓喊救难民数十人)。欣看巨炮充庭满,尽是孙卢队里遗。""频年捕获笑零星,此举真堪播大庭。争望飞章达丹宸,普教重赏被沧溟。先声自慑蛟宫胆,众志能消蜓穴腥。近说渔山渊薮阔(渔山为近日群盗萃集之所,在宁波、台州交界海中)①,从兹捧海定浇萤。"案是役获盗颇多,为近今所稀有,故闽中大府颇以为疑。余因致书详哉言之,亦冀后来者有所劝云尔。

——(清)梁章钜:《浪迹三谈》卷四,见(清)梁章钜撰,吴蒙校点:《历代笔记小说大观 浪迹丛谈 续

---

① 此处渔山位于宁波、台州交界的大海中,无疑是今浙江省宁波市象山县东南的渔山。此诗注文说明 1848 年前后,渔山岛有盗匪聚集,且作者当时正好在温州亲眼见之。

谈 三谈》,上海古籍出版社,2012年,第323～324页。

复刘玉坡制军[①]

攻剿渔山盗窟一事,弟孟陬三日专函奉商,其时尚未接客腊二十四日手教,未知吾兄业已动手,业已咨请窦提军过浙剿办。嗣二十三日据庆道禀复一切情形,弟以事不宜迟,当即分别咨檄迅发,并备公牍暨手笺奉达冰案。弟之所以敢于专委庆道办理者,实因浙洋盗劫横行,原应听候吾兄指示遵办,而弟遂借口省心、取巧卸责,抚衷自觉不安,是以冒昧施行,非敢不顾骇诧,甘蹈卤莽也。顷奉诲示详明,不禁瞿然若失,怃然心折。惟令箭则已发矣,咨檄则既行矣,其中委折、不得已之苦衷,有不敢不为吾兄渎陈者。缘渔山小丑上年曾一再远劳荩虑,而尚未能扫穴擒渠者,非窦军门之不武,亦非各镇将之不力也,实以该山地险足恃,口外深而口门窄,我师船不能深入,亦不可深入。其时未及雇勇夹攻,是以一则空空而返,一则仅将其停泊山外劫去之沙船牵回而已。弟拟此番举动,必须师船围攻其外,而以壮勇登山、捣巢灭穴方可得手。惟壮勇如一屋散钱,若无人统带责成,则亦徒糜金钱而已。是以拟令庄通办此,而庄通非庆道不能用之壮勇。一切既归庆道统理,其间与各镇水师如何订期密约、如何分投起伏,必须打通一气,若不稍假以权,则营与勇终成抟沙之势。至于调度者,非谓其调度提镇。提镇大臣不独非庆道所敢调度,即弟亲往,亦不敢调度也。现在咨镇及檄道之文,均令其会同商办,其将弁则令该道节制调遣,即与吾兄檄饬该道察将弁之不用命者,揭参并移各镇知照之意相似也。若夫海上船只一挂篷,则不能整队,弟亦久窃闻之。布置机宜,全在事先。弟之欲庆道就近驻札者,正欲其事先商订,非欲其扬帆夺帜,指挥咤叱,占水师之地、分诸将之功也。庆道之不能操戈执盾,虽陆战犹不堪,况海上乎? 弟虽毫无知识,亦不致愚骇至此。此弟委庆道之本心,恐吾兄未能察悉,用敢觏缕布闻。而该道之曾两次请令,求试于阁下,则弟固未之知也。现在所恳祷于吾兄者,除善提军弟本请其在北洋堵捕、未请其会剿,定海镇已遵奉指示,改赴北洋堵捕,而温、黄二镇仍求吾兄严檄饬令,会同庆道妥商兵勇如何分布、如何合手,务期杀贼靖海,万勿稍存意见,其将弁均听庆道纠察。庆道处亦求吾兄严檄责令,会同两镇和衷商办。其将弁之不用命者,责令纠察揭参。如此,则事体不至松劲,而弟之藉叨惠庇者,曷有涯涘耶? 总之,此事得仰仗吾兄之荩谋硕画,窦军门之威望壮猷,此间直可坐享成功,不独庆道徒事劳劳,即弟之盲思瞽说亦未有一当也。但以职任所系,区区之心,不敢偷安自逭,要不过如爝火助明、邪许继声而已诸。惟吾兄提挈而教诲之,感何有极。窦军门处,弟前曾函恳其启节时飞信示知,以便近商一切。顷思海上风汛靡常,双鲤恐彼此难达,过闽安时务乞代为道意,并致感谢。倘到浙后,有需饷、需勇之处,即文行石浦庆道处商酌取办可也。再,弟

---

① 刘制军玉坡,即刘韵珂,字玉坡,山东汶上人,鸦片战争期间任浙江巡抚。从1843年开始,刘韵珂升任闽浙总督。这封信是浙江巡抚吴文镕写给时任闽浙总督的刘韵珂,从中可以看出当时围剿渔山海盗的背景及布置情况。此信没有署上时间,从内容上看,应是写于1849年初,此时正在布置围剿渔山岛战事。

处止委庆道一人,此外文员,即绘图上禀之象山县,亦未委令帮办。昨由省委令赍令赍银[①]赴石浦之候补县,并饬其交代后即来省销差,不准逗遛觊觎。此间年来吏习之坏,浮夸虚诈,弟方深恶而痛绝之,力求挽救,岂无实大言所能骗诱。硜硜拙见,差堪告慰垂厪耳。

——(清)吴文镕:《吴文节公遗集》卷六十五,见《续修四库全书》编纂委员会编:《续修四库全书》一五二〇·集部·别集类,上海古籍出版社,1996年,第628~629页。

道光二十九年(1849)渔山剿匪

《明州系年录》,道光二十三年(1843),同安海盗登象山岸焚掠,副将张广信、知县范先达率兵勇击之,擒斩数十级,落水死者甚众。二十九年(1849),温处道庆连剿海贼于渔山洋,昌石都司王[②]廷鳌死之。案:此录文不详。核《同治象山县志稿》曰:道光二十三年(1843)五月,台州小队船匪入爵溪所城抢掠,杀一人,伤五六人。爵溪渔户合击,遁去。六月四日,福建同安县盗登盐仓前等处焚掠,邑令范先达同副将张广信率兵勇协剿,擒获十余人,斩之,没入水者无算。二十七年(1847),海盗蜂起,房人勒赎被害者数十家(案:《谨记簿》,是年春季,因上年歉收,穷民绝食,或结队成群沿村索讨,甚有乘机抢掠者)。二十九年(1849),有海盗聚于渔山,四出劫掠,商船路梗,温处道庆连统水师往剿,昌石都司王廷鳌、健跳守备署游击王大成遇害。翌日进攻,盗遁,获数十人,枭首(此条一作海盗陈双喜聚五六百人于鱼山,四出劫掠,温处道章宪统各镇水师往剿,先锋王廷鳌遇害)。

——(民国)李沬修,陈汉章纂:民国《象山县志》卷九,据民国十五年铅印本影印,见《浙江省象山县志》,《中国方志丛书》华中地方第一九六号,成文出版社有限公司,1974年,第1119~1120页。

巡查渔山

上谕,道光二十九年(1849)五月:

庚申,谕刘韵珂、吴文镕奏攻剿渔山盗匪先后筹办情形一折,浙洋渔山盗匪依为巢穴,见经该督等督饬镇道雇勇添船,复飞咨水师提督窦振彪统师兼往,先后擒斩多犯,沉毁多船,并将巢穴门户分别毁除填塞,洵足示震慑而昭炯戒。惟渔山一岛,孤悬海外,若不立法稽查、严行申禁,难保不日久又成盗薮。着该督等即严饬黄岩镇于该镇所属中、左、右三营内,每月轮派游击一员,亲率本营舟师前往巡查,并着该镇于游击轮巡一周后,亲往覆查,分别具结,总期渔山盗窟捣除净尽,不准再有人迹往来,以副朕绥靖海疆至意。

——(清)王先谦、朱寿朋撰:《东华续录(道光五十九)》,见《东华录 东华续录》第七册,上海古籍出版社,2008年,第728页。

---

① 此句似衍一"令赍"。
② 原文作"黄",今据相关史料改之。

陈双喜渔山起事

道光二十九年(1849)三月,陈双喜等聚众五六百人在渔山起事,海路梗塞。温处道庆连(一说章宪)统水师往剿,昌石营都司王廷鳌、健跳营守备王大成奉檄往讨,均罹难。庆连统大队水师至,协力进攻,陈双喜部乃退,俘获数十人斩首。

道光二十九年(1849)六月,浙江洋面海盗麇集渔山一带,首领陈双喜迭败进剿官军。

十二月,闽浙总督刘韵珂奏招安浙洋陈双喜。陈率股100余人至厦门自首,并缴出炮械船只,余股仍纵横浙闽洋面诸岛屿。

是年(1849),石浦守备刘朝元巡逻时,为陈双喜部所围,力战死。

——《石浦镇志》编纂委员会编:《石浦镇志》,宁波出版社,2017年,第14页。

渔山盗匪肆虐

上谕,道光三十年(1850)五月:

谕军机大臣等:"有人奏闽浙总督刘韵珂自到闽后,声名大减,众口一词。洋面抢劫勒银取赎之案甚多,壅不上闻。门丁王瑞肆行贪黩,众目昭彰,该督不能约束,以致士民敢怒而不敢言。前该督亲赴台湾,因该门丁滥索多费,几有覆舟之祸,其事合省皆知。并上年(1849)夏闲渔山洋面会剿盗匪,有台州游击被盗焚击落水,该督捏奏先时落水。又有温州武弁在瑞安海口被戕之案,该督并未具奏。渔山盗匪肆劫渔户,数百人不能出洋,至该管道署鼓噪,几至激成事端,各等语。着裕瑞、黄赞汤会同严密访查该督办理公事声名如何,该门丁王瑞有无倚势招摇、贪婪不法实据,该督有无纵庇情事,其被参各款均着逐件悉心探访明确,据实具奏,不准稍涉含混,将此各谕令知之。"

——(清)王先谦:《东华续录(咸丰三)》,见《东华录 东华续录》第八册,上海古籍出版社,2008年,第24页。

渔山为盗匪历年窝顿之所

上谕,道光三十年(1850)九月:

谕:"前据齐承彦奏请饬究洋盗巢穴,当经降旨,令陈庆偕于审办东省见获洋盗案内严究沿海窝顿地方。兹据覆奏,提讯盗犯等供称'浙江渔山、东窑、南矶、北矶、普陀山、东头山等处皆为盗匪历年窝顿之所,渔山经官兵捣毁,而东窑等处不免乘隙出没。该犯等籍隶闽浙,以捕鱼为名,潜匿该处'等语。洋盗恃有岛屿窝藏,肆出劫掳,大为商旅之害。着刘韵珂、徐继畬、吴文镕照该抚咨开未获各犯,按名严擎,并督饬水师弁兵于东窑、南矶、北矶、普陀山、东头山各处严密搜擎盗窝踪迹,立即扫荡平毁。其渔山一处捣毁以后是否有余匪藏匿,并着核实查明,务令一律肃清,以清盗源而安行旅。原片着钞给阅看,将此谕令知之。"

——(清)王先谦:《东华续录(咸丰五)》,见《东华录 东华续录》第八册,上海古籍出版社,2008年,第43页。

剿渔山海寇

上谕,咸丰五年(1855)三月:

再据御史宗稷辰奏,黄岩县六品职衔黄万年曾剿渔山海寇出力,其人颇有才略,黄宗汉檄令募勇,为游击王邦庆所阻等语。着何桂清详细查看,如果实在可用,即饬令带勇随剿亦可,藉资驱策。倘系有名无实,亦毋庸率行收录。将此由六百里谕令知之。

——(清)王先谦:《东华续录(咸丰四十六)》,见《东华录 东华续录》第九册,上海古籍出版社,2008年,第267～268页。

吴文镕剿捕渔山洋盗

吴文镕年谱,道光二十九年(1849):

渔山一岛,孤悬海外,山径丛杂,久为洋盗巢穴。府君自抵任,即思痛加惩治。会同总督刘玉坡先生韵珂,调集闽浙两省舟师协同剿捕,并檄委温处道庆观察廉恭赍令箭亲驻海口,相机调度,先后共获一百一十二名,其中应斩决枭示者,均就地正法,余犯各问如律。

——(清)吴养原:《文节府君年谱》,清咸丰同治间刻本。见北京图书馆编:《北京图书馆藏珍本年谱丛刊》第146册,北京图书馆出版社,第298～299页。

吴文节公事略

公讳文镕,字甄甫,号云巢,一号竹孙,江苏仪征人。少能文,为吴谷人祭酒所赏拔。嘉庆二十四年(1819)进士,选庶吉士,授编修。……在江西八年,百废具举。有旨调浙江。浙中吏治久窳,公访悉衢州游击薛思齐贪劣状,劾戍新疆。又劾罢归安令李玉典等五人。……渔山岛者,浙东滨海地,盗窟也。公牒总督会师剿捕,获积盗百余人,置诸法,沉毁贼船,并将巢穴门户堵除,行旅大安。寻偕钦差侍郎季公芝昌清查两浙盐务,奏筹变通章程七则。均从之。道光己酉(1849),杭、嘉、湖、严、绍五郡大水,漂没田庐亡算。公自以奉职无状,致召天灾,上疏自劾,并力请行赈恤、蠲豁、招商、平粜、劝输诸政,亲赴嘉、湖等属察赈,全活甚众。(编者注:以下另述其他,省略不录)

——(清)李元度:《国朝先正事略》卷二十五,见《四部备要》史部,上海中华书局据原刻本校刊。又见(清)李元度纂、易孟醇校点:《国朝先正事略(二)》,岳麓书社,2008年,第804～806页。

吴文镕传

吴文镕,字甄甫,江苏仪征人。嘉庆二十四年(1819)进士,选庶吉士,授编修。屡膺文衡,称得士。六迁为翰林院侍读学士。督顺天学政,剔弊清严,在任累擢詹事、内阁学士。召回京,署礼部侍郎,寻实授。调刑部,兼署户部侍郎。迭命偕大学士汤金钊赴安徽、浙江、江苏及南河按事。道光十九年(1839),出为福建巡抚。时方严烟禁,英吉利窥伺沿海,偕总督邓廷桢筹防,敌兵至,不得逞。二十年(1840),调湖北巡抚,未行,暂护闽浙总督。

明年(1841),入觐,改江西巡抚。值岁祲,力筹抚恤,裁减漕丁陋规。在江西数年,举廉惩贪,吏治清明。捕教匪戴理剑等,及南安、赣州会匪,并置诸法。

二十八年(1848),调浙江巡抚。入境过衢州,廉得游击薛思齐贪劣,劾成新疆;又劾不职县令五人。因官多调摄,徒烦交代,政无考成,奏革其弊,风气为之一变。以核办清查,本省官吏不可信,请简派户部司员来佐理,诏不许。未几,命偕侍郎季芝昌清查浙江盐务,奏筹变通章程以专责成,除浮费为要务,盐课日有起色。浙东渔山岛为盗薮,檄水师捕获百余人,毁其巢①。二十九年(1849),大水,文镕以遇灾恐惧,上疏自劾请罢,诏以其言近迂,严斥之。文镕亲赴嘉、湖诸属察灾轻重,力行赈抚。秀水令江忠源勤廉称最,治赈治盗及塘工皆倚办,以忧去。文镕叹曰:"贤如江令,可令其无以归葬呼?"自支养廉五百两畀之,奏办赈功,以忠源首列。三十年(1850),海塘连决,文镕驰勘,落水几殆,自劾疏防,革职留任。塘工竣,复职。(编者注:以下另述其他,省略不录)

——(民国)赵尔巽等编修:《清史稿》卷三九六,中华书局,1977年点校本,第11787~11788页。

王肇谦小传

王肇谦,字琴航,父鹏,廪贡生,候选通判。君乡有厚德,遐迩称之谦,于道光丙午(1846)以乡举选授福建海澄令,其为人廉隅,自饬事父母,常为孺子欢。畀以事,若不克胜任,及居官,则果敢有为;遇事所不可,辄侃侃争,虽大吏前不少挫,以是有声海峤间。善折狱,尤善捕贼。任上杭日,嘉应州匪窜八邑境,率勇往捕,直入其巢,擒十七名以归。当是时,漳州破,镇道皆亡,大吏檄赴漳办剿抚事,士民泣留攀辕,不得行,且具词上请,有"仁人也,不可失也""暨天下县主尽如吾邑主,何患天下不太平"等语。先是,谦以承审渔山盗匪陈双喜案②,奉旨,以同知直隶州升用。至是,补永春州牧,地经逆首林俊蹂躏后,土匪丘狮扒辜横于乡。下车八日,即擒之。(编者注:以下另述其他,省略不录)

——(清)王肇晋修辑:《深泽县志》卷之八,据咸丰十一年刊本影印,见《河北省深泽县志》,《中国方志丛书》华北地方第五一号,成文出版社有限公司,1976年,第260~261页。

王将军歌 顾恩来

廷鳌,宁波人,官游击。道光二十九年(1849)三月,从温处道庆廉公捕盗于台州渔山,战殁。

精卫眼枯石髓老,阴火燸然水气微。

孤崖产蚌化作蜃,蜃光迸石海水飞。

---

① 此处渔山岛,即今浙江省宁波市象山县东南的渔山岛,但时间应是道光二十九年(1849),而不是道光二十八年(1848)。

② 该史料佐证了民国《象山县志》关于海盗陈双喜于道光二十九年(1849)聚集于渔山岛的记载是正确的,而且明确指出当年就是王肇谦审判盗陈双喜。

惟皇立阵岁己酉,游鱼弄波虮虱走。
圣人网开一面仁,生机并育函万有。
终以沴气干天和,毓苗剪莠臣能那。
建旗下视挥长戈,谁欤踏浪驱鼋鼍?
健儿身当百夫勇,临风奋刀精骨耸。
俯仰四顾旁无人,独跨长虹海潮涌。
大呼曲跃身如猱,攫身直上擎攒矛。
槊锋倒挟势欲旋,力尽不退天吴愁。
妖光裂机石火猛,毒雾激散灵神游。
微躯报国何足惜,先轸归元归不得。
四旬暴骨肤如生,不使惊涛沈毅魄。
负骸有子披残氛,丹纶指日铭忠坟。
勖哉槀鞞何纷纷,君不见,效忠立节乃有王将军。

——(清)潘衍桐编纂:《两浙輶轩续录》卷四十,清光绪刻本,见夏勇、熊湘整理,《两浙輶轩续录(第十一册)》卷三十九至四十一,浙江古籍出版社,2014年,第3111页。

剿捕渔山盗阵亡将领

王廷鳌 任昌石营都司,题补黄岩右营游击。道光二十九年(1849)三月,奉檄剿捕渔山盗,攻击阵亡。赐袭云骑尉,入祀昭忠祠。《明州系年录》:道光二十九年(1849),温处道庆连剿海贼于渔山洋,昌石都司王[①]廷鳌死之。旧志作黄岩右营游击王廷鳌。又有石浦守备刘朝元,在其年三月十五日。

王大成 昌国卫人。以健跳守备署游击。从温处道庆连剿海贼于渔山,战死。无子,荫其弟。同治志稿。《宁海县志》:钱光耀、王大成,并象山人,任宁海守备。旧县志无钱光耀名,盖失之矣。但云道光八年(1828),王大成任健跳守备。旧志又未详其死事何年。

——《石浦镇志》编纂委员会编:《石浦镇志》,宁波出版社,2017年,第1454、1453页。

胡泽沛小传

胡泽沛,字毓林,泾县人,湖南武陵籍,由举人大挑浙江知县,补浦江,忧归,起署平阳,擒剧盗蔡光照,补象山督兵,捣渔山贼巢,调山阴,解散独山群盗,擢东塘海防同知,署湖州府知府,洊署金衢严道。时宁国府陷,挖堵四安,筹济军饷,咸丰十年(1860)专办淳安军事,疾归,卒家。

——(清)沈葆桢、吴坤修等修,何绍基、杨沂孙等纂:光绪《重修安徽通志》卷一百九十,清光绪四年

---

① 原文作"黄",今据相关史料改之。

刻本,见《续修四库全书》编纂委员会编：《续修四库全书》六五一·史部·地理类,上海古籍出版社,1996年,第470页。

渔轮可缉盗

民国3年(1914)4月8日,民国政府农商部颁发《公海渔业奖励条例》,鼓励开发海洋渔业和授予渔轮在洋面护缉盗之权。

——象山县海洋与渔业局渔业志编纂办公室编：《象山县渔业志》,方志出版社,2008年,第26页。

枪决大批海盗

外海水警厅第五游巡队永平巡舰,前在南渔山洋面缉获海盗十四名,当即解厅讯供不讳。内三名闻情节尚轻另办,余朱老五、李荣章、王道章、林镯、林得章、李金水、项义聚、李老梅、林本金、李昌林、李金世等十一名,已于十五日下午一时半,在招宝山麓当众枪决矣。

——《申报》1926年11月19日,见宁波市档案馆编：《申报》宁波史料集(六),宁波出版社,2013年,第2747页。

浙水警与海盗激战

浙省海防布置,素甚严密,故各帮海盗,确甚猛烈,卒不得逞。现以浙东内地各县,股匪猖獗,海盗遂亦乘机思动。宁绍温台四属剿匪指挥官兼浙江外海水警局长王文翰,近迭据密报,海盗新嵊两帮复起,密谋骚扰洋面治安,当即飞派水警两队及游击大队一队会同巡舰,日夜巡弋。当在清滋港地方与海盗约五百余众相遇,互起激战,约三小时之久,盗不能支,乃分三路溃散,一路向象山港口,一路迳退沈家门埠,余一路则向北渔山方面逃逸。因之象山县政府为防止流祸计,宣布戒严,并由县长张周洨与驻在保安队及公安局商订办法,实行严密查检,一面飞电请海军部派舰协防。兹悉海军部所派之景星炮舰,因象山已有警备,故已直达沈家门海面,会同水陆军警兜剿。省政府亦于昨日加调保安队一团驰往协剿。惟另据渔商消息,谓浙水警队已格毙盗首一名,余众纷纷隐退矣(十四日)。

——《申报》1930年7月14日。

海盗骑劫航船

行驶于南象间之陈秀金及阿来两航船,日前自渔山岛运货至延昌前。讵驶经花市洋面时,突遇海盗洗劫,秀金及船伙均受枪伤,阿来船则被骑劫而去,船货损失甚巨。

——《申报》1937年5月24日,见宁波市档案馆编：《申报》宁波史料集(七),宁波出版社,2013年,第3506页。

渔山海匪

张万宝者,渔山人,曾在上海关"海星"等轮为灯塔补给船上为水手[①],后为海匪。时延昌有一帮年轻力壮,有邱荣才、秤乾成、讨饭篮等17人,投其门下为匪。劫得闽船一艘,迫船主为操舵,在渔山洋面行劫商船。民国27年(1938),匪船为日寇劫持,将17匪用铅丝穿连锁卧,行将枪杀,操舵者悲叹曰:"吾一生安分守己,今遭灭顶,苍天无眼。"一恸。此闽语,为翻译(台湾人)听到,语于寇,免杀,余17匪受弹沉海。时匪首张万宝在岛,幸免。(按:日寇不知此为匪船。)又日寇在渔山岛上用刺刀刺杀4渔民,刺挑下崖沉海。

民国29年(1940)8月26日,月华乡潘行方、潘在丹搭潘在顺谷船自九龙江来石浦,航行至汰网屿海面,遇海匪张万宝,被掳至北渔山,后脱险逃回。

民国32年(1943),沿海海匪横行,檀头山、渔山、南田山、南韭山为四大匪窟,发放匪片,渔民生计无着,渔业剧衰。

民国36年(1947)1月初,石浦水警及三门县长华国谟率保安警察队至南田清剿潘忠良部,潘当场被击毙,余匪40余人窜三门湾。7日夜,又毙匪数人,匪19人携械投诚,交出"肉票"。残匪一股由张阿来率领,窜向岱衢洋,另一股以潘忠良妻为首,劫南平号机动船,盘踞南渔山。

——《石浦镇志》编纂委员会编:《石浦镇志》,宁波出版社,2017年,第1663、988、23页。

渔山居民遭日寇屠杀

民国30年(1941)6月16日,昌国乡陈忠诚被日警备队捕至石浦,绑在码头柱子上用刀宰杀后抛尸海中,时年52岁。渔山4渔民被日寇用刺刀从90余米高悬崖上挑下海中。

——石浦镇地方志编纂委员会,竺桂良编:《石浦镇志稿选编》,第144页。

日军侵占渔山岛

民国32年(1943),定海日军派兵20名驻守渔山岛,有第三、四号小型舰,常川停泊该岛附近,控制渔山灯塔及航线。次年(1944),美机轰炸北渔山,机枪扫射灯塔,灯器毁坏。

——《石浦镇志》编纂委员会编:《石浦镇志》,宁波出版社,2017年,第991页。

武装匪特盘踞渔山

1949年7月8日象山解放,武装匪特以当时尚未解放的舟山群岛和象山沿海的韭山、檀头山、渔山列岛为依托,以就地的地、富、反、坏相联络,盘踞海岛,出没深山,捣乱后方,为非作歹。

——石浦镇地方志编纂委员会,竺桂良编:《石浦镇志稿选编》,第146页。

---

① "为灯塔补给船"的"为"似为衍文。

海匪登岸枪战

1950年6月28日夜12时,匪郑邦华率部郭阿宝等5人,自沙塘湾登岸,欲杀柯芝芳,在延昌延街鸣枪十余发。击穿朱阿木、张通记店门,乡民纷纷逃往石浦。柯芝芳此时已先匪到前一刻乘船去渔山,亦被匪部扣押。

——石浦镇地方志编纂委员会,竺桂良编:《石浦镇志稿选编》,第148页。

共和国兵事

解放军击退海匪

1950年4月19日至24日,渔山、檀头山匪3次窜犯石浦、东门、高塘,被解放军击退。

1951年3月9日至13日,渔山岛匪浙江人民反共突击军少将司令何卓权率3个纵队300余人进犯高塘岛。驻岛部队和土改队员在驻石浦陆军三一四团和海军十三大队支援下,歼该部残匪。

解放军与海匪战斗

1951年3月9日,盘踞渔山海匪进犯高塘岛,驻石浦314团和高塘岛民兵奋起反击,战斗中牺牲9人,其中客籍8人。

截获日特渔轮

1954年2月上旬,驻石浦海军大队奉舟山海军基地电令,出动舰艇至渔山洋面,配合兄弟部队押回所截之12艘日本渔轮。海军二五大队第一中队指导员施廷璧乘402指挥艇,率领多艘战艇赶往。被押12艘日本渔船,其中2艘解舟山海军基地,10艘押解石浦。该渔轮每轮8人,共80人,上岸后,住宿海军营房,给水供饭。次日,送往舟山基地,由上海市外事局遣返日本。渔轮上有少量鲜鱼,装在大铝盒上,交由石浦水产公司处理。渔轮悉数没收。事后得悉,渔民中多为原侵华日军,名为捕鱼,实为刺探军情。渔轮全部送上海改装成战斗舰艇,每船甲板上装备五七炮,后甲板装二五炮,两边船舷各安装12.7机关枪1挺,高平两用。石浦驻军分得5艇,编号为611、612、613、614、615,编入二五大队第四中队。

万利轮反水事件

1952年8月29日,按客运航次,万利轮当由石浦开往宁波,原定3点开航,可船方先由3点改子夜12点,再改为1点开航。有20余乘客(其中女13),包括要到宁波参加扫盲会议的解放军陆军部队的文化教员17人,其中2个陆军干部(共产党员),还有石浦商人於大梅、朱久春等人。贼见机会来了,船一出铜瓦门不往北而往东南去,暗开至敌占区渔山岛。早上4点钟,一陆军干部惊醒发觉时,正在与船长理论,敌已荷枪站在面前,将他俩捆绑。15个男女文化教员如梦初醒,不幸被俘虏,商人放回。

——《石浦镇志》编纂委员会编:《石浦镇志》,宁波出版社,2017年,第28~29、836、1004页。

击沉"太平"号

1954年11月14日零时,敌主力舰"太平"号。由大陈岛和渔山列岛之间海面驶抵大陆沿海骚扰。海军舟山基地鱼雷艇中队出击,由611艇艇长闻国友领航,快艇中队长铁江海指挥,4艘鱼雷艇跟踪袭击。鱼雷艇在夜幕中逼近敌舰,直至看到"太平"号前甲板上值班人员手电光和左舷锚。时1时30分,4艘快艇迅速展开,一字横队向"太平"号发射8枚鱼雷,1枚命中其舰艏,炸掉驾驶台前段三分之一舰体。敌舰不知是被解放军海军鱼雷击中,以为遭人民空军飞机轰炸,中、后甲板上炮火一齐射击,空中一片火光。人民海军4艘快艇毫发无损,胜利返航。14日晨,新华社、《人民日报》、《浙江日报》、《解放军报》等报社记者采访、摄影,海军两次派炮艇送记者出海,因有七八级大风,只得在头门山观察站用10倍望远镜拍摄"太平"号残体照片。是日下午,敌悉"太平"号被炸,即派舰拖救至渔山与大陈岛之间沉没。

——《象山县军事志》编纂委员会编:《象山县军事志》,2011年,第237页。

肃特反特及牺牲烈士

1955年1月3日,破获台湾国民党军"大陈防守部二处特勤大队"在南田、石浦特务组织,捕获从渔山派遣特务潘华光和被特务机关发展为特务谢田宝、周才贵等5人。时渔山岛有"浙江人民反共突击队",代号"2938"何卓权部400余人;"浙江人民反共突击纵队",代号6708,边子青部130余人;国防部独立第七纵队代号67012赵仲明部100余人;另有国防部保密局3189突击纵队凌益之、王枢等特种部队70来人。2月1日,为配合解放一江山、大陈、渔山岛,公安部队清理石浦、南田主要港口、军事要地。

辛金山(山东人),008部队3大队工兵连连长,1955年2月17日在北渔山打坑道中因公殉职。

海空激战

1955年3月18日,驻石海军5艇协同海空军在南田湾与国民党军4艘舰艇、8架飞机激战,击落敌机1架,坠于金漆门外鬼门礁附近。击伤江字号、永字号扫雷艇。

5月17日晚,海军大队政委高一心,代理编队指挥员聂奎聚率"瑞金""兴国"两舰,配合陆军部队解放东矶列岛后,返航石浦锚地,途中遇大陈岛起飞之4架美制战斗轰炸机俯冲袭击,战斗中击落敌机2架,伤1架,"瑞金"舰后主炮、机舱被炸毁沉没,水已齐胸,官兵犹炮击敌机,牺牲56人,受伤38人,余皆泅水返回大陆。

11月,国军空军F-15机窜入石浦港上空,解放军高射炮五团在石浦港两岸及港中岛屿多处布防,大小高炮、机枪齐发射击,未中,敌机逃窜。14日,驻石浦海军中队长铁江海率4艘鱼雷快艇,配合舟山海军,在渔山外与国民党军"太平号"护卫舰等激战,太平号炸裂沉没。后著名诗人闻捷在海军中队教导员施廷璧陪同下,至延昌橘园祭奠是役牺牲60名烈士。闻捷听施教导员口述战斗情形,赋《橘园颂》诗以记之。

是年,县公安局发现石浦、南田等地,有船往返渔山,遂派侦察员至石浦设立指挥点,开展侦察。侦察到文山乡棺材湾村谢宝田、谢乃才、周才贵等多次用船载匪潘华光等往返渔山(潘是国民党大陈防守二处特勤队长、派遣特务少校副组长)。1955年1月3日,分别逮捕了谢、周。根据谢、周交待情况,4日,逮捕潘华光。7日,逮捕徐信根、丁福全、谢乃才等国民党特务6名。

共和国驻军之高射炮五团

1954年7月,为打击敌机,高射炮五团布防石浦港周围。团长叶凤凯。1955年6月,移防乐清湾。

三七炮连驻大铜钿礁,有高平两用机枪4挺,东门岛小庙有苏式12.7高平两用机枪6挺,毛蚶岛有12.7高平两用机枪4挺,汏网屿有高平两用37炮4门。

火炉头刘和尚道头至葛岙山驻5连,有美造76.2高平两用炮20门(时小网巾驻鱼雷快艇4艘)。

1957年,3627部队驻石浦。次年4月1日,原公安边防十六团改编为九十一团,下辖司令部、政治处、后勤处、守备一营、二营、渔山守备连、南田守备连。1960年,南韭山设防,增编守备第三营。1963年12月,分区部队整编,渔山守备连扩编为守备第四营。1966年,以公安支队部分人员为基础,组建南田守备连和守备八连,归二十二团建制,编有司令部、政治处、后勤处、守备一、二、三、四营(即檀头山、钱仓、南韭山、渔山守备营)、南田守备一、二连。1969年12月,守备九十一团改称守备二十三团。1976年4月,部队整编,撤销南田守备二连和八连。1982年11月,部队整编,撤销钱仓守备营和渔山守备营番号,以原檀头山守备一连一排、原钱仓守备营85加农炮连为基础,组织钱仓守备连。以渔山守备营82迫击炮排、步兵排为基础,组建成渔山守备连。整编后,团部编有司令部、政治处、后勤处,檀头山、南韭山守备营,钱仓、渔山守备连。1984年6月,钱仓守备连改编为122加农炮连。1985年12月20日,部队整编,撤销守备第二十三团建制及檀头山、南韭山、渔山等岛屿设防,组建石浦守备营,下辖营部、步兵连,130加农炮连,双37高炮连,营部由原守备二十三团团部、南韭山、檀头山守备营营部、团卫生队、运输修理连、通讯连电台、机务站和分区炮兵营测地班合并组编。步兵连以渔山守备连为基础组建。122榴炮连以分区原炮兵营榴炮二连为基础组建。双37高炮连由温州军分区高炮营缩编后归建石浦守备营。1993年,改守备营为海防营,下设营部,海防一连、二连、步兵连和雷达观察所。2000年改称73251部队,隶属宁波军分区,驻石浦西校场。

——《石浦镇志》编纂委员会编:《石浦镇志》,宁波出版社,2017年,第865、837、1004~1005、943页。

七、海防海禁

明朝海禁海防政策演变

明洪武三年(1370)十一月,为防倭寇,实行海禁,禁止渔民私自出海。

永乐间(1403~1424),朝廷以倭寇,再度加强海禁,规定片帆寸板不许出海。后以小民衣食所赖,遂稍宽禁。

宣德八年(1433)八月,朝廷重申海禁令,海外商旅不通。

嘉靖三十五年(1556),总督胡宗宪奏请令渔船自备器械,按甲互保,无事为渔,有警则调取用作兵船,兼布防守。

万历二年(1574),巡抚御史方宏静令渔民设艅、哨、甲等编组。

——象山县海洋与渔业局渔业志编纂办公室编:《象山县渔业志》,方志出版社,2008年,第23~24页。

业海者不得远出大洋

闽船不入浙,浙船不入闽,俱限温、福分界沙埕地方换船,此向来通行之禁也。五月、六月,正发船通番之候,有违禁越界之船,即将其船入官。凡系闽中载木货大船,尽行收入定海,不许出洋。闽船不入,浙船不出,茫茫大汇,岂一苇之可杭?而华夷之路绝矣!其沿海县分行令正官编令保甲,温、台、宁、绍、杭、嘉六府沿江近海船埠船匠,俱籍名报官,如有打造异船及装载奸商货物者,一一根究。沙民及渔民业海者,各船头目开报姓名,填写官旗船票,明开某处采捕,限日回销,止许驾使艚网、黄家塘白艕香挑渔喇小船,于近海生理,不得远出大洋。搭厂久居绝岛,若南渔山钓船辏集,经冬久泊,悉从严革。

——(明)王在晋:《海防纂要》卷八,见《海疆文献初编:沿海形式及海防》编委会编:《海疆文献初编:沿海形式及海防(第二辑)》,知识产权出版社,2011年,第667~668页。

(编者注:明万历四十年(1612),为了防范倭寇,明朝官员王在晋在《禁通番》一文中提出如上海禁政策,从侧面反映了当时渔山海域渔业资源丰富,闽浙沿海渔民在南渔山"钓船辏集""经冬久泊"乃至"搭厂久居",为海岛聚落的早期形态。)

清朝海禁

顺治十二年(1655),朝廷为隔绝沿海之民与反清势力之联系,在全国沿海实行海禁,徙滨海三十里内之民入内地。

顺治十八年(1661),郑成功收复台湾。清廷为绝济台之患,严禁海令,禁出海捕捞,片板不许下海,粒米不许越江。徙江、浙、闽滨海30里民户入内地。

——象山县海洋与渔业局渔业志编纂办公室编:《象山县渔业志》,方志出版社,2008年,第24页。

清朝海禁

顺治十八年(1661),沿海居民奉命"迁界",象山沿海(除爵溪)及东溪岭以南皆内迁。昌国卫城、石浦所城毁。

——《石浦镇志》编纂委员会编:《石浦镇志》,宁波出版社,2017年,第13页。

清朝复界

康熙八年(1669),郑经退保台湾。清廷准沿海居民撤桩复界,许近海采捕。

康熙二十二年(1683)八月,台湾郑克爽(郑成功之孙)降清回归,朝廷准滨海移民回原籍。

——象山县海洋与渔业局渔业志编纂办公室编:《象山县渔业志》,方志出版社,2008年,第24~25页。

封禁南田岛

道光三年(1823),浙江巡抚帅承瀛准照旧封禁南田岛,徙其民6000人至象山、宁海、临海、天台、黄岩等县。

——象山县海洋与渔业局渔业志编纂办公室编:《象山县渔业志》,方志出版社,2008年,第25页。

招民承垦

清光绪元年(1875)始行开放,招民承垦,立有保甲局。嗣后人民侨居较多,仿照玉环办法,收租为粮,改局为抚民厅,即海防同知。

——象山县地方志编纂委员会:民国《南田县志》点校本,中华书局,2010年,第94~95页。

明清海禁海防

明、清曾一度实行海禁。明洪武三年(1370)第一次实行海禁。洪武十九年(1386),列海岛为封禁之地,沿海岛民被驱迁内陆,象山县渔民也不例外。清初,再次实行海禁,片板不许下海,粒米不准越疆,致使海洋捕捞业突然衰落,一度处于停顿状态。实际上从元朝到明朝,到清朝初期,东海沿海海盗、倭寇之猖獗从没有停顿过,象山县沿海渔民如东门、爵溪渔民深受其害。爵溪渔民为自己计,借鉴军时部署,组织罟棚设艍长、哨长、甲长等。据《中国渔史》记载,谈海防者,乃计及编渔户之法,联合十余渔船或八九渔船为艍,同罟网鱼称罟棚,每棚有料船一艘随之腌鱼,且有带米粮食品以济渔船,渔船得鱼归之料船,互助协作,亦互为察觉,亦如陆地之行保甲也。明嘉靖三十五年(1556),总督胡宗宪以海禁,大举奏令渔船自备器械,按甲互保无事为渔,有警则调作兵船兼布防守。明万历二年(1574),巡抚都御史方宏静复令编立舻约纲纪甲,并立哨长管束,不许挽前落后,仍发兵船数只,选惯海官员统领,于渔船下网处巡逻。称为督汛。清顺治十八年(1661),兵部尚书苏纳海禁山洋采捕徙沿海居民于内地,爵溪因地处象山海防要冲,县之咽喉,夙有无爵溪是无象城之说,得免内徙,然渔业仍受禁固。直至清康熙二十三年(1684)十月二十五日,颁布展海令,允许二桅以下渔船出捕,禁令始开。

——象山县海洋与渔业局渔业志编纂办公室编:《象山县渔业志》,方志出版社,2008年,第168页。

明清海防建设

洪武二十年(1387),移昌国卫于象山东门岛,设指挥使司,置石浦前后2所,筑卫城。二十七年(1394),徙后门山(今昌国卫),指挥武胜筑卫城。

同年(1394),筑前后千户所城。

洪武二十年(1387),汤和巡视浙海,遣沿海岛屿居民于内地,舟山、南田、玉环皆为封禁之地。今石浦镇檀头山、对面山、坦塘、三门山诸岛皆属封禁之内。

清顺治六年(1649)六月,清兵平宁波六县,废卫所制,设象协、昌石、镇海3营。

康熙二十三年(1684),展复昌国卫、石浦。

康熙二十三年(1684),裁黄岩城守营马、步、战守兵丁470名,拨入昌国卫汛。

雍正八年(1730),昌石营改昌石水师营。造战船6艘,增马步兵一百,实有马步战守兵565名。

道光三年(1823),按察使朱桂桢奉抚宪札入南田查勘,上疏为加强南田私垦流民管理,移驻宁波府海防驻同知石浦。

道光四年(1824),裁象协左营守备一员、兵一百,移驻石浦,巡防南田。

道光二十四年(1844),昌国卫都司移驻石浦,改昌石营为石浦营。

道光二十八年(1848),象协右营都司移驻石浦,添拨兵丁二百名。

——《石浦镇志》编纂委员会编:《石浦镇志》,宁波出版社,2017年,第12~14页。

巡哨渔山

设在台州的"松海备倭把总"下面设有左、右等"哨官"。左、右"哨官"的职责之一,就是"日遂游哨各山,而仍以时巡哨渔山。左哨与鲤港、右哨与东西矶并昌国把总各兵船会哨。有警,合中军把总及东西矶各官兵,并信地兵船协力擒剿。"

万历三十年(1602)五月内为军务事。准海兵道右参议王咨,奉督抚军门刘批,本道呈查,议得南渔山哨道,汛期在海门,则率主山、东西矶,在昌国,则率韭山、金齿门各附近官兵船只前往哨剿。月终,将差过官兵船只有无警息缘由具报各兵道并总镇查考。总镇衙门仍轮差游兵到彼会哨,毋容推诿,永为定规。

——(明)范涞:《两浙海防类考续编》第三卷,见《续修四库全书》编纂委员会:《续修四库全书》七三九·史部·地理类,上海古籍出版社,1996年,第348页。

昌国海门二区会哨渔山

又为军务事。万历三十年间(1602),准海兵道参议兼佥事王咨,据昌国总都司詹斌呈称:职仰遵明令,督大小兵船出洋防御,窃查前奉督抚军门温刊布练兵檄,开载宁绍、浙西、台、温四区画守信地,与各总会哨海面,凿凿明白;其"南渔山"字样并未开载于宁区界,盖南渔实台区之外岛,尤宁区之浪冈也,一遇警息,不别界限,动以宁区兵船督逻南渔,仍不知南渔远在台区极岛,宁区官兵急于功赏,每亦间哨,实非专责,亦非专哨也。诚使视南渔为督哨之常,必渐以南渔为宁区之属,万一照嘉靖中贼首王直屯据双屿故事,谋据南渔为分掠之逞,亦必归咎宁区,此时执兵檄欲诿之台区,不亦称难哉?以卑职计之,南渔实属台区也。查前任昌国把总方日升于万历十九年(1591)间议详兵巡海道副使张有案,但经日久,遂尔无闻,合行具禀,明察施行。据即移会台金严参将吴允忠备查南渔山委应某区哨逻,以便责成。去后,随准该参手本,开称:行据松海备倭把总庄以莅呈蒙行,据海门关总哨朱高呈,据东西矶哨官赵致忠呈,查得渔山自昔迄今,未闻系台外岛,今乃突称南渔山属台区,难以担覆。又据大佛头哨官徐兴道呈,查得渔山系极海远洋,历年具属韭山兵船哨逻;况本信又在金齿、林门之上,则本区信守,与渔山鸾远,洞然可知;备呈到职,复查渔山所属,原无开载台区图籍,实在昌海外洋,金齿开洋,西风竟日可到,去岁(1601)六月,奉檄进剿渔山,当初交夏至之时,南风劲烈之际,尤聚兵船于金齿门,自南而北,不在台境,昭然可考;及查练兵檄内,台区并无"渔山"字样,等因,据查,"渔山"字面刊檄委无开载,今该总备细查复,诚非推诿;且练兵檄款说哨道甚明,移复到道。准查,南渔山乃海中吃紧之处,哨逻宜严。今以界限不明,宁、台二区彼此推诿,或此地踈虞,则失事之罚属之宁乎?属之台乎?备行总镇查议。随准手本,开称:为查,今春本镇巡历南洋,径由台宁等口,看得南渔山坐居极东下洋,与昌国之金齿门、海门之东西矶相对,渺茫无际,凡倭之来也,必至此汲水窥觇,乘风流突;其去也,则至此潜伏,候风归岛。实为倭夷出没之窟。及查先年有志立功将领如松海把总王有麟、昌国哨总杜德辉等,于万历三、四等年(1575、1576),或追贼,或伏截,收功于此。但该岛水深湾阔,风浪异常险恶,下皆沙石,难以系椗泊船,惟内有一小岙,可泊唬船一、二十只,潮落俱阁①沙涂,岙口仅容唬船一只出入,两山可以堵截,岙外止用篾篰载石投水□舟,但可暂泊,俱非久泊之地。每次巡哨,必于昏夜等潮候风,间或一到,使倭莫知我之发船情形,方得到手。故《筹海图编》《海防类考》《练兵檄》等书并未

---

① 此"阁"应为"搁"。

绘载南渔山岙,亦未分坐某区哨道,况界在昌国、海门之交,似不可独责之台,又不可独责之宁也。为今之计,合听本镇行令台金严参将吴允忠、管昌国把总事都司詹斌,以后凡遇汛期,相度机宜,声息缓急,责令诸晓海务总哨官员,率令海门之主山、东西矶,昌国之韭山、金齿门附近官兵船只,前往南渔山哨探伏截;每月终,各参总将差过巡哨官兵船只、有无警息缘由,呈报本镇查考,本镇仍不时差官督领游兵到彼会哨,如或俘获倭级,以奇功论赏,□□误事者,按法重治。如此,庶穷洋之险,为我先据,倭贼至此自镇稔知南渔为御倭要道,业已谕令游兵把总丁文麟、□□龙等兵船相继巡哨,冀收一捷以图报称外,今准查议,拟合移复到道,为查南渔山坐居昌国、海门之交,为倭奴出没要道,浪险石峻,船难系泊,即昌国之金齿门、海门之东西矶,俱形若相对,势实渺茫,故图籍不载专哨,二区迄无成规,即先年将领于此收功,昌国、松海俱有之,则向来无专属之责明矣。然事不画一,势必推诿,据承平之日,二区已极口他托,设有缓急,不无袖手旁观,斯时督责,盖已晚矣。今准总镇建议,二区并哨,深为有见,合候详示,备行各参总遵照。以后汛期,南渔山哨道在在海门,则率主山、东西矶,在昌国,则率韭山、金齿门各附近官兵船只前往哨剿,月终将差过官兵船只、有无警息缘由,具报各兵道并总镇查考,总镇衙门仍轮差游兵到彼会哨,有功论赏,违误重治,着为定规,庶二区不苦于专哨,而海上备御亦称周密矣。呈奉督抚军门刘详批,严行二区遵照,毋容推诿。缴□□□遵行。又该兵巡温处道,查得本道每遇汛期,印发哨符,移送本参转给关游各官遵照,派定汛洋,各驾船只,往来会哨,符上填写会哨过年月日时。总哨用关记,捕队用花押,彼此互填。汛毕缴查,以稽偷惰为法。已密又奉本都院宪牌,议将金盘游哨并镇下关各兵船与□□□□①关兵船会哨,每月议定一十二次。内金盘把总督哨官□□交哨四次,镇下关督哨官驾船交哨八次,彼此交单以联两省声势,每双月终,本参填簿转报军门,至汛毕之时,本参仍设有循环哨牌,分发关游总哨官,各拨渔唬小船远出,各该紧要海洋哨探,亦彼此交会填注日时及逐日哨泊处所,在牌每半月一换。似此立法益周,哨守愈密矣!

——(明)范涞:《两浙海防类考续编》第四卷,《中国古代海岛文献地图史料汇编》,蝠池书院出版有限公司,2013年,第19172～19179页。(明)范涞:《两浙海防类考续编》第四卷,见《续修四库全书》编纂委员会:《续修四库全书》七三九·史部·地理类,上海古籍出版社,1996年,第368～370页。

(编者注:明嘉靖年间(1522～1566),浙江沿海海防形成了"四参六总"防御体系。"四参"分别是杭嘉湖参将、宁绍参将、温处参将、台金严参将。"六总"则是海宁把总、临观把总、定海把总、昌国把总、松海把总、金盘把总。其中,海宁把总隶属杭嘉湖参将,临观把总、定海把总、昌国把总隶属宁绍参将,松海把总隶属台金严参将,金盘把总隶属温处参将。如此,宁波地区与台州地区就分别属于两个不同的海防战区,而渔山列岛正好位于这两个海防战区的交界处,即在昌国把总和松海把总的管辖区之间,这两个把总都可以管理,也都可以不管,因此经常推诿责任。《两浙海防类考续编》表明:在万历二十八年(1600)前,渔山列岛所属的防区并不明确,因此遇上麻烦时,昌国把总、松海把总相互推诿;但若遇有立

---

① "与"后四字不清,似为"福建烽火"。

功机会时,双方又都竞相至此抢功;后经过一番讨价还价,于万历三十年(1602)确定了两个战区共同巡守渔山列岛的制度,即汛期,渔山列岛南侧由台州的海门卫负责巡逻,渔山列岛北侧由宁波的昌国卫负责巡逻;平时,轮流定期到渔山列岛会哨。)

清朝海禁海防

国初海防,仅备海盗而已。自道光中海禁大开,形势一变,海防益重。海防向分南北洋。山东烟台归北洋兼辖。闽、浙、粤三口,归南洋兼辖。兹取沿海各省有海防者分述之:曰东三省,曰直隶,曰山东,曰江南,附江防,曰浙江,曰福建,曰广东。……

浙江东南境濒海者,为杭、嘉、宁、绍、温、台六郡,凡一千三百余里。南连闽峤,北接苏、松。自平湖、海盐西南至钱塘江口,折而东南至定海、舟山,为内海之堂奥。自镇海而南,历宁波、温、台三府,直接闽境,东俯沧溟,皆外海。论防内海,则嘉兴之乍浦、澉浦,海宁之洋山,杭州之鳖子门,绍兴之沙门为要。论防外海,则定海县与玉环厅皆孤峙大洋。定海为甬郡之屏藩,玉环为温、台之保障,尤属浙防重地。定海之东,其远势罗列者,首为海中之马迹山。山北属江苏境,山南属浙江境,而五奎山亦为扼要。陈钱山则在马迹之东北,山大而隩广,可为舟师屯泊之所。迤南经岱山、普陀山,出落迦门,至东霍山,与陈钱山南北相为犄角。其南有昌国外之韭山,均可驻泊舟师。自宁波而南,内有佛头、桃渚、松门、楚门诸山,外有茶盘、牛头、积谷、石塘、大小鹿山,为温、台所属水师会哨之所。由玉环厅而更南,历渔山①、三盘、凤凰、北屺、南屺而至此关,则接闽省防地矣。

清初平定浙江后,沿明制严海防。顺治八年(1651),令宁波、温州、台州三府沿海居民内徙,以绝海盗之踪。康熙二年(1663),于沿海立桩界,增设墩堠台寨,驻兵警备。四年(1665),以钦差大臣巡视浙江海防。七年(1668),命偕总督出巡沿海,直至福建边境,提督则每年必巡历各海口,增造巨舰,备战守。二十九年(1690),命江、浙二省疆臣,会勘辖境海面,分界巡哨,勒石于洋山,垂为定制。雍正五年(1727),以提标之游击、守备二员,统率兵丁,改隶水师。六年(1728),定沿海商船渔船之帆樯符号,以别奸良,并增设汛弁。选福建之精练水兵至浙,教练浙军十二营水战诸务,巡游海口。七年(1729),增建沿海要口炮台,增设巡船,及防汛移驻之区,总兵官出巡之制。乾隆五十九年(1794),以五奎山为浙洋扼要之地,拨定海标兵驻守。道光二十年(1840),奇明保等以杭州之鳖子门,为钱塘通海要口,于潮神庙江狭之处,屯兵防守。二十一年(1841),令沿海疆臣,仿定海土堡之法,凡近海村落,招募团练,筑土堡,互相联络。三十年(1850),以渔山②孤悬海外,令黄岩镇总兵以舟师靖盗。光绪六年(1880),谭钟麟以浙省沿海各口,巨舰之可深入者,距省最近为乍浦,次则宁波之镇海、定海、石浦,台州之海门,温州之黄华关,旧有炮台三十余座,惟海门镇炮台建筑合法。其澉浦之长山,乍浦之陈山,定海之舟山,海门镇之小港口各炮台,咸

---

① 此"渔山",即今浙江省宁波市象山县东南的渔山。
② 此"渔山",即今浙江省宁波市象山县东南的渔山。

加修改。镇海之金鸡、招宝二山,于原有炮台外,增筑金鸡山嘴炮台一座。十三年(1887),刘秉璋以浙江海防,首重舟山,次以招宝、金鸡二山为要塞。乃酌度形势,分建宏远、平远、绥远、安远炮台四座,置克鲁伯后膛大小铜炮,东御蛟门海口。十四年(1888),卫荣光以浙江原有之营勇炮兵,已陆续汰弱留强,加以整练,镇海新筑炮台,及改造旧式炮台,皆已竣工,增置新购后膛巨炮,以新练之军驻守。十九年(1893),谭钟麟以浙江水师船仅五十余艘,增红单船八艘,助巡洋面。二十五年(1899),刘树棠以浙江武备新军左营操法最精,其陆军水师前敌驻防洋枪队各营,步伐分合进退,亦均娴熟,饬分驻宁、台、三门湾各隘,并澉浦、乍浦沿海口岸。三十三年(1907),张曾敫建言,浙江象山港在定海之南,深入象山境六十六里,口宽而水深,群山环绕,作海军根据地最宜。寻谕南北洋大臣勘度经营。

浙江海岸绵长,省垣据钱塘江上游,外恃龛、赭二山为口门,江狭沙横,俨如天堑,敌舰卒难阑入。道光以后,海疆屡警,虽宁、台戒严,而不致牵动全局。中法之役,法舰曾至宁波洋面,招宝山炮台却之。此后遂无欧舰之踪。惟象山港天然形胜,与胶澳、旅顺鼎峙而三,惜筑港未成云。

——(民国)赵尔巽等编修:《清史稿》卷一三八,兵九,中华书局,1977年点校本,第4095、4109～4111页。

【专记】象山百姓两遣界

所谓遣徙,即政府强制推行"坚壁清野"政策,亦称迁海、遣界、弃界。限令沿海居民离海三十里至五十里,给沿海居民带来深重灾难。时浙江巡抚赵廷臣有《南巡》诗一首,可见一斑:"钦承简命出长安,无限凄凉带泪看。满野蓬蒿人不见,连天荆棘马难前。犬啣枯骨筋犹湿,鸦啄残肤血未干。寄语朝中诸执事,铁人无泪心也寒。"诗人看到的是已迁至内地惨状,未看到被弃界外的房屋、塘岸、船只破坏状况。时有《遣徙歌》一首,备言悲惨,附于文末。

第一次内遣

明郑若曾《筹海图编》:"定海(今镇海)之外,秀、岱、兰、剑、金塘五山争利,内向仇杀,外连倭寇,岁为边患(按:兰秀山寇,入象山县,屯宝梵寺,劫县丞王茫)。汤和经略海上,遣其民尽入内地;废昌国县,迁昌国卫于象山之东门岛。今象山之南田,昔为宁海县属之宁和乡五十一都临门。"明崇祯《宁海县志》:"南田田地沃衍,额有十递,洪武初,汤和以其地近日本,易于通倭,尽徙其民,虚其地。"当时封禁的还有温州府属之玉环等岛。南田所属除本岛外,有今之高塘、花岙、坦塘、檀头山、对面山、渔山、满山、中界山(中界山在石浦港中,与坦塘台明屿一样,皆为宁象分界,明台分界,故名中界)等岛,皆为封禁之地。汤和有令:内遣之民,上午迁者为民,午后迁者为军。南田百零八岙皆空,约六千余人(据《山海的记忆》)。当时来不及带走的鸡犬后来皆为野物。直至清光绪元年(1875)开禁。南田临门人顾田有《怀临川故乡》诗云:"桑田尽变鱼虾地,火宅浑为麋鹿场。"可见当时绝无人烟。如南田顾氏迁邑之山根井头及宁海东乡，尤氏迁宁海峡山等等。民国县志"典礼考"：东门庙"至明初徙东门居民始废"。按：明初东门岛未废，且舟山昌国卫于洪武二十年(1387)迁置东门岛，盖东门属象山，南田属宁海，故未遣迁。

汤和在浙东西量地之远近，设卫所五十九城，象山建昌国卫、石浦、爵溪、钱仓四城，兵民苦之。又浙东民每四丁抽一戍守，共抽五万八千七百余人。象山卫所守军五千六百人，占象山总人口百分之三十。明代倭患深重，嘉靖间尤烈，事非专题，恕不详列。

第二次内遣

明崇祯间，海寇猖獗，屡犯象山。越十年，明清鼎革，石浦游击指挥张名振义不归清，赴南田海岛组织抗清，亡故后由张苍水统领。南田与象南一港之隔（石浦港中之中界山，北属象，南属宁海，故名中界山），明清交接，宁象分界，兵寇互驰，百姓提心吊胆。顺治十三年(1656)，郑成功部扰象，沿乡剽掠一空。十五年(1658)，遣将以舟师围象山七昼夜。副将李时芳、邑令陈黄等督兵民守御，城获全。十六年(1659)，大将宜尔德搜捕山谷，兵部尚书苏纳海禁出海采捕。十八年(1661)，清廷据施琅等人建议，以坚壁清野之法，割断内地对郑成功、张煌言等抗清联军支持和联系，颁布《迁海令》，勒令江南、浙江、福建、广东沿海居民内迁三十里至五十里，尽烧沿海民居和船只，沿海港湾树以木栅，片板不准下海。倪象占《蓬山清话》："本朝顺治初及康熙十二年(1673)，耿逆之乱，沿海居民皆起遣内地，离海三十里。其近海要口，皆树以木栅，以禁民之出入，虽海错皆不得取。"清廷以暴刑保证《迁海令》执行，坠毁城郭，焚烧房屋什物。越界（东乡前山姚与崔家岙之间，今有村名曰鼓墩，即昔之界墩，有望台，通界外之路树木栅，设军看守）者无论远近，均立斩。沿海人民流离失所，曾激烈反抗。象山县沿海除爵溪外，全部封禁，东溪岭以南除东溪、板岭外全部封禁无烟火。康熙三年(1664)，张煌言被执于南田花岙岛之悬岙，就义于杭州，海禁稍宽。至八年(1669)奉文展界（展界即展复，内徙之民，返回原地曰展复、复业。当初弃置则免赋税，展复垦种则赋税恢复。）次年(1670)，展复东乡钱仓、珠溪、龙屿、西乡下沙、下沈、西周，南乡马岙、关头等处。十三年(1674)，靖南王耿精忠反，以曾养性为左将军，率兵万余犯浙海，土寇蜂起。次年(1675)八月围象城，副将罗万里降。十五年(1676)，罗万里以都统并五镇兵再至，象城陷落，大掠三日，官民积储皆空，男女被掠三四百人。盘踞十五日，清督军遣参将汪国祥、游击吴英统兵解救。十六年(1677)掠淡港，十八年(1679)掠儒雅洋。十九年(1680)，耿精忠降，罗万里伏诛。二十年(1681)，展复关头及黄溪、淡港、湖头等海渡。二十二年(1683)，台湾郑克塽降，昌石始驻军修城。次年(1684)全部展复。

遣迁人口。明末清初，全县 18665 丁口，其中市民（指县城）2762 人，乡民 10376 人，军士 5527 人。奉令内迁 8474 人，其中乡民 6184 人、军士 2290 人。内迁人口占全县人口 45.4%（此数根据当时田地税赋数量折算为人丁）。全县计三十二里，迁界一十六里，占 50%。

遣弃土地。清初原有额田 106073 亩、盐田 38629 亩、地 126779 亩、盐地 17741 亩、山

250604亩。因遣徙而弃荒田62663亩、盐田25935亩、地78177亩、盐地17741亩、山175418亩。其中田地弃荒占原有数63.80%。

乡 名	清初原额田			迁海弃置田			清初原额灶田			迁海弃置灶田		
	顷	亩	分	顷	亩	分	顷	亩	分	顷	亩	分
全县	1060	73	5.98	626	62	6.65	382	69	3.28	259	34	8.63
政实	423	58	6.78	193	61	5.78	29	67	5.98	4	25	7.51
归仁	378	36	6.66	258	40	4.12	134	94	9.35	68	36	7.26
游仙	234	0	4.65	156	07	3.73	218	06	7.95	186	72	3.85
昌国卫	24	77	7.89	18	53	3.02						

(据康熙《象山县志》)

乡 名	清初原额地			迁海弃荒地			清初原额灶地			迁海弃荒灶地			清初原额山			迁海弃荒山		
	顷	亩	分	顷	亩	分	顷	亩	分	顷	亩	分	顷	亩	分	顷	亩	分
全 县	1267	78	5.28	781	77	2.25	177	41	0.97	177	41	0.97	2506	4	1.4	1754	17	5.1
其中:昌国卫屯地	69	53	8.79	69	14	1.19												

此次征集宗谱,皆康熙后所修,未见有明代宗谱,而均言其宗谱毁于海匪兵火及遣徙中丢失。各宗谱均有遣徙记载,如番头岙《葛氏宗谱》有:"辛丑(1661)七月,皇上又下起迁之诏,凡田地山园及先人庐墓,一旦抛弃殆尽,涸辙之鲋鱼不能支。而吾族兄弟侄孙辈因而死亡者半,流离者半,仅存者不过十分之五。家道式微,户丁星散,莫甚于此。"从谱中得知:石浦吴氏、林氏迁县城,昌国武氏迁东陈王家山头(今称武家山头,至今昌国无武姓),龚氏迁东陈、虎啸铺,俞氏迁墙头、南堡,张氏迁洋心,王氏迁天台,番头葛氏迁奉化、丹城,中岙陈氏迁嵊县、丹城、板岭,南向张氏迁白石。至同治间尚有回迁之人。

遣徙歌

清　王文贵

鼎革难,遣徙艰,倏忽又遭耿逆变。抛却田舍迁靡常,朝不保夕苦何言。
鲸鲵鼓浪扰海陲,海边苍生遭仳离。朝廷令下安边策,东南附海尽迁移。
一炬烧尽沿村屋,划界编桩谨扶持。军民不许潜透越,墩台营寨密如棋。
大人屡出巡边汛,随山砍木葺藩篱。苦哉筑界几时休,熬熬度日无归期。
初时尚有移来果,老幼犹有旧衣披。日久衣食无人问,流民塞道哭声低。

富到穷日苦不胜,贫到疲时更难忍。姿容美者嫁营兵,丑陋为奴忍作婢。
嗟彼鳏寡无所靠,寒昏暑午填沟徙。春夏秋冬常流徙,鸠形鹄面仅存皮。
悲我被迁历尽苦,难瞻父母救儿妻。人道读书能荣祖,我读书兮遇此际。
米珠薪桂日难度,那见文章可疗饥。含悲赋作起徙歌,歌未开喉泪先坠。
皇天有眼苏残孑,何日归家觅旧基。

——《石浦镇志》编纂委员会编:《石浦镇志》,宁波出版社,2017年,第201~203页。

南田县

县境包括南田、高塘、花岙、对面山、坦塘、檀头山、北渔山、南渔山及附近岛礁,总面积约172平方公里。以南田岛得名。唐象山立县后,为属地。明洪武二十年(1387)列为"封禁之地"。至清初,封禁更甚。后,时有沿海民众潜入垦种捕鱼。道光三年(1823)重请封禁,被驱之民不下6000人。翌年(1824),拨象协右营官兵百名巡防。光绪元年(1875)浙江巡抚杨昌濬奏请开禁,十月获准。四年(1878)设南田垦务保甲局,驻樊岙,征收钱粮,兼理民事,命盗案件委象山县代理。宣统元年(1909)浙江巡抚曾韫奏请改设南田抚民厅,云开禁以来,"垦辟渐广,生齿日繁。报垦之户多系温、台等处客户,来去无定,抚缉良难,自非专设文武员弁不足以资治理"。遂废局设厅,治樊岙,直属宁波府,并派守备、千总各1员分驻龙泉、鹤浦,备兵防守。

民国元年(1912)2月,撤厅建南田县,仍治樊岙,属会稽道。下设桃源(南田岛)、蓬莱(高塘岛、花岙岛)、三山(檀头山、对面山、北渔山、南渔山)、瀛洲(坦塘岛)4区,计25000余人。4月,浙江省临时议会议决,划象山县东溪岭以南奠南乡、昌石镇入南田县。5月,南田县治移至石浦。翌年(1913)3月,省议会复议,取消划并。秋初,奠南乡、昌石镇复归象山县,南田县还治樊岙。29年(1940)7月,撤县设区,划入三门县,下辖鹤浦、南田、龙泉3镇和文山、四都、杏港3乡。次年(1941)5月沦陷。34年(1945)9月收复。36年(1947)分设鹤浦、文山、南田、四都、蓬莱5乡。解放后析为8乡。1952年4月析归象山县。

——《象山县地名志》编纂委员会:《象山县地名志》,浙江人民出版社,1995年,第596页。

保卫团

民国十九年(1930)三月五日,渔山设立了"保卫团",共有2名职员,13名"团丁",每月收入100元,支出102元,都是出自"鳝捐"。

渔山向未举办,由私家集资连防保卫而已,近以有赠捐可筹,乃改常驻。

——象山县地方志编纂委员会:民国《南田县志》点校本,中华书局,2010年,第80、143页。其中第一段从第80页表格中摘录而成。

八、海难事故

清福公号沉没

清福公号夹板船于1872年5月9日返厦门途中至北纬29°13′、东经122°1′触礁后两小时即沉没。

（编者注：渔山列岛位于东经122°13.5′~122°17.5′、北纬28°51.4′~28°56.4′。）

西湖号及马德拉斯号沉没

1886年："3月18日印支轮船公司西湖号轮船在沪闽途中遇雾，触礁地点在台州岛以北2.5英里处一名上岩礁处，船只沉没，7人溺水而亡。另一次是发生在本年8月15日，一艘悬英旗之马德拉斯号从日本载满煤块在运往香港途中遇台风，在台州岛以西触礁，人货俱没。"

——中华人民共和国海关译编：《近代浙江通商口岸经济社会概况——浙海关、瓯海关、杭州关贸易报告集成》，浙江人民出版社，2002年，第146、519页。

光绪、民国年间渔山遇难船只

北鱼山建设灯塔之问题，海务科早年曾经讨论多次，迨光绪十年（一八八四年）以还，海务巡工司持之益坚，缘光绪九年十一月（一八八三年十二月）间，曾有华轮"怀远"号，在该处附近失事，旅客船员葬身鱼腹者，计达一百六十五名之多，嗣于光绪十六年五月（一八九〇年六月）复有德轮"扬子"号，相继遇险，且该时沿海航路，南自东犬山北至小龟山，中间长途三百浬，灯务连锁，势成中断，灯塔设置，诚属必要，无如经费有限，而他处需要较急，故该塔直至光绪二十一年（一八九五年）始得落成也。

该站①档案，民九以前，尽行遗失，故该岛附近船只遇险案件，无从查考。但民国二十年（1931）内，附近遇难船只，竟有三次之多。缘该年三月，有法轮"长江"号，在灯塔西南偏西约半浬地方触礁，船员旅客六十名，则为灯站所收容。又同年四月，有华轮"华阳"号，在南鱼山西北角搁浅，旅客船员，悉为大英火轮船公司之"瑞普太那"轮船救护而去。又同年

---

① 即北渔山灯塔管理站。

九月,复有日本打捞轮船东洋丸,方在打捞上述触礁二轮之际,忽遇飓风,触于该站西面礁石之上,船身破碎,轮中人员,仅有一人获庆生还,余均溺毙,但当该轮遇险之时,适为灯塔管理员所瞥见,立即集合同僚,驰往施救,惟为能力所限,救护出险者,仅上述之一人而已。

——[英]班思德(Banister, T. Roger)著,李廷元译:《中国沿海灯塔志(The coastwise lights of China)》,上海海关总税务司公署统计科,1933年,第173、181页。

海军部海道测量局航船布告第十六号

中华民国东海岸　北渔山灯塔西南之沉船所在

方位　自北渔山灯塔正极北二百四十度距离六克步(每十克步合一海里)即东经约一百二十二度十五分北纬约二十八度五十三分

说明　该沉船名长江轮船

注意　该沉船靠近北渔山边于航船并无危险

关系图书　英国海军水道图第一千七百五十九号

原报机关　法国炮舰马尼(Marne)

附注　一、本航船布告所载方向俱用正极北零度起向右转计算至三百五十九度止

　　　一、凡欲索取该项布告者请迳函上海新西区市政府路一四零号海道测量局

　　　一、航海家如有新发现危险物关系航行者希通知本局无任欢迎

中华民国二十年(1931)三月三十一日

——《交通公报》,1931年第240期,第57页。《航业月刊》,1932年第2卷第1期,第6~7页。

海军部海道测量局航船布告第二十六号

中华民国东海岸　南渔山(黑山列岛)之沉船所在

方位　南渔山之西北角自北渔山灯塔正极北二百三十四度半距离二又十分之三海里即东经一百二十二度十三分三十秒北纬二十八度五十二分

说明　华阳轮船在该处失事

注意　该船系搁置于该岛之海岸于航船并无危险

关系图书　英国海军水道图第一千七百五十九号

原报机关　公平轮船船主

附注　一、本航船布告所载方向俱用正极北零度起向右转计算至三百五十九度止

　　　一、凡欲索取该项布告者请迳函上海新西区市政府路一四零号海道测量局

　　　一、航海家如有新发现危险物关系航行者希通知本局无任欢迎

中华民国二十年(1931)四月二十七日

——《交通公报》,1931年第246号,第57~58页。《航业月刊》,1932年第2卷第1期,第14~15页。

海军部海道测量局航船布告七十八号

中华民国东海岸　北渔山(黑山列岛)发现沉船

方位　在北渔山及其西南向一岛之间即自该山灯塔正极北二百六十九度距离三克步(每十克步合一海里)东经一百二十二度十五分十五秒北纬二十八度五十三分十五秒

说明　Toyo maru 汽船在该处沉没图内载明沉船水深三十英尺符号

注意　该沉船无害航行

关系图书　英国海军水道图第一七五九号

原报机关　上海海关

——《交通公报》,1931 年第 293 号,第 25 页。

沙船触礁死多人

金鑫盛沙船,容量甚巨,船主丁志成,雇有船伙徐阿生、沈春生、陆宝成、徐林生、陆大来等十五人。丁志成有妾何氏,及四岁之子伯高,侨居厦门。二十一日,该船在厦承运红糖一千二百四十五包,价值三万余金,货主限期五日运甬交卸,故由厦启椗后,昼夜兼程而驶,不稍停留。至二十三日下午三时许,该船驶经浙海鱼山洋面,忽遇暗礁,触破船底,因仅知前大舱破裂,赶行修补,致后大舱之漏处暴裂,海水涌入,无法堵塞,霎时船即沉没。时适有大风雨,海上船只绝迹,求救无人,全船老幼十八人,仅船伙徐阿生、沈春生、陆宝成三人,漂流二小时,遇渔船救起,得庆生还外,其余丁志成等十五人,均葬身鱼腹。诚惨劫也。

——《申报》1936 年 7 月 27 日,见宁波市档案馆编,《申报》宁波史料集(七),宁波出版社,2013 年,第 3400～3441 页。

碍航物

小白礁与其东方的约 1 链的礁石南方近岸有多处礁石。小白礁东南方约 2 链处有一水深 10.4 米的沉船。

——中国人民解放军海军司令部航海保证部编制:《中国航路指南》(东海海区)第 2 版,第四章第五节渔山列岛,中国航海图书出版社,2010 年,第 136 页。

当代渔船事故

浙象渔 3007 木质渔船事故　1988 年 12 月 8 日 20 时 30 分左右,浙象渔 3007 号船在渔山东偏北 5～8 海里海域航行,被自南向北航行中的不明大轮撞沉,跟在后面的煨船没有进行及时抢救,23 人落水,2 人被救,21 人死亡,直接损失达 28 万元。

浙象渔 29023 号海事故　浙象渔 29023 号船于 1999 年 6 月 17 日 23 时从石浦港开船,到渔山东 204 海区流网作业,16 时以后就没有该船信息,估计在 16 时至 16 时 30 分在

八、海难事故

204海区到渔山航行中遇大风浪沉没。船上6人失踪,船长泮海军,28岁;船员包大平,22岁;包小平,19岁;朱阿郎,20岁,以上四人都是石浦镇下布袋人,另外"道明"26岁,高塘岛乡人,还有一位安徽人,直接经济损失达人民币8万元。

——象山县海洋与渔业局渔业志编纂办公室编:《象山县渔业志》,方志出版社,2008年,第631~632页。

下 篇

"小白礁Ⅰ号"研究综述

浙江象山县"小白礁Ⅰ号"清代沉船 2014年发掘简报[1]

宁波市文物考古研究所
国家文物局水下文化遗产保护中心
象山县文物管理委员会办公室

　　"小白礁Ⅰ号"沉船位于宁波市象山县石浦镇东南约26海里的渔山列岛小白礁北侧水下24米处（图一；图二）。2008年10月，该沉船发现于浙江沿海水下文物普查。2009年6月，中国国家博物馆和宁波市文物考古研究所对其实施了重点调查和试掘[2]；2011年6~7月，结合首届"国家水下文化遗产保护（考古）培训班"，对遗址进行了表面清理；2012年5~7月，基本完成船体以上船载遗物的清理发掘[3]。2014年5~7月，由宁波市文物考古研究所（国家水下文化遗产保护宁波基地）、国家文物局水下文化遗产保护中心、象山县文物管理委员会办公室组织实施，国内外的20余名水下考古队员和10余家合作单位的30余名技术人员参与，"小白礁Ⅰ号"船体发掘与现场保护全面完成[4]。以下简要报道2014年发掘的主要收获。

一、遗址概况

　　"小白礁Ⅰ号"沉船紧临渔山列岛小白礁岩体北侧，所在海床表面南高北低。沉船遗址依海床地势大体呈南北走向，南北长约23、东西宽约11.2米。主体堆积为一艘木质沉船残骸和各类陶瓷器、金属器、石板等沉船载遗物。沉船南端有部分船体裸露在海床表面。遗址中心偏南有五列石板（图三），南北向倾斜叠置，其下为船体残骸（图四；图五；图六）。以船体残骸为界，其下是船沉没前的海床表面堆积，为粗砂夹少量贝壳；其上是船沉后逐渐淤积覆盖的堆积，主要为海蛎壳夹泥砂，近底部泥砂渐多，厚约0~0.6米。

　　"小白礁Ⅰ号"沉船方向为10度。船体上层和船舷等原高出海床表面的构件已不存，残存龙骨、肋骨、船壳板、隔舱板、铺舱板、桅座等。发现时水下的船体残长约20.35、宽约7.85米，断裂为东西两半，东半部分长约20.35、宽约4.65米，西半部分长约20、宽约3.2米。经树种鉴定分析，船体用材丰富多样，分属9个科15个属（表一），主要产自东南亚热带地区，以龙脑香科、马鞭草科和桃金娘科为主，均为阔叶材硬乔木，结构致密，质地坚硬。

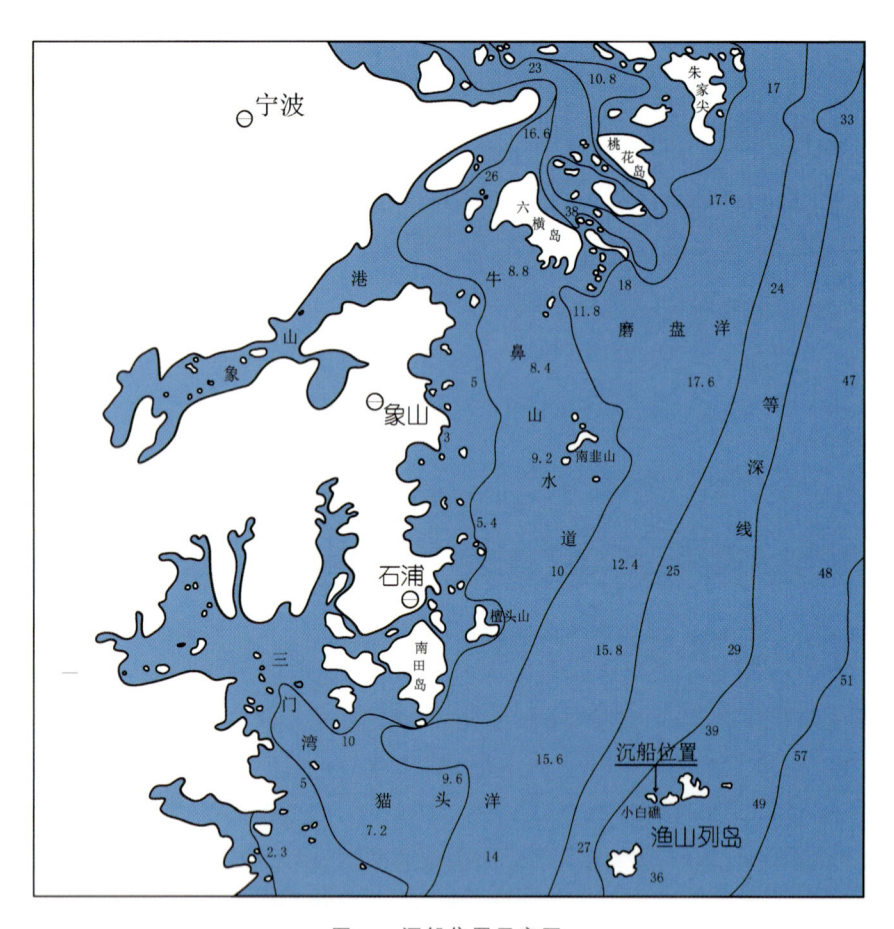

图一 沉船位置示意图

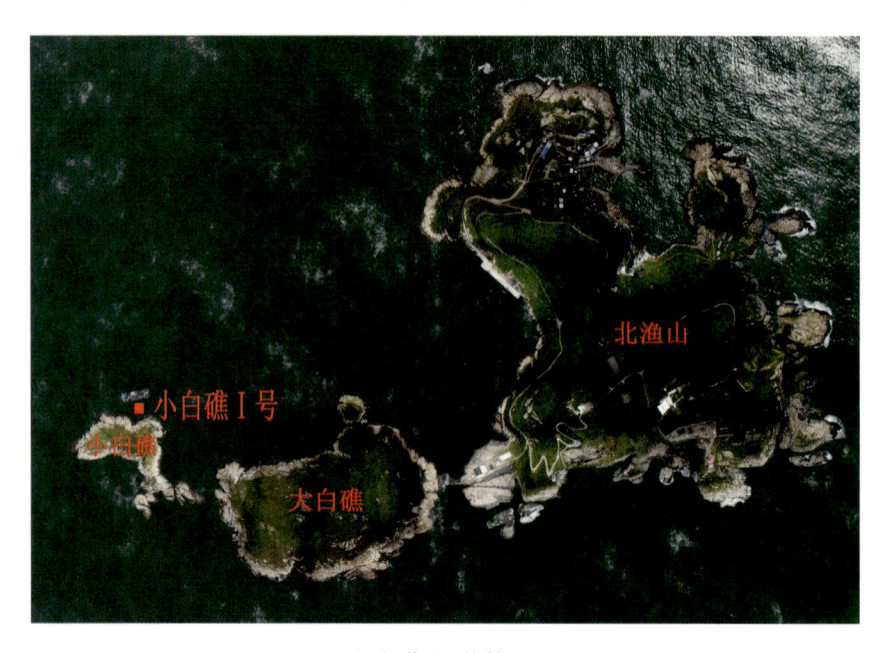

图二 沉船位置(航拍,上为北)

图三　海床表面的石板（东→西）

图四　船体局部（东→西）

图五　船艏的部分舱底肋骨（北→南）

图六　舱室局部(东→西)

表一　船体用材树种

科	属	数 量	合 计	科	属	数 量	合 计
龙脑香科	坡垒属	39	67	使君子科	榄仁树属	4	4
	龙脑香属	25		千屈菜科	紫薇属	2	2
	冰片香属	2		楝科	槛木属	1	2
	娑罗双属	1			麻楝属	1	
马鞭草科	柚木属	13	16	山榄科	铁线子属	1	1
	佩龙木属	2		番荔枝科	依兰属	1	1
	石梓属	1		大戟科	黄桐属	1	1
桃金娘科	子楝树属	11	11	9	15	105	105

说明：2012、2014、2015年发掘者先后在"小白礁Ⅰ号"船体的不同部位共采集了105个木材样品，分批委托中国林业科学研究院和中山大学进行树种鉴定，此表根据鉴定结果分类统计。

二、出水遗物

"小白礁Ⅰ号"沉船的出水遗物可分为船体构件和船载器物两类。

(一) 船体构件

"小白礁Ⅰ号"的船体构件是在水下完成船体精细测绘并对船板逐一编号后，按照与造船相反的顺序，以龙骨为中心、自上而下、由两侧向中心、分门别类地逐块拆卸并起吊出水。出水船体构件共236件(图七)。

图七　船体遗迹平面图

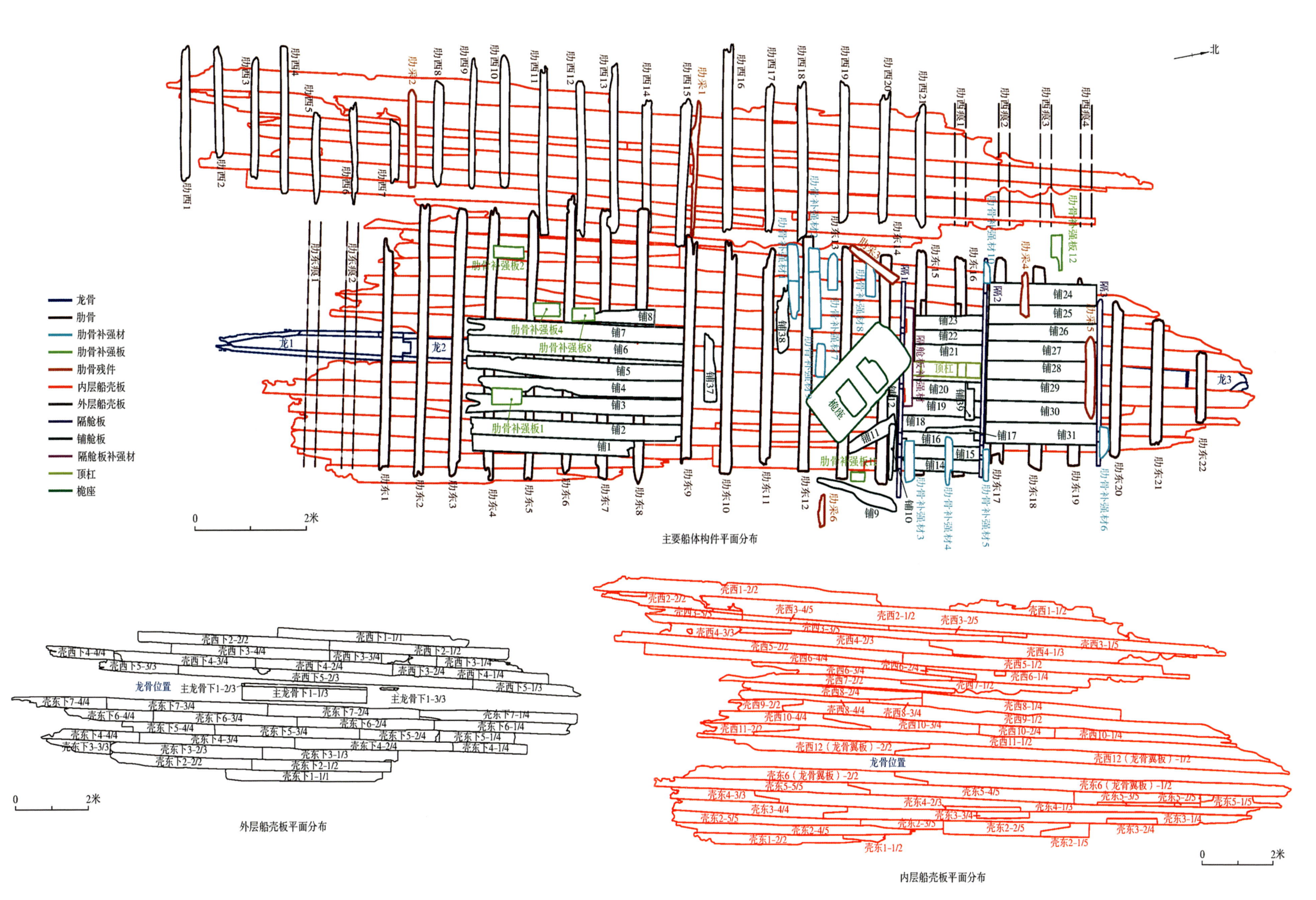

1. 龙骨　3件。分别为舳龙骨、主龙骨、艉龙骨(依次编号为龙1~3)。

舳龙骨(龙1)　头部残。残长109、宽39.2、厚13.3厘米。外形近似舌状,略起翘,两侧面有长企口。尾部有直角企口,企口长40.7、宽30.2、高4.1厘米(图八)。

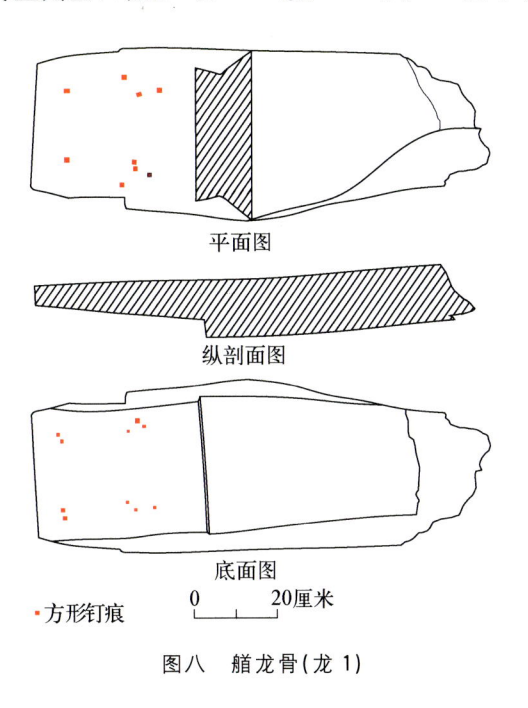

图八　舳龙骨(龙1)

主龙骨(龙2)　基本完整。长1452.9、宽47.6、厚16.4厘米。扁平长条形,头尾略起翘,从头尾两端向中部渐宽渐厚。头部、中部、尾部的横断面依次为两端突出的矩形、倒梯形、矩形。头部有直角企口,企口长39.2、宽33.2、高5.2厘米。尾部有方形凹槽,槽深14.3、宽16.5、高8.5厘米。凹槽前方有三根矩形木榫(图九)。

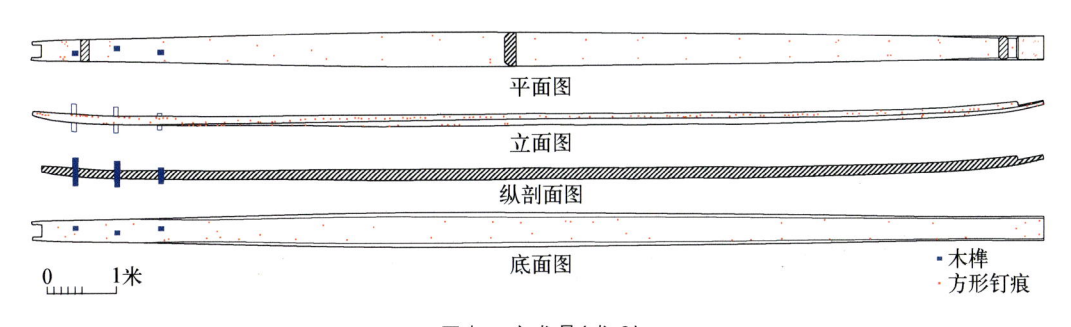

图九　主龙骨(龙2)

艉龙骨(龙3)　尾部残。残长585.5、宽43.4、厚25.5厘米。前半段为与主龙骨尾端搭接的部位,长250.9、宽43.4、厚8.9~16.3厘米;搭接处尾端有一凸榫,长16.5、宽14、高9厘米;凸榫前方有一方形槽,内置两片圆形铅片;方形槽前方排列有3个贯通的矩形榫孔,与主龙骨上的三根矩形木榫相对应。后半段残长334.6、宽42.6、厚25.5厘米;横断面呈凸字形；上表面两侧开有长企口，用于搭接、钉连龙骨翼板；左侧面有一矩形立槽，槽内有两个圆孔，疑用于装配龙骨吊(图一〇)。

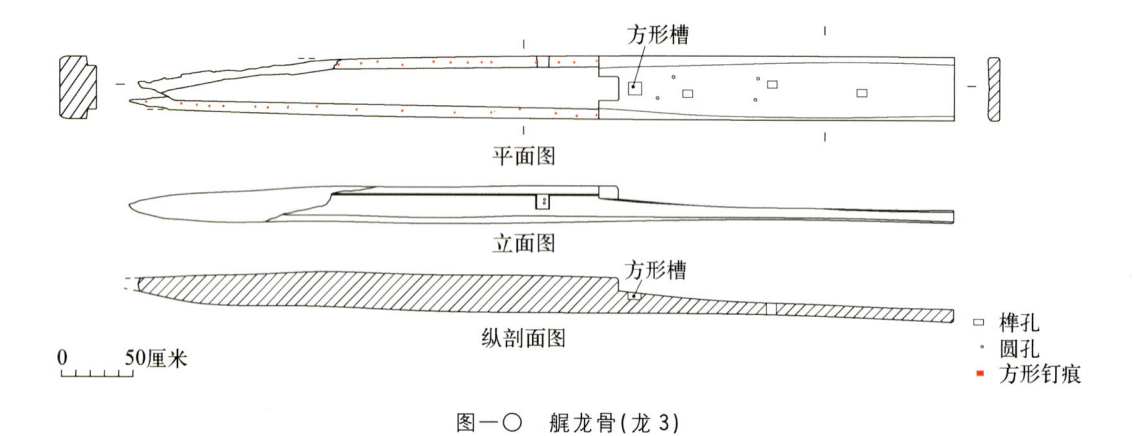

图一〇 艉龙骨(龙3)

三段龙骨搭接后残长1861厘米(图一一)。

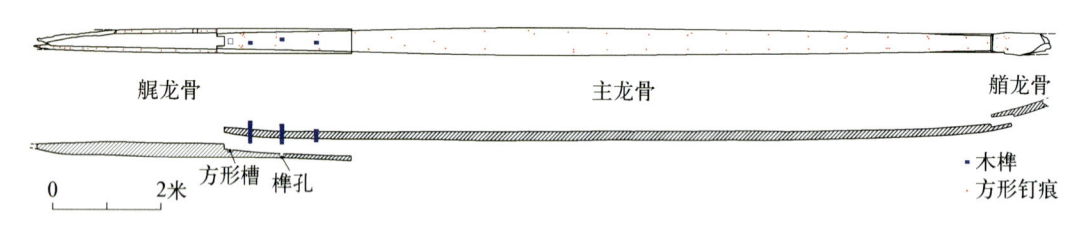

图一一 龙骨搭接示意图

2. 肋骨及相关构件 73件。包括船底肋骨、舷侧肋骨、肋骨补强材、肋骨补强板等。

船底肋骨 22件。均位于船体中线，垂直钉连于龙骨之上。从船艉到船艏依次编号为肋东1～22。多较完整，较粗壮。大多长280～420、宽16～21、厚15～20厘米，前后间距以40～60厘米为多。表面有大量方形钉痕。船艉和船舯的肋骨较平直，两端略弧，有两个流水孔，往船艏方向的肋骨弧度渐增，流水孔减为一个(图一二；图一三；图一四)。此外，在船艉方向还可辨识出两道船底肋骨的痕迹。

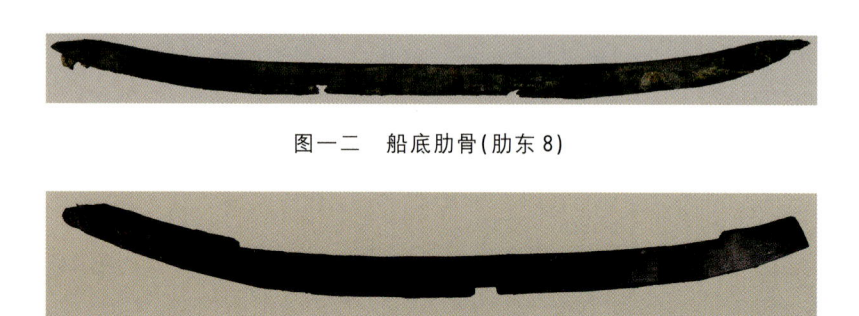

图一二 船底肋骨(肋东8)

图一三 船底肋骨(肋东16)

图一四　船底肋骨（肋东 21）

舷侧肋骨　21 件。均位于船体左侧，垂直钉连于船壳板之上。从船艉向船艏依次编号为肋西 1～21。保存状况大多较差，部分残损严重。大多长 100～280、宽 11～17、厚 10～17 厘米，前后间距以 40～60 厘米为主。肋骨弧度都较大，表面有大量方形钉痕，无流水孔（图一五）。此外，在船艏方向还可辨识出四道舷侧肋骨的痕迹。

图一五　舷侧肋骨（肋西 13）

肋骨补强材　12 件。依次编号为肋骨补强材 1～12。大多位于船底肋骨两端侧面，靠近船底肋骨与舷侧肋骨的连接处，用于横向连接加固船底肋骨和舷侧肋骨。形状不一，尺寸差别较大，残损较严重。表面有钉痕（图一六；图一七；图一八）。

图一六　肋骨补强材 1

图一七　肋骨补强材 2

图一八　肋骨补强材 7

肋骨补强板　12件。依次编号为肋骨补强板1~12。位于部分肋骨之间。平面呈长方形或近似长方形，基本完整。大多长40~55、宽15~25、厚4~6厘米。

此外，还采集出水肋骨残块6件，依次编号为肋采1~6。

3. 船壳板　94件。包括内层船壳板和外层船壳板。

内层船壳板　18列55件。其中，龙骨左侧有12列34件（依次编号为壳西1~12），龙骨右侧有6列21件（依次编号为壳东1~6）。紧贴于龙骨两侧的第一列（壳西12、壳东6）内层船壳板为龙骨翼板。每列内层船壳板由若干块船板拼接而成，每块船板长宽不一，大多长400~800、宽20~33、厚4~5.5厘米，最长者达1480.7厘米，最短者仅长71.5厘米（图一九）。内层船壳板的端接缝有滑肩同口和平面同口两种，边接缝均为平面对接（图二〇；图二一）。船板表面有大量的铲形钉痕和方形钉痕。

图一九　部分龙骨右侧内层船壳板

图二〇　内层船壳板接缝方式(滑肩同口)

图二一　内层船壳板接缝方式(平面同口)

外层船壳板　13列39件。集中位于主龙骨底面局部以及靠近龙骨两侧的内层船壳板下方。其中,主龙骨下有1列3件(编号为主龙骨下1),龙骨左侧有5列14件(依次编号为壳西下1~5),龙骨右侧有7列22件(依次编号为壳东下1~7)。每列外层船壳板由若干块船板拼接而成,每块船板长宽不一,大多长约180~500、宽约20~30、厚约1.5~2.5厘米,其中最长者达815.7厘米,最短者仅长51.6厘米。外层船壳板的端接缝均为平面同口,边接缝均为平面对接。船板表面有大量的方形钉痕。

4. 舱室构件　65件。包括隔舱板、铺舱板,隔舱板补强材、顶杠、隔舱板扶强材、压条等,主要位于"小白礁Ⅰ号"船体的舯部及艄部。

隔舱板　3件。从舯部到艄部依次编号为隔1~3。

隔1　位于肋东14与肋东15之间。左端残,底面为弧形,弧度较小。残长329.2、高37.3、厚7厘米。右端下部开两道矩形槽,尺寸分别为高21.6、宽17.3厘米,高19.5、宽17.8厘米。底部有两个流水孔,尺寸分别为高4.8、宽8.4厘米,高4.5、宽7.8厘米,孔间距

77厘米。底面有从船壳板外侧钉入的方形钉痕,数量较多(图二二,1)。

隔2 位于肋东16与肋东17之间。左端略残,底面为弧形,弧度较小。残长333.9、高27.5、厚7.5厘米。上沿两端各开一道凹槽,左端凹槽残;右端凹槽深6.9～9.8、宽15.5厘米。底部有一个高4、宽10.1厘米的流水孔。底面有从船壳板外侧钉入的方形钉痕,数量较多(图二二,2)。

隔3 位于肋东19与肋东20之间。左上沿略残,底部为弧形。残长253.7、高35.7、厚7厘米。右上沿开一道凹槽,深4.6～8.8、宽15.5厘米。底部有一个高5.3、宽6.6厘米的流水孔。底面有从内层船壳板外侧钉入的方形钉痕,数量较多(图二二,3)。

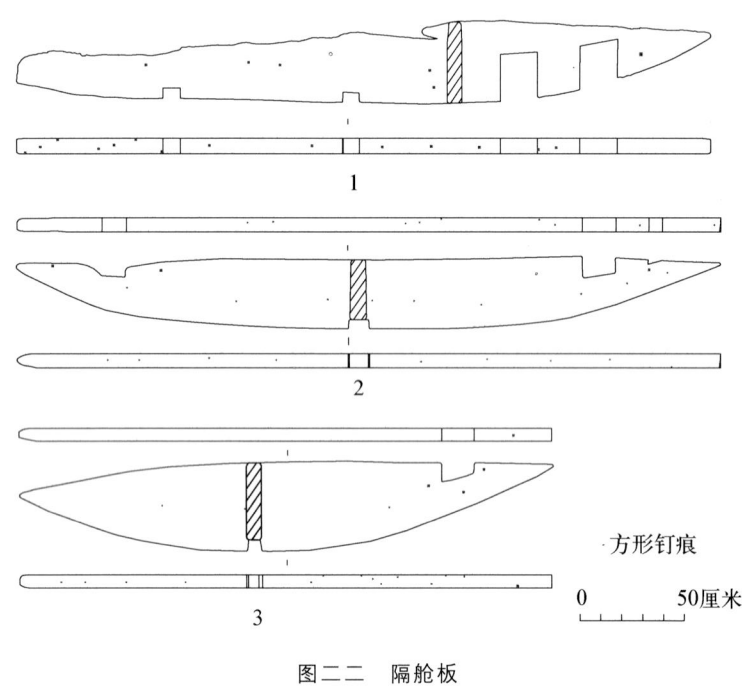

图二二 隔舱板
1. 隔1 2. 隔2 3. 隔3

铺舱板 43件。依次编号为铺1～43。大多集中铺设于肋东3至肋东9之间、隔1与隔2之间、隔2与隔3之间等三个位置。长度大致有400、200、120厘米等三种,大多宽20～30、厚2～4厘米。

隔舱板补强材 1件。紧夹于隔1与肋东15之间,用以抵住隔1。基本完整。长150.2、宽20.1、高27.7厘米。在后侧面左右两端各开一个矩形凹槽,尺寸分别为高26.9、宽19.8、深3.1厘米,高26、宽19.4、深2.6厘米。底部左右两侧各有一个方形流水孔,尺寸分别为高4.4、宽8.9厘米,高5、宽9.2厘米,两孔间距81.5厘米(图二三,1)。

顶杠 1件。位于隔舱板补强材与隔2之间,用以顶撑隔舱板补强材。基本完整。长125.1、宽22.5、高12.3厘米。在底面的前部、中部及后部分别开槽,尺寸分别为高6、宽

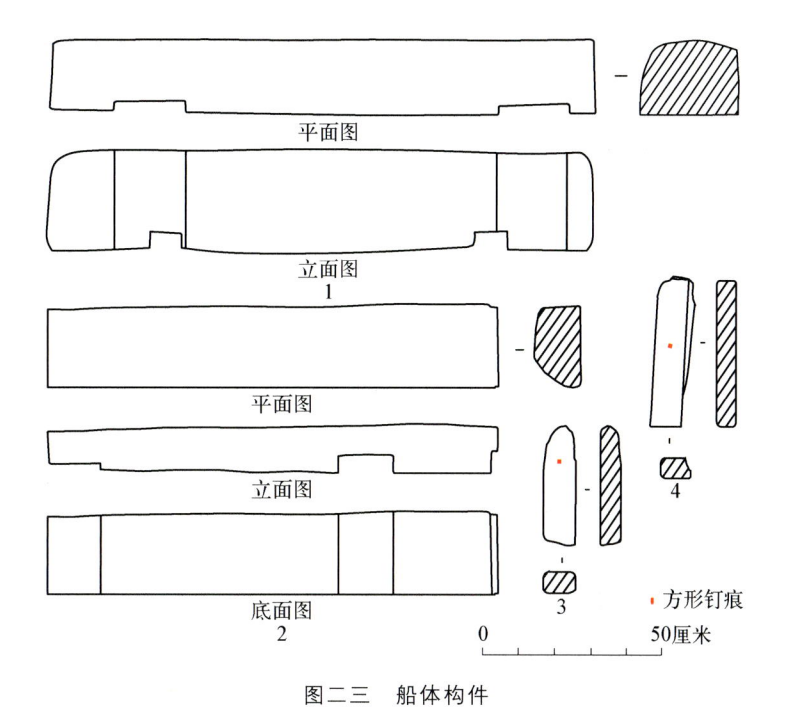

图二三　船体构件
1.隔舱补强材　2.顶杠　3.隔舱板扶强材1　4.隔舱板扶强材2

2厘米,高5、宽15.5厘米,高1.6、宽14.6厘米(图二三,2)。

隔舱板扶强材　2件。分别紧贴竖立于隔2后侧左右两端。均为长条形,上部残。尺寸分别为长39.6、宽8.4、厚5.5厘米,长31.9、宽8.8、厚5.8厘米(图二三,3、4)。

压条　15件。依次编号为压1~15。钉连于隔舱板或肋骨侧面,用于搭接支撑铺舱板。均为窄长形。长约30~160、宽约3~10、厚约2.5~7厘米。

5.桅座　1件。略残,表面已经腐蚀严重。长186.9、宽89.5、厚18.7厘米。中部开两个凹槽,槽形特殊,尺寸分别为长51.5、宽32.8、深9.6厘米,长55.2、宽30.7、深8.9厘米,应与桅夹底部截面形状相同,每个凹槽内有两个圆形排水孔,孔径2厘米。底部两侧分别向内折收14、23厘米,应是架于两道肋骨之上(图二四)。

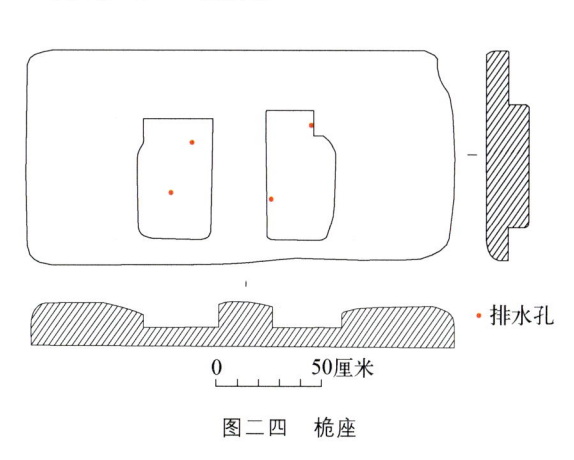

图二四　桅座

（二）船载器物

2014年发掘出水的船载器物共计451件,其中青花瓷器96件、五彩瓷器21件、陶器7件、金属制品19件、竹木制品2件,另有石板306块。

1.青花瓷器　96件。器类有碗、盘、豆、碟、杯、勺。

碗　78件。敞口,圈足。根据腹壁的弧曲程度不同,可分为弧腹碗和斜腹碗。

弧腹碗　62件。胎质细白。白釉泛青,釉面莹润,足沿无釉。弧腹较深,制作规整。纹饰以缠枝花卉纹为主,也有少量灵芝纹。

绘缠枝花卉纹的有60件,器形基本一致,有4种尺寸规格。青花浓艳晕散,纹饰线条流畅。口沿内侧绘缠枝花叶纹带,夹于双弦纹之间,内底心双圈内绘折枝花卉或缠枝花叶;外壁口沿下绘一周弦纹,腹绘缠枝花卉,纹饰较密,部分在腹下部绘一周变体莲纹,间以双弦纹;圈足外壁绘三周弦纹。外底心有青花篆文方形印章式款,可辨底款有"道光""嘉庆"两种,书写草率。2014NXXBW1∶38,底款为"嘉庆"。口径17.2、圈足径7.2、高7.2厘米(图二五,1;图二六;图二七;图二八)。2014NXXBW1∶62,口沿残。底款为"嘉

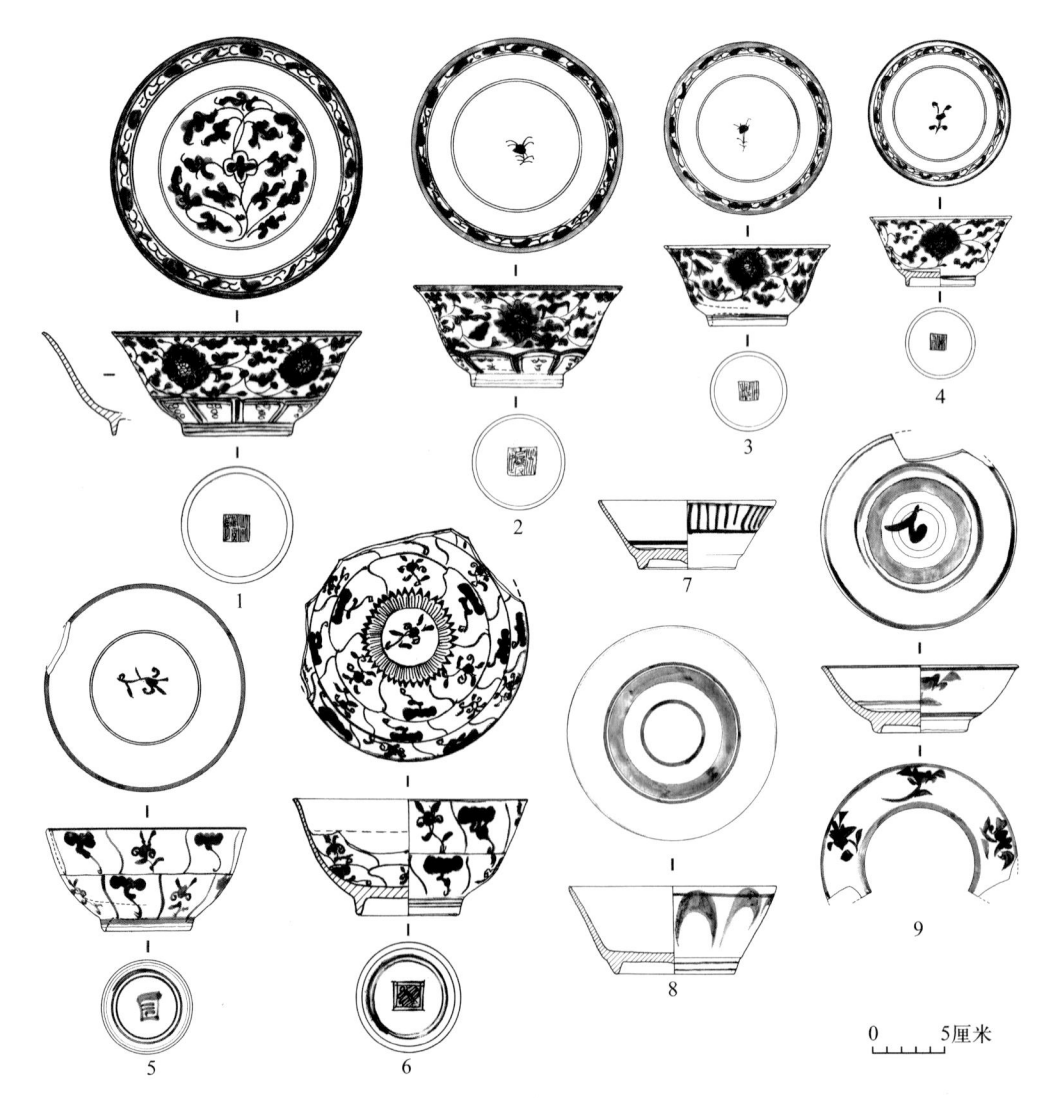

图二五　青花瓷碗

1～6.弧腹碗(2014NXXBW1∶38、62、18、113、63、61)　7～9.斜腹碗(2014NXXBW1∶116、57、77)

庆"。口径 14.5、圈足径 6.3、高 6.8 厘米(图二五,2;图二九;图三〇;图三一)。2014NXXBW1∶18,底款为"道光"。口径 11.5、圈足径 5.2、高 5.3 厘米(图二五,3;图三二;图三三;图三四)。2014NXXBW1∶113,完整。口径 9.8、圈足径 4.7、高 4.2 厘米(图二五,4)。

图二六　青花瓷弧腹碗(2014NXXBW1∶38)

图二七　青花瓷弧腹碗(2014NXXBW1∶38)

图二八　青花瓷弧腹碗(2014NXXBW1∶38)

图二九　青花瓷弧腹碗(2014NXXBW1∶62)

图三〇　青花瓷弧腹碗(2014NXXBW1∶62)

图三一　青花瓷弧腹碗(2014NXXBW1∶62)

绘灵芝纹的有2件，均残。青花色泽明艳。腹外壁满饰两层灵芝纹，圈足外壁饰三周弦纹，外底心饰双弦纹，内为青花方形印章式款。2014NXXBW1：61，腹内壁满饰三层灵芝纹，内底一周葵纹内绘一朵折枝花卉。口径16.4、圈足径7.4、高7.8厘米（图二五，6；图三五；图三六；图三七）。2014NXXBW1：63，腹内壁素面，内底双圈弦纹内绘一朵折枝花卉。口径13.8、圈足径6.1、高6.8厘米（图二五，5；图三八；图三九；图四〇）。

图三二　青花瓷弧腹碗（2014NXXBW1：18）

图三三　青花瓷弧腹碗（2014NXXBW1：18）

图三四　青花瓷弧腹碗（2014NXXBW1：18）

图三五　青花瓷弧腹碗（2014NXXBW1：61）

图三六　青花瓷弧腹碗（2014NXXBW1：61）

图三七　青花瓷弧腹碗（2014NXXBW1：61）

图三八　青花瓷弧腹碗(2014NXXBW1∶63) 　　　图三九　青花瓷弧腹碗(2014NXXBW1∶63)

图四〇　青花瓷弧腹碗(2014NXXBW1∶63)

斜腹碗　16件。胎色灰白，胎质较细。白釉泛灰，足沿无釉。青花色泽泛灰，内底涩圈。纹饰以草叶纹、竖线纹和折枝花卉为主。2014NXXBW1∶57，口沿内、外侧和内底各饰一周弦纹，腹外壁饰五组草叶纹，圈足外壁饰两周弦纹。口径14.3、圈足径8.2、高6厘米(图二五，8)。2014NXXBW1∶116，残。内底饰一周粗弦纹，外壁口沿下双弦纹间饰竖线纹，线条随意且较粗，外底心有脐突。口径12.2、圈足径6.7、高4.6厘米(图二五，7)。2014NXXBW1∶77，残，斜腹略弧。内底双弦纹内书"二"字，腹外壁饰三朵折枝花卉。口径13.7、圈足径6.5、高4.5厘米(图二五，9)。

盘　2件。均残，敞口，圆唇，斜弧腹，圈足。2014NXXBW1∶72，胎质细白。白釉泛青，釉面莹润，足沿无釉。青花色泽明艳。腹内壁满饰灵芝纹，内底边缘饰一周葵纹，中心绘一朵折枝花卉；腹外壁饰三朵折枝花卉；外底饰双弦纹，中心绘青花方形印章式款。口径15、圈足径9.2、高2.8厘米(图四一，1)。2014NXXBW1∶120，胎色灰白，胎质较细。釉青白色，釉层较厚，外足端刮釉。青花色泽泛灰。腹内壁双弦纹之间绘一圈菊瓣纹，内底涩圈；腹外壁口沿下饰一道弦纹，圈足外壁饰两道弦纹。口径15.4、圈足径9.4、高3.7厘米(图四一，7)。

图四一 青花瓷器

1、7. 盘(2014NXXBW1∶72、120) 2、6. 豆(2014NXXBW1∶64、42) 3. 碟(2014NXXBW1∶119)
4. 勺(2014NXXBW1∶101) 5. 杯(2014NXXBW1∶138)

豆 12件。胎质细白。白釉泛青,釉面莹润,足沿无釉。菱花口,折沿,浅弧腹,盘心较平,高圈足外撇。青花色泽明艳,有晕散效果。圈足外壁饰四组弦纹,第二、三组弦纹之间有纹饰。2014NXXBW1：42,沿和腹内壁绘青花地纹,内底心绘花草纹;腹外壁饰十五组花草纹,下为放射状直线纹。口径11、圈足径6、高5厘米(图四一,6;图四二;图四三)。2014NXXBW1：64,沿和腹内、外壁绘十五组花草纹,内底心绘莲子纹。口径11.7、圈足径6.5、高5厘米(图四一,2;图四四;图四五)。

图四二 青花瓷豆(2014NXXBW1：42)

图四三 青花瓷豆(2014NXXBW1：42)

图四四 青花瓷豆(2014NXXBW1：64)

图四五 青花瓷豆(2014NXXBW1：64)

碟 1件(2014NXXBW1：119)。胎质细白。白釉泛青,釉面莹润,足沿无釉。残,敞口,斜弧腹,圈足。青花颜色浓重,晕散明显,纹饰线条流畅。内壁饰青花地纹,内底满饰缠枝花叶纹,边缘饰两周弦纹;口沿外侧绘双弦纹,外壁绘缠枝花卉纹,圈足外壁饰一周弦纹。口径8.9、圈足径4.5、高2.4厘米(图四一,3;图四六;图四七;图四八)。

杯 1件(2014NXXBW1：138)。胎质细白。白釉泛青,釉面莹润,足沿无釉。残,敞口,深弧腹,圈足。青花色泽明艳,纹饰线条流畅。外壁口沿下饰两周弦纹,腹壁满饰缠枝花卉纹,圈足外壁饰一周弦纹。口径6.9、圈足径2.6、高3.7厘米(图四一,5)。

图四六　青花瓷碟(2014NXXBW1∶119)

图四七　青花瓷碟(2014NXXBW1∶119)

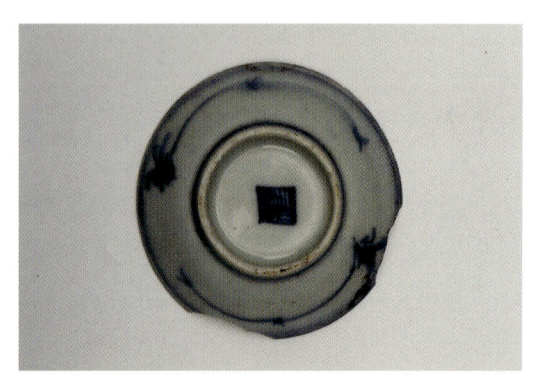

图四八　青花瓷碟(2014NXXBW1∶119)

图四九　青花瓷勺(2014NXXBW1∶101)

勺　2件。器形和纹饰基本一致。2014NXXBW1∶101，胎质细白。白釉泛青，釉面莹润，足底刮釉。完整，敞口，直柄，平底内凹。青花颜色浓重，晕散明显，纹饰线条流畅。勺内侧饰缠枝花草纹，外底心有青花方形印章式款。长11.6、宽5.3、高4.3厘米(图四一，4；图四九)。

2. 五彩瓷器　21件。器类有碗、罐和盖。

碗　1件(2014NXXBW1∶99)。残，敞口，深弧腹，圈足。足沿无釉。口沿内外侧分别饰黄色、绿色带状图案，腹内外壁分别有蓝色、黑色图案残迹，内底饰绿色葵纹。口径15、圈足径6.2、高7.8厘米(图五〇，1)。

罐　4件。器形和纹饰基本一致，尺寸不同。母口，斜腹微弧，圈足。芒口，足沿内外刮削无釉。腹外壁及圈足外壁密布黑色图案。2014NXXBW1∶121，残。口径13.9、圈足径9、高10.6厘米(图五〇，2；图五一)。

器盖　16件。器形和纹饰基本一致，尺寸不同。子口，盖沿外折，盖面隆起，双层塔式宝珠纽。盖面图案模糊不清，部分色彩仍旧鲜艳，可辨颜色有黑、绿、黄、红等。应为五彩罐之盖。2014NXXBW1∶100，完整。盖沿径12.4、口径9.9、高6厘米(图五〇，3；图五二)。

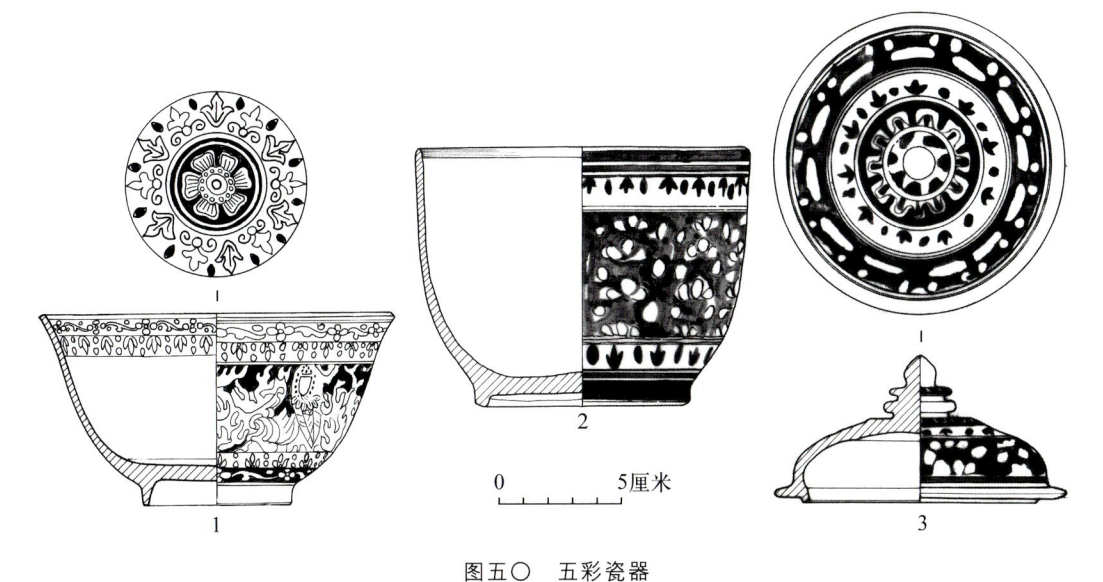

图五〇 五彩瓷器
1. 碗(2014NXXBW1∶99)　2. 罐(2014NXXBW1∶121)　3. 器盖(2014NXXBW1∶100)

图五一　五彩瓷罐(2014NXXBW1∶121)　　图五二　五彩瓷器盖(2014NXXBW1∶100)

3. 陶器　7件。器类有罐、壶、器盖、紫砂罐。

罐　4件。均完整。2014NXXBW1∶6,夹细砂粗胎,胎泛红。釉色泛褐,内外施釉,外釉不及底。侈口,圆唇,束颈,溜肩,弧腹,底内凹。器身素面。口径9.9、底径13.1、高42.2厘米(图五三,1;图五四)。2014NXXBW1∶30,浅红胎较粗糙。酱褐釉,釉不及底。侈口,束颈,有四系,肩上有脊,鼓腹,底内凹。器表有贝类附着物。口径11.6、底径16.1、高30.7厘米(图五三,6;图五五)。2014NXXBW1∶103,红褐胎较粗糙,胎体厚重。酱红釉,外底无釉。侈口,束颈,弧腹,底内凹。器底有贝类附着物。口径9.5、底径9、高15.8厘米(图五三,2;图五六)。2014NXXBW1∶105,红灰胎,胎质较硬。酱褐釉,施釉至肩部。子口,斜腹,底内凹。器表有贝类附着物。口径9.2、底径10、高7.9厘米(图五三,3;图五七)。

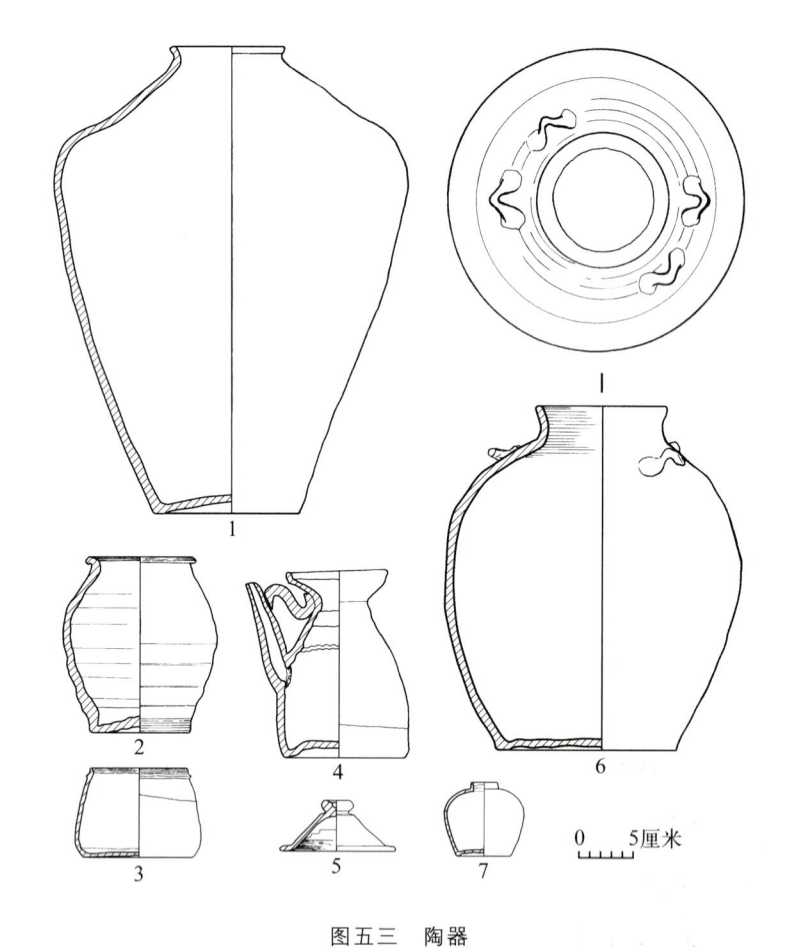

图五三　陶器

1~3、6. 罐（2014NXXBW1∶6、103、105、30）　4. 壶（2014NXXBW1∶70）
5. 盖（2014NXXBW1∶5）　7. 紫砂罐（2014NXXBW1∶60）

图五四　陶罐（2014NXXBW1∶6）

图五五　陶罐（2014NXXBW1∶30）

图五六 陶罐(2014NXXBW1∶103) 　　　　图五七 陶罐(2014NXXBW1∶105)

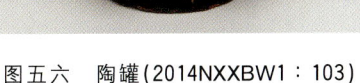

壶　1件(2014NXXBW1∶70)。酱黑釉,口沿内壁有釉,腹内壁无釉。残,盘口,圆唇,束颈,斜弧腹,底内凹,流上部与颈、肩部用弯曲泥条相连。口径8.8、底径10.8、高16.9厘米(图五三,4;图五八)。

器盖　1件(2014NXXBW1∶5)。红胎,素面。完整,喇叭口形纽。疑为后期扰乱器物。口径10.6、高4.6厘米(图五三,5)。

紫砂罐　1件(2014NXXBW1∶60)。红胎,胎质细腻。器形完整,口近直,方唇,短颈,溜肩,鼓腹,底内凹。素面。口径2.5、底径5、高6.5厘米(图五三,7;图五九)。

图五八　陶壶(2014NXXBW1∶70) 　　　　图五九　紫砂罐(2014NXXBW1∶60)

4.金属制品　19件。包括铅片、锡盒、锌构件、铅锡测深锤、铜螺栓、铜钱、银饼。

铅片　2件。圆片。表面氧化,呈灰黑色。2014NXXBW1∶130,残。直径4.1、厚0.1厘米(图六〇,2)。

锡盒　1件(2014NXXBW1∶139)。残。下部为长方形方盒;上部为"弓"形提梁,两端与方盒两长边对称相连,提梁中部断裂扭曲。长14.2、宽8.2、残高3.1厘米(图六〇,1)。

锌构件　1件(2014NXXBW1∶66)。通体锈蚀严重。圆柱状,上端有一细长纽。直径3、高4.2厘米(图六〇,6;图六一)。

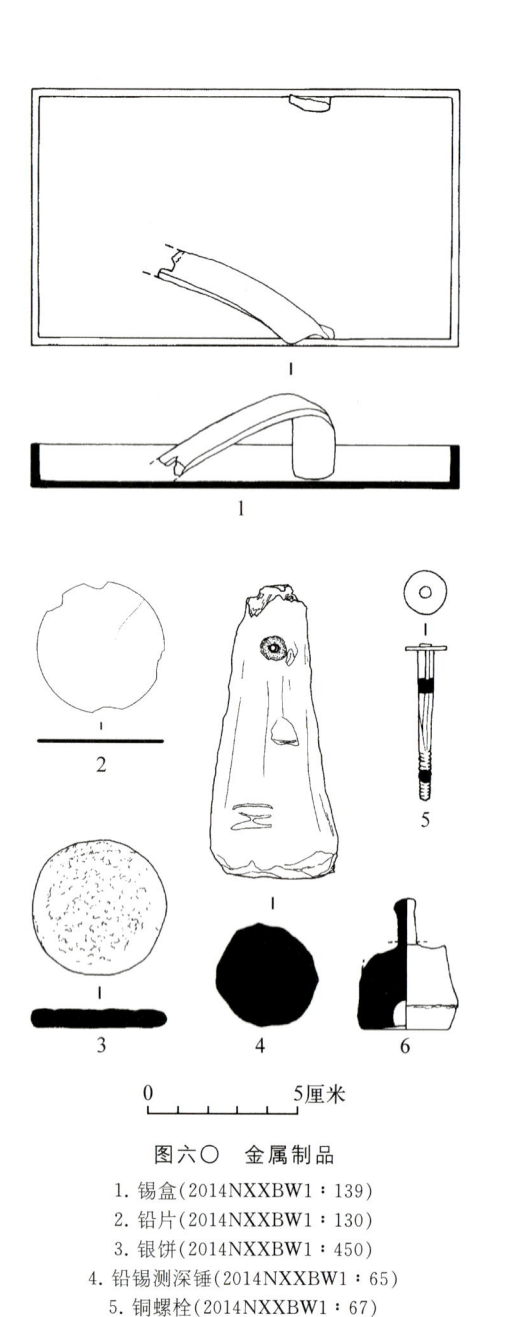

图六一 锌构件(2014NXXBW1:66)

图六二 银饼(2014NXXBW1:450)

图六三 铅锡测深锤(2014NXXBW1:65)

图六〇 金属制品
1. 锡盒(2014NXXBW1:139)
2. 铅片(2014NXXBW1:130)
3. 银饼(2014NXXBW1:450)
4. 铅锡测深锤(2014NXXBW1:65)
5. 铜螺栓(2014NXXBW1:67)
6. 锌构件(2014NXXBW1:66)

银饼 2件。圆饼状。灰黑色。器表粗糙,有杂质。2014NXXBW1:450,直径4.2、厚0.6厘米(图六〇,3;图六二)。

铅锡测深锤 1件(2014NXXBW1:65)。铅锡合金。圆锥状,顶端残,近顶端有一圆孔,用于穿绳。器表锈蚀,有贝类附着物。用于行船时测量水深。底径4.1、高9.4厘米(图六〇,4;图六三)。

铜螺栓 3件。黄铜质,器表有铜锈。由头部和螺杆组成,头部圆形,正中与螺杆嵌接；螺杆上粗下细，上部截面为方形，下部截面为圆形，底端有螺纹。2014NXXBW1：67，完整。头部直径1.4、高5厘米（图六〇，5）。

5. 铜钱　9枚。圆形方穿，带边郭。面、背分别以汉文、满文书写钱文。表面有铜锈。可辨认出雍正通宝、乾隆通宝、嘉庆通宝。2014NXXBW1：96，雍正通宝。钱径2.5、穿宽0.5、厚0.1厘米（图六四，1）。2014NXXBW1：37，乾隆通宝。钱径2.2、穿宽0.5、厚0.1厘米（图六四，2）。2014NXXBW1：102，嘉庆通宝。钱径2.3、穿宽0.6、厚0.1厘米（图六四，3）。

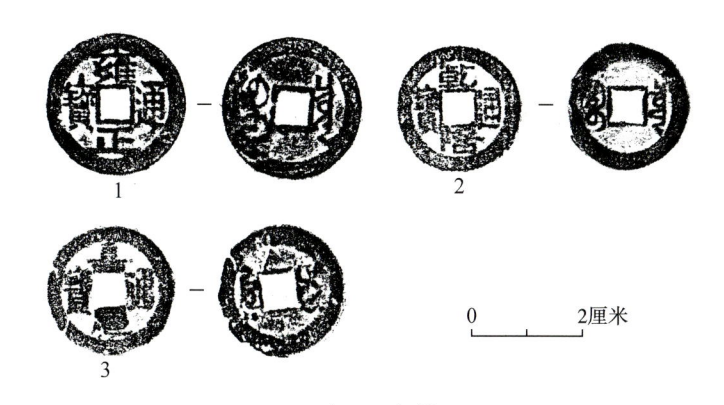

图六四　铜钱
1. 雍正通宝（2014NXXBW1：96）　2. 乾隆通宝（2014NXXBW1：37）
3. 嘉庆通宝（2014NXXBW1：102）

6. 其他　包括砚台底座和毛笔等。

砚台底座　1件（2014NXXBW1：1）。基本完整。木质。子口，平面近似椭圆形，底内凹，有四个矮足，内底起泡开裂，有划痕；外底心平直。长15.2、宽11、高1.1厘米（图六五）。

毛笔　1件（2014NXXBW1：68）。基本完整。笔杆为圆柱状，竹制，中空。笔头椭圆形，笔锋磨损严重，残留朱砂痕迹。笔杆直径1.1、笔长22.2厘米（图六六）。

图六五　木砚台底座（2014NXXBW1：1）

图六六　毛笔（2014NXXBW1：68）

此外,还出水了 306 块石板。质地均匀细密。经粗加工,器表凹凸不平,附着贝类等海底生物。均为薄长方体,大小相当,尺寸略有不同。大多长约 80～90、宽约 60～65、厚约 6～9 厘米。2014NXXBW1：150,长 82.5、宽 60、厚 7 厘米(图六七)。

图六七　石板(2014NXXBW1：150)

三、结语

(一)沉船年代与性质

"小白礁Ⅰ号"历年的出水器物中不乏"道光""嘉庆"年款青花瓷器和康熙通宝、乾隆通宝、嘉庆通宝、道光通宝铜钱等。"小白礁Ⅰ号"出水的五彩瓷碗、"孟臣制"底款紫砂壶、酱釉陶壶、青花瓷碗等器物也与马来西亚海域迪沙如号沉船(The Desaru ship,沉船年代为 1840 年)[5]所出同类器物基本相似,两船的沉没年代亦当相近。据此推断,"小白礁Ⅰ号"的沉船年代应当在清代道光年间(1821～1850 年)。2009 年,"小白礁Ⅰ号"船艏舱位曾发现成排成摞分层整齐码放的青花瓷碗,残存 2～4 层,共 300 余件,且大小、器形基本一致,无使用痕迹,当为贸易货物[6]。集中叠置位于船体中后部最底层的五列石板均经粗加工,形状、大小也基本一致,共计 300 余块,总重约达 20 吨,显然是最先装载到船货,兼具压舱作用。出水的"源合盛记"印章应是当时商号(帮)的公章凭信。沉船上发现的清朝钱币,以及日本宽永通宝、越南景兴通宝、西班牙银币等多国货币当为当时商品贸易的流通货币。据此推测,"小白礁Ⅰ号"应是一艘商贸运输船。

沉船所在的渔山列岛"系极海远洋","内有一小岙,可泊唬船一、二十只"[7]。《郑和航海图》中也注有渔山岛[8],这表明至少在明代时,渔山岛已是我国远洋航线上的一个重要站点,郑和下西洋时也曾航经此海域。如今,渔山岛是我国领海基地所在地,其东 12 海里即为公海。

"小白礁Ⅰ号"所有船体构件均为木质,也发现了桅杆底座,应是木帆船。

综上所述,"小白礁Ⅰ号"沉没于清代道光年间,是一艘从事海运贸易,具有远岸航行能力的木质帆船。

(二) 船体结构与工艺

"小白礁Ⅰ号"船体结构特征明确,造船工艺复杂。残存的船底中后部呈"U"形,中部至艏部呈勺型,艏部呈"U"形和"V"形的过渡形态。船体纵向结构以龙骨和船壳板为主。龙骨整体较薄,主龙骨尤为扁平单薄,从前往后、自上而下由艏龙骨、主龙骨和艉龙骨三段木材搭接而成,主龙骨与艏龙骨为直角企口搭接,与艉龙骨采用凹凸定位榫和三根矩形木榫搭接,并由大铁钉钉连加固,但未见铁包箍,也未见补强材(见图一一)。"小白礁Ⅰ号"主龙骨在上、艉龙骨在下、并有木榫的连接方式,在我国已发现的古船中尚属首例[9]。艉龙骨中部有一个方形槽,槽内置两片圆形铅片,可能与造船习俗有关。船壳板除了主龙骨底面及两侧附近为双重板,其余位置均为单层板。内外船壳板间夹一层较薄的、掺和少量舱料的植物纤维(图六八),似有防水兼粘接的作用,这是在国内首次发现的相关实物资料[10]。外层船壳板均为长方形薄板,厚度不及内层船壳板的一半,且集中分布于主龙骨底面及两侧附近,主要目的应是加强船壳外底的安全防护与水密作用,一定程度上也增强了外层船壳板强度。内层船壳板的端接缝有滑肩同口和平面同口两种,边接缝均为平面对接。外层船壳板的端接缝均为平面同口,边接缝均为平面对接。横向结构以肋骨和隔舱板为支撑。肋骨有船底肋骨和舷侧肋骨两种,各残存20余道,分布密集且间距大体相当,有力支撑着船体的横向结构。三道隔舱板较薄,底面均有较多从内层船壳板外侧钉入的方形钉痕,应是永久设置的舱壁,却均设置于两道肋骨之间,并且隔1和隔2之间还有补强材和顶杠定位扶强舱壁(图六九;见图六),显然主要不是出于增加船体强度考虑,推测其主要作用是分隔舱室装货,客观上也一定程度加强了船体的横向强度[11]。桅座中部开两个凹槽,槽内有两个圆形排水孔,槽形特殊,与中国传统的海船不同。"小白礁Ⅰ号"

图六八 内外船壳板间的植物纤维

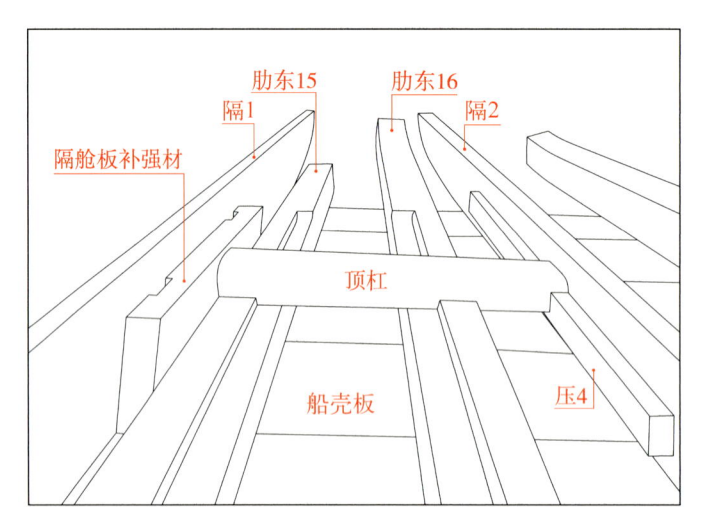

图六九　隔舱板补强材与顶杠位置示意图

船底肋骨和隔舱板均有流水孔，板缝间使用艌料填缝，使用铲钉和方钉钉连船体，这些都是中国古代造船的常用传统技术与典型工艺[12]。

总之，"小白礁Ⅰ号"沉船遗址主体集中，沉船遗存清晰，出水遗物丰富，是有较高历史、科学和艺术价值的水下文化遗存，为研究清代贸易史、造船史、航路航线等问题提供了重要实物资料。

附记："小白礁Ⅰ号"2014年发掘的领队为林国聪，参加发掘的有国家文物局水下文化遗产保护中心周春水、梁国庆、赵哲昊，宁波市文物考古研究所林国聪、王光远、金涛、罗鹏、许超、雷少、李泽琛，象山县文物管理委员会办公室贺俊彦、史伟，舟山市文物管理委员会办公室任记国，广东省文物考古研究所黎飞艳，海南省博物馆韩飞，福州市文物考古工作队张勇、刘春健，山东省水下考古研究中心司久玉，烟台市博物馆孙兆锋，蓬莱市文物管理局赵鹏，以及德国考古研究院欧亚考古研究所禾多米（Dominic Hosner）等。中国文化遗产研究院、武汉理工大学造船史研究中心、中山大学生命科学学院、浙江大学海洋学院、交通部广州打捞局、武汉海达数云技术有限公司、美国劳雷工业有限公司、北京国洋潜水有限公司、浙江满洋船务工程有限公司等合作单位在发掘现场均派驻人员，提供了相应的专业支持与技术服务。林国聪、金涛、王光远负责资料整理。顿贺、罗鹏、李泽琛、刘晓红等负责测绘。黎飞艳、韩飞、金涛等负责摄影、摄像。

执笔者　林国聪　金　涛　王光远

注　释

［1］原文刊发于《考古》2018年第11期。本书全文收录，图文重新编排。

［2］中国国家博物馆水下考古研究中心、宁波市文物考古研究所：《浙江宁波渔山小白礁一号沉船遗址

调查与试掘》,《中国国家博物馆馆刊》2011年第11期。

[3] 宁波市文物考古研究所、国家文物局水下文化遗产保护中心:《浙江象山县"小白礁Ⅰ号"清代沉船遗址2012年发掘简报》,《考古》2015年第6期。林国聪:《浙江宁波象山"小白礁Ⅰ号"沉船的重要考古发现》,见《海洋遗产与考古》,科学出版社,2012年。国家文物局水下文化遗产保护中心、宁波市文物考古研究所:《水下24米——浙江宁波象山"小白礁Ⅰ号"水下考古实录》,中国广播电视出版社,2014年。

[4] 宁波市文物考古研究所、国家文物局水下文化遗产保护中心:《我国水下考古的又一创新之作——浙江宁波象山"小白礁Ⅰ号"2014年度发掘》,《中国文物报》2014年8月29日第5版。林国聪、王结华:《"小白礁Ⅰ号"水下考古取得重要成果》,《浙江文物》2014年第4期。《"小白礁Ⅰ号"水下考古项目管理与创新》,见《新技术·新方法·新思路——首届"水下考古·宁波论坛"文集》,科学出版社,2015年。金涛等:《"小白礁Ⅰ号"出水船体构件的现场保护》,见《新技术·新方法·新思路——首届"水下考古·宁波论坛"文集》,科学出版社,2015年。

[5] 中国嘉德四季拍卖会:《明万历号、清迪沙如号海捞陶瓷》,《嘉德四季》2005年第4期;《南海瓷珍》,《嘉德四季》2006年第4期。

[6] 同[2]。

[7] [明]范涞:《两浙海防类考续编》,见《续修四库全书》,上海古籍出版社,2002年,第368、369页。

[8] 向达:《郑和航海图》,中华书局,2000年,第31页。

[9] 顿贺、金涛:《"小白礁Ⅰ号"古船研究》,见《新技术·新方法·新思路——首届"水下考古·宁波论坛"文集》,科学出版社,2015年。何国卫:《议古沉船水下考古 探"小白礁Ⅰ号"沉船》,见《新技术·新方法·新思路——首届"水下考古·宁波论坛"文集》,科学出版社,2015年。

[10] 同[9]。

[11] 同[9]。

[12] 同[9]。

"小白礁Ⅰ号"沉船的发掘、保护与研究[1]

王结华

位于浙江省宁波市象山县石浦镇东南约 27 海里处的渔山列岛(图 1),主要由北渔山岛、南渔山岛 2 座主岛以及大白礁、小白礁、五虎礁等 13 岛 41 礁组成,散落分布在南北长约 7.5 公里、东西宽约 4.5 公里的海域中。整个岛礁陆域面积约为 2 平方公里,其中南、北渔山岛面积分别约为 0.88、0.48 平方公里[2]。

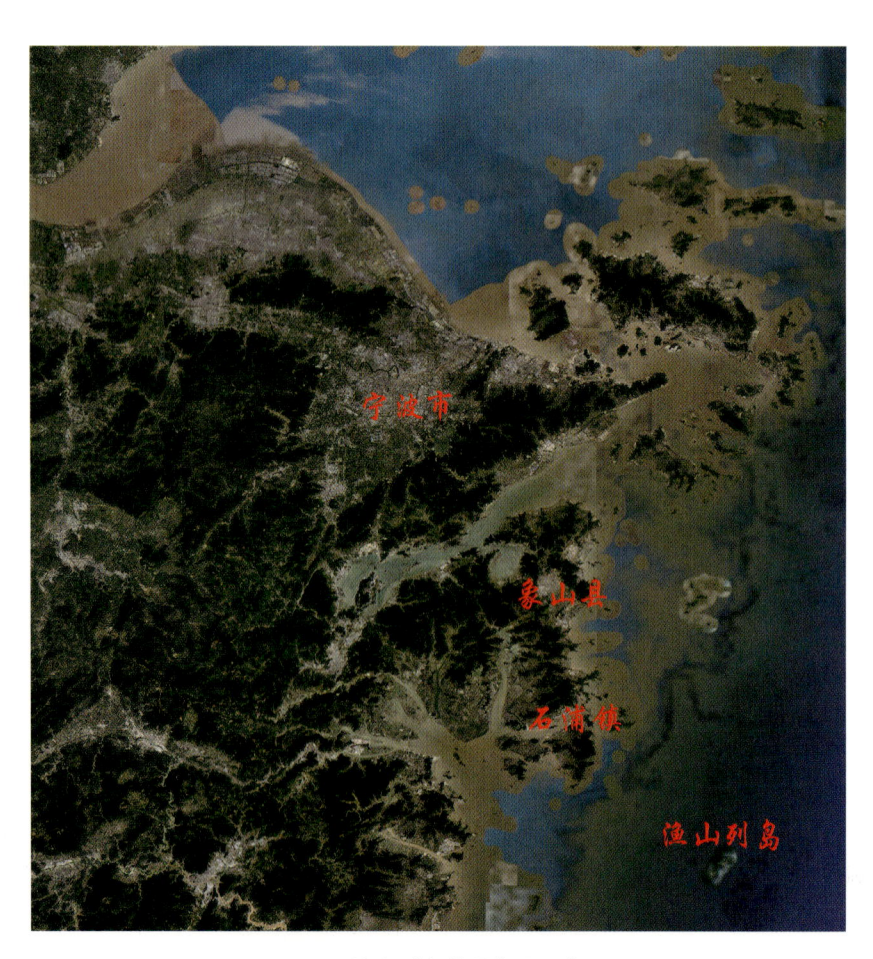

图 1　渔山列岛地理位置示意

渔山列岛自古以来就是中外海上交通的重要航路和醒目地标,至迟在明代早期已经进入官方视野并被采信记录,成书于明代洪熙元年至宣德五年(1425~1430)的《郑和航海图》中就标注有"鱼山"[3](图2),是为目前所见关于渔山列岛的最早史料[4],据此也可知当年郑和下西洋时曾经路过此地。因为远离岸线、风高浪急,兼之暗流汹涌、乱礁丛生[5],历史上这里又被称为"极海远洋"[6]"大洋绝岛"[7],向来都是海难事故多发、各类沉船常见之地,沉没于清代道光年间(1821~1850)的远洋木质商船——"小白礁Ⅰ号"就是其中比较知名的一艘。

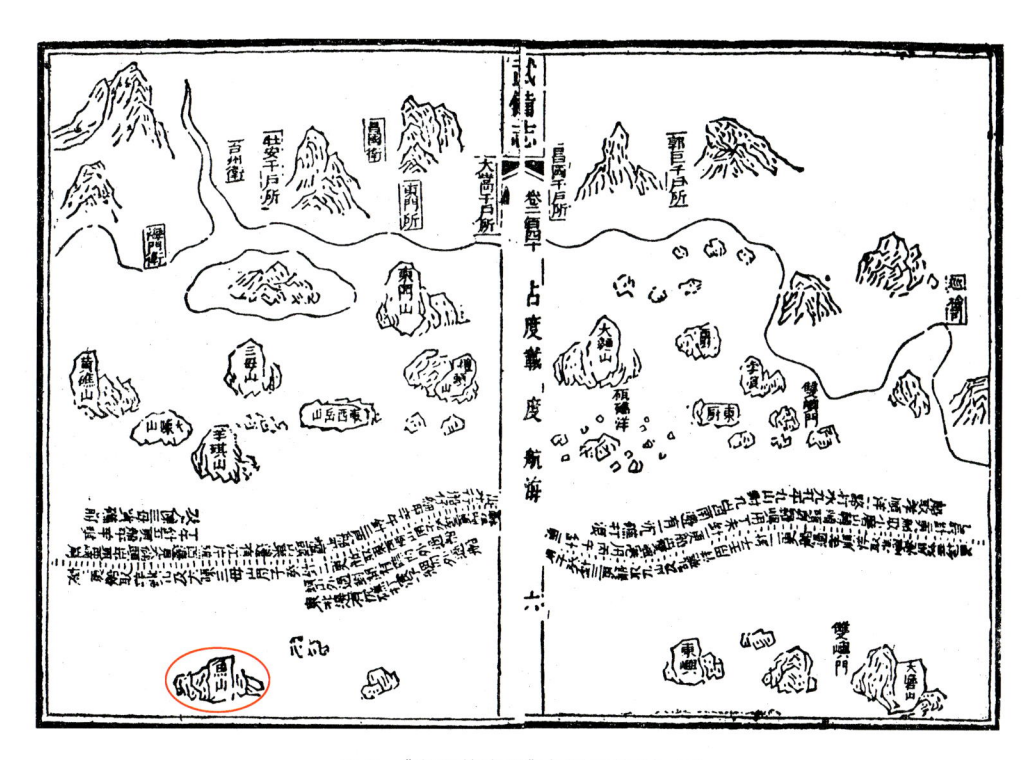

图2 《郑和航海图》中标示的"鱼山"

"小白礁Ⅰ号"首次发现于2008年;2009年曾组织开展重点调查与局部试掘;2011年再次进行过表面清理;2012年基本完成了船载文物发掘;2014年实施完成了船体发掘与现场保护;2014年至2018年启动并完成出水船体构件脱盐脱硫工作,现正进入出水船体构件脱水定型前期阶段。其间,相关考古简报(报告)、出水文物图录、考古纪实读物和专题研究文章的编写、发表或出版也在有条不紊地一一推进中。本文拟以此为时间节点,从"调查与发掘""保护与展示""研究与思考"三个层面作一简要回顾和介绍,并对与其相关的部分问题提出补充的意见和自己的看法,以期能为"小白礁Ⅰ号"后续工作的深入开展及其他古代沉船的调查、发掘、保护、展示和研究提供借鉴参考。

一、调查与发掘

(一) 考古过程

2008年10月,经国家文物局批准,并受浙江省文物局委托,在开展浙江沿海水下文物普查时,缘于当地渔民提供的线索指引,普查工作队在渔山海域北渔山岛小白礁畔24米深处的幽暗海底幸运地发现了1艘已经在此静静"沉睡"了100多年的古代木质沉船,这就是后来被正式命名的"小白礁Ⅰ号"[8](图3)。

2009年5~6月,针对"小白礁Ⅰ号"沉船开展了重点调查和局部试掘[9](图4)。

图3　2008年调查工作场景 　　　　　图4　2009年试掘工作场景

2011年4月,国家文物局正式批复同意"小白礁Ⅰ号"沉船水下考古发掘项目立项;同年6~7月,因配合当年度"国家水下文化遗产保护(考古)培训班"潜水阶段培训之需,对"小白礁Ⅰ号"沉船遗址表面作了初步清理[10]。

2012年5~7月,基本完成"小白礁Ⅰ号"船载文物发掘工作[11](图5)。

图5-1　2012年发掘之水面作业 　　　　　图5-2　2012年发掘之水下考古布方

图5-3　2012年发掘之水下考古记录 　　　　　图5-4　2012年发掘之水下考古摄像

2014年5～7月,实施完成"小白礁Ⅰ号"船体发掘(图6)与现场保护工作[12]。"小白礁Ⅰ号"水下考古项目至此圆满落幕。

图6-1　2014年发掘之启动仪式

图6-2　2014年发掘之水下考古测绘 　　　　　图6-3　2014年发掘之水下考古编号

自2008年10月首次发现,至2014年7月沉船出水,"小白礁Ⅰ号"的调查与发掘(包括现场保护)之路走了六年之久,并最终取得重要成果,这既得益于上上下下的重视支持和方方面面的合作协作(表1),也同样得益于科学技术的广泛应用和项目管理的多重创新。正因为此,"小白礁Ⅰ号"水下考古项目曾被盛誉为"我国水下考古走向水下文化遗产保护的又一重要标识""我国水下考古的又一创新之作"[13],受到业内业外的一致认可,并因此获评2011~2015年度全国"田野考古奖"三等奖殊荣,是为我国首个获得这一奖项的水下考古项目[14]。

表1 "小白礁Ⅰ号"水下考古调查、发掘与现场保护工作单位一览表

工作年度	主持单位	合作/协作/支持单位	水下考古队员与文物保护人员来源地
2008	中国国家博物馆/宁波市文物考古研究所(中国国家博物馆水下考古宁波基地)	象山县文物管理委员会办公室等	北京/浙江/湖北/江西/福建
2009	中国国家博物馆/宁波市文物考古研究所(中国国家博物馆水下考古宁波基地)	象山县文物管理委员会办公室等	北京/浙江/安徽/湖北/江西/福建
2011	中国文化遗产研究院(国家水下文化遗产保护中心)/宁波市文物考古研究所(国家水下文化遗产保护宁波基地)	象山县文物管理委员会办公室等	2011年"国家水下文化遗产保护(考古)培训班"教练/助教/学员
2012	中国文化遗产研究院/国家文物局水下文化遗产保护中心/宁波市文物考古研究所(国家水下文化遗产保护宁波基地)	中国国家博物馆/象山县文物管理委员会办公室/浙江大学等	北京/浙江/山东/安徽/江西/福建/海南
2014	国家文物局水下文化遗产保护中心/宁波市文物考古研究所(国家水下文化遗产保护宁波基地)	中国文化遗产研究院/中国国家博物馆/象山县文物管理委员会办公室/中国科学院/中山大学/武汉理工大学/浙江大学/广州打捞局/上海劳雷公司/武汉海达数云技术有限公司/北京国洋联合潜水有限公司/宁波满洋船务有限公司等	北京/浙江/天津/山东/安徽/江西/福建/广东/海南/德国

(二) 沉船概况

调查与发掘情况表明,"小白礁Ⅰ号"沉埋处为海蛎壳夹泥沙底,南高北低,沉船依海床地势大体呈南北向,南部水深约18~22米(低平潮-高平潮),北部水深约20~24米(低平潮-高平潮)。现存船体长约20.35、宽约7.85米,发现时已残裂为东西两半:东半部分长约20.35、宽约4.65米;西半部分长约20、宽约3.2米(图7)。船体上层和船舷等高出海床表面的构件已不存在,但龙骨、肋骨、船壳板、隔舱板、铺舱板、桅座等主要构件依然保存较好且可复原程度较高[15]。

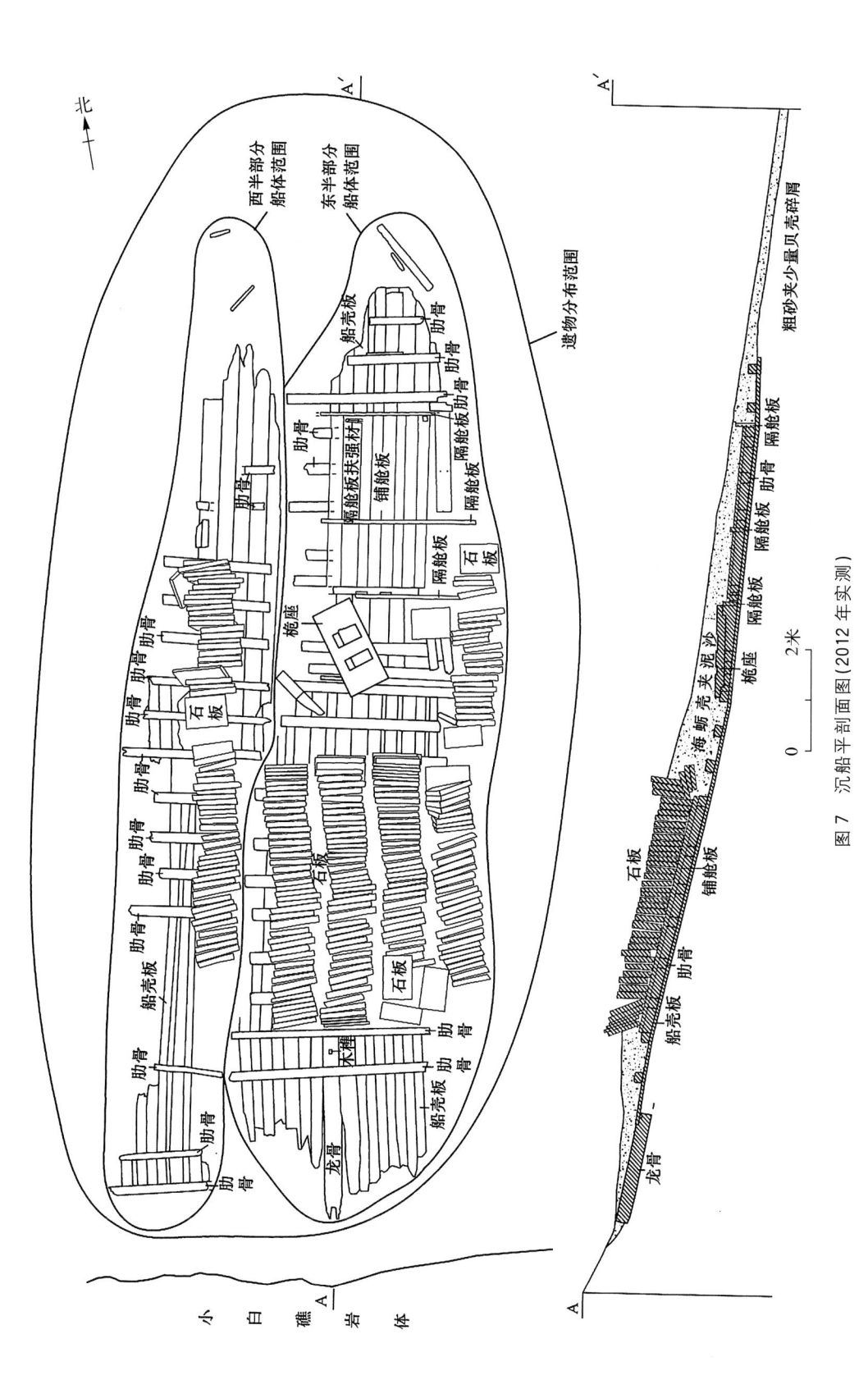

图 7 沉船平剖面图 (2012 年实测)

出水船体构件共计236件(少数损毁严重的小块船材未予登记),其中龙骨3件、肋骨及相关构件73件、船壳板94件、舱室构件65件、桅座1件(表2;图8)。树种鉴定及研究结果显示,"小白礁Ⅰ号"造船用材主要产自东南亚一带,造船工艺兼具中国传统造船技术与海外造船技术双重特性[16]。

表2 "小白礁Ⅰ号"出水船体构件分类统计表

序号	类别/数量	名称/数量
1	龙骨/3	艏龙骨/1
		主龙骨/1
		艉龙骨/1
2	肋骨及相关构件/73	船底肋骨/22
		舷侧肋骨/21
		肋骨补强材/12
		肋骨补强板/12
		肋骨残件/6
3	船壳板/94	内层船壳板/18列55件
		外层船壳板/13列39件
4	舱室构件/65	隔舱板/3
		铺舱板/43
		隔舱板补强材/1
		隔舱板扶强材/2
		顶杠/1
		压条/15
5	桅座/1	桅座/1
合计		236

注:本表资料来源于宁波市文物考古研究所、国家文物局水下文化遗产保护中心、象山县文物管理委员会办公室编著:《"小白礁Ⅰ号"——清代沉船遗址水下考古发掘报告》表七,科学出版社,2019年,第39~40页。

图8 部分出水船体构件

(三) 出水文物

综合历年调查与发掘,除沉船本体之外,"小白礁Ⅰ号"出水文物共计1064件,其中青花瓷592件、五彩瓷44件、紫砂2件、陶器15件、金属器73件、竹木器2件、石制品333件、砖块3块[17](图9)。具体出水文物情况详见下表(表3):

图9 部分出水文物

表3 "小白礁Ⅰ号"出水文物分类统计表

质地/数量	类别/数量	器类/数量	器型/数量	纹饰/数量
瓷器/636	青花瓷/592	碗/529	弧腹碗/502	缠枝花卉纹/500 — 大碗/36
				中碗/61
				中小碗/33
				小碗/370
				灵芝纹/2
			斜腹碗/27	草叶纹/5
				竖线纹/2
				花草纹/17
				折线纹/3
		豆/24		盘心花草纹/15
				盘心莲子纹/9
		盘/8		福字纹/5
				花草纹/1
				灵芝纹/2
		碟/2		
		杯/25		青花有晕散/24
				青花无渲染/1
		勺/2		
		盖/1		
		灯盏/1		
	五彩瓷/44	碗/3		
		罐/7	大罐/2	
			中罐/2	
			小罐/3	
		盖/34	大盖/13	
			中大盖/6	
			中盖/1	
			中小盖/8	
			小盖/6	
紫砂/2		壶/1		
		罐/1		

续 表

质地/数量	类别/数量	器类/数量	器型/数量	纹饰/数量
陶器/15	酱釉/13	壶/3	短流/1	
			长流/2	
		盖/1		
		罐/8		
		缸/1		
	红陶/2	盆/1		
		盖/1		
金属器/73	铜制品/63	铜钱/57	康熙通宝/2	
			雍正通宝/1	
			乾隆通宝/33	
			嘉庆通宝/11	
			道光通宝/4	
			景兴通宝/1	
			宽永通宝/1	
			不可辨识/4	
		铜螺栓/3		
		铜盖/1		
		铜构件/2		
	锡制品/3	锡砚/1		
		锡盒/1		
		锡构架/1		
	铅制品/3	铅锤/1		
		铅片/2		
	锌制品/1	锌构件/1		
	银制品/3	银币/1		
		银饼/2		
竹木器/2	竹器/1	毛笔/1		
	木器/1	砚台底座/1		
石制品/333		印章/1		
		砺石/1		
砖块/3		石板材/331		

注：本表资料来源于宁波市文物考古研究所、国家文物局水下文化遗产保护中心、象山县文物管理委员会办公室编著：《"小白礁Ⅰ号"——清代沉船遗址水下考古发掘报告》表十三，科学出版社，2019年，第82～83页。

出水文物按其用途大体可分五类：一是贸易商品，主要是青花瓷器，包括碗、豆、盘、碟、杯、勺、灯盏等，尤以青花瓷碗居多，也有少量五彩瓷盖罐；二是船员用品，包括紫砂壶、罐、釉陶壶、罐、缸、红陶盆、锡砚、盒、毛笔、木砚台底座、印章等；三是流通货币，包括清代康熙、雍正、乾隆、嘉庆、道光五个年号的铜钱，日本、越南铜钱，西班牙银币、银饼等；四是船体配件和行船用具，包括铜螺栓、铜构件、锡构架、铅片、锌构件、测深铅锤等；五是石板材，初步鉴定为宁波鄞西特产"小溪石"，这类货物既可在行驶中用作压舱，也可在到达后出售牟利，可谓一举两得，物尽其用。

（四）项目管理

作为宁波、浙江首个正式获批立项的水下考古发掘项目和国家水下文化遗产保护重点项目之一，"小白礁Ⅰ号"不仅因其众多珍贵的出水文物和兼具中外造船技术特征的船体构造为社会所关注，更因其规范、融合、创新的项目管理为业界所称道。主要做法包括：1. 在组织架构上，既强化项目的整体管理，又强调一线专业人员的核心作用，上下联动，共促发展；2. 在项目运作上，引入市场机制，博采众家之长，积极推动多学科的介入和多团队的合作；3. 在工作理念上，始终注重发掘与保护并举、展示与研究并重，让水下考古和水下文化遗产保护成果为公众共享；4. 在安全保障上，健全相关制度，注重潜水安全，合理规划平台，科学监控指挥，确保项目顺利实施。关于此点以及下文"技术创新"部分，林国聪先生与笔者合著之《"小白礁Ⅰ号"水下考古项目管理与创新》[18]一文已有详论，本文不再一一展开。

（五）技术创新

"小白礁Ⅰ号"在考古工作方法和现代技术应用方面的诸多创新同样值得推崇。创新亮点包括：1. 在技术方法上，参照田野考古，结合水下特色，检验、试行、修订国家《水下考古工作规程》。具体做法有：一是创新开展水下考古调查；二是因地制宜选择发掘方法；三是科学精准测绘船体遗迹；四是系统编号船体构件；五是按照造船规范拆卸船材；六是严格信息采集保护流程。2. 在科技应用上，借力高新设备，勇于尝试创新，探索开展水下考古的立体化与数字化。具体做法有：一是首次采用水下三维声呐设备 blue view 5000 辅助进行水底测绘，获取了沉船海底保存状况的点云数据和三维数字模型，测绘精度高达毫米级，且可按需生成任意角度的各类平面、剖面和立面图；二是首次成功三维虚拟复原沉船在海底的保存现状，从而使之得到科学、直观的再现；三是首次成功构建水下考古现场三维展示系统，实现了对水下考古现场的数字化管理与三维立体展示；四是成功开发首个专用出水文物数字化管理系统(图10)，实现了文字、图纸、照片、视频、三维模型等信息资料的数字化登记录入，也方便了今后的查询、统计、比对、分析与打印、输出；五是首次全程使用水下高清摄像头配合水下流速流向仪，实时监测沉船海域水下能见度、悬浮物、流速、流向等动态水况，据此合理调度部署水下作业，既保障了工作质量，又提高了作业效率。以上创新之举，不仅有力推进了"小白礁Ⅰ号"水下考古项目的按时、保质、高效完成，同时也为我国水下考古的立体化与数字化作出了有益尝试，在某种程度上可以说是开创了我国水下考古工作的经典模式。

图 10 "小白礁Ⅰ号"出水文物数字化管理系统

二、保护与展示

（一）保护修复

著名考古学家张忠培先生曾经说过："考古工作与文物保护是密切联系，相互依存的。保护是前提，从文物资源的不可再生性、文物保护的科技局限性、考古技术的局限性等方面出发，为了满足考古工作持续发展的要求，实现文物资源的永续传承与利用，应该把考古工作纳入文物保护体系之中。"[19]

"小白礁Ⅰ号"正是这样一个以实现抢救发掘与保护展示无缝对接为目标的极佳案例。根据计划，"小白礁Ⅰ号"沉船保护修复分为现场保护和室内保护两大部分，其中室内保护又分为脱盐脱硫、脱水定型、拼装复原三个阶段。整个保护周期预计长达 10 年以上，目前已经完成现场保护和脱盐脱硫工作[20]。

1. 考古发掘现场保护

2012 年 7 月，"小白礁Ⅰ号"船载文物发掘刚刚完成，宁波市文物考古研究所马上着手编制《宁波"小白礁Ⅰ号"船体科技保护初步设想》，并于同年 10 月召开了专家论证会；会后通过公开招标方式，委托中国文化遗产研究院编制了《宁波"小白礁Ⅰ号"沉船现场保护与保护修复方案（一期）》，并于 2013 年 4 月获得国家文物局批复立项，船体保护工作由此正式提上议事日程。

2014 年 5 月，宁波市文物考古研究所联合诸多科研机构（表 1）正式启动"小白礁Ⅰ号"船体发掘现场保护工作。在完成沉船海底环境样品检测和全部 236 件船体构件的登记编号、冲洗清理、测绘扫描、影像记录、三维建模、定型加固、喷淋保湿、包裹装箱（图 11）等系列现场保护措施后，于同年 7 月将其安全运入位于宁波北仑春晓的国家水下文化遗产保护宁波基地沉船保护展示室,边保护边展示(图12),从而不仅实现了从发掘现场保护到室内保护展示的平稳过渡,也为下一步的保护修复提供了科学依据,奠定了技术基础。

图11-1　现场保护之船体构件登记编号

图11-2　现场保护之船体构件冲洗清理

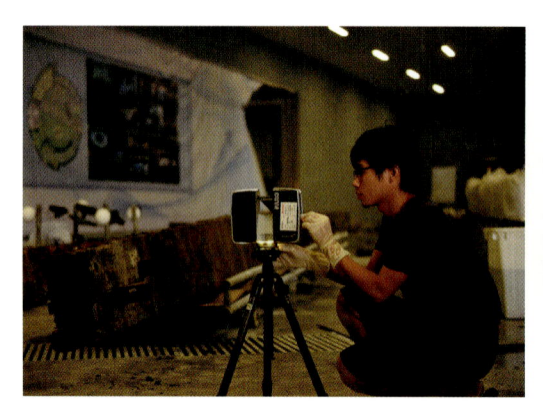

图11-3　现场保护之船体构件三维扫描

图11-4　现场保护之船体构件定型加固

图11-5　现场保护之船体构件喷淋保湿

图11-6　现场保护之船体构件包裹装箱

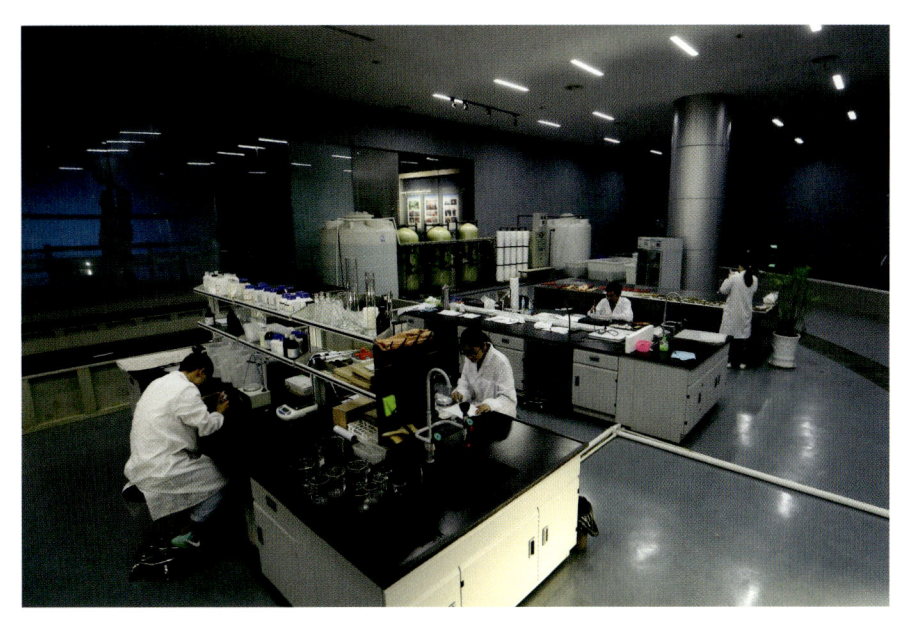

图 12　国家水下文化遗产保护宁波基地沉船保护展示室（局部）

2. 室内脱盐脱硫处理

"小白礁Ⅰ号"船体脱硫脱盐工作于 2014 年 7 月启动，至 2018 年 12 月完成，主要工作内容包括船体保存状况评估、船体用材鉴定分析（表 4）、脱盐脱硫处理、初步拼接复位与虚拟复原等（图 13）。这一阶段工作主要由宁波市文物考古研究所联合中国文化遗产研究院实施，同时还与国家文物局水下文化遗产保护中心、中国科学院、中山大学、浙江大学宁波理工学院、北京嘉元文博科技有限公司等机构深度合作，联合攻关，其中不乏出水船体保护新问题的研究和新技术的探索，从而为同类项目的开展提供了新思路、新材料和新方法。

表 4　"小白礁Ⅰ号"船体用材树种一览表

序号	类别			数量/个			所占比例
	科	属	种	种	属	科	
1	龙脑香科	坡垒属	芳香(软)坡垒	36	39	67	64%
			俯重(硬)坡垒	3			
		龙脑香属	未定种	21	25		
			纤细龙脑香	4			
		冰片香属	芳味冰片香	2	2		
		娑罗双属	深红(疏花)娑罗双	1	1		

续 表

序号	类别			数量/个			所占比例
	科	属	种	种	属	科	
2	马鞭草科	柚木属	柚木	13	13	16	15%
		佩龙木属	佩龙木	2	2		
		石梓属	石梓	1	1		
3	桃金娘科	子楝树属	五瓣子楝树	11	11	11	10%
4	使君子科	榄仁树属	T. pallid	4	4	4	4%
5	千屈菜科	紫薇属	大花紫薇	1	2	2	2%
			副萼紫薇	1			
6	楝科	樫木属	戟叶樫木	1	1	2	2%
		麻楝属	麻楝	1	1		
7	山榄科	铁线子属	铁线子	1	1	1	1%
8	番荔枝科	依兰属	香依兰	1	1	1	1%
9	大戟科	黄桐属	印马黄桐	1	1	1	1%
合计	9	15	18	105			100%

注：本表引自国家水下文化遗产保护宁波基地、宁波市文物考古研究所：《海洋出水沉船船体保护的新探索——宁波"小白礁Ⅰ号"沉船保护修复（Ⅰ期）项目概述》，《中国文物报》2019年1月18日第7版。

图 13-1 室内保护之船体构件分层浸泡脱盐脱硫

图 13-2 室内保护之船体构件检测化验

图 13-3　室内保护之船体构件舱料分析 　　　　图 13-4　室内保护之船体构件显微观察

图 13-5　室内保护之船体构件三维形貌　　　　图 13-6　室内保护之船体构件拼接复位
　　　　　观察及色差检测

龙骨　　　　　　　　　　　　肋骨
铺舱板
　　　　　　　　　　　　　　　　　隔舱板补强材
桅座

　　　　　　　　　　船壳板　　　　　　　　　　隔舱板
　　　　　　　　肋骨补强材

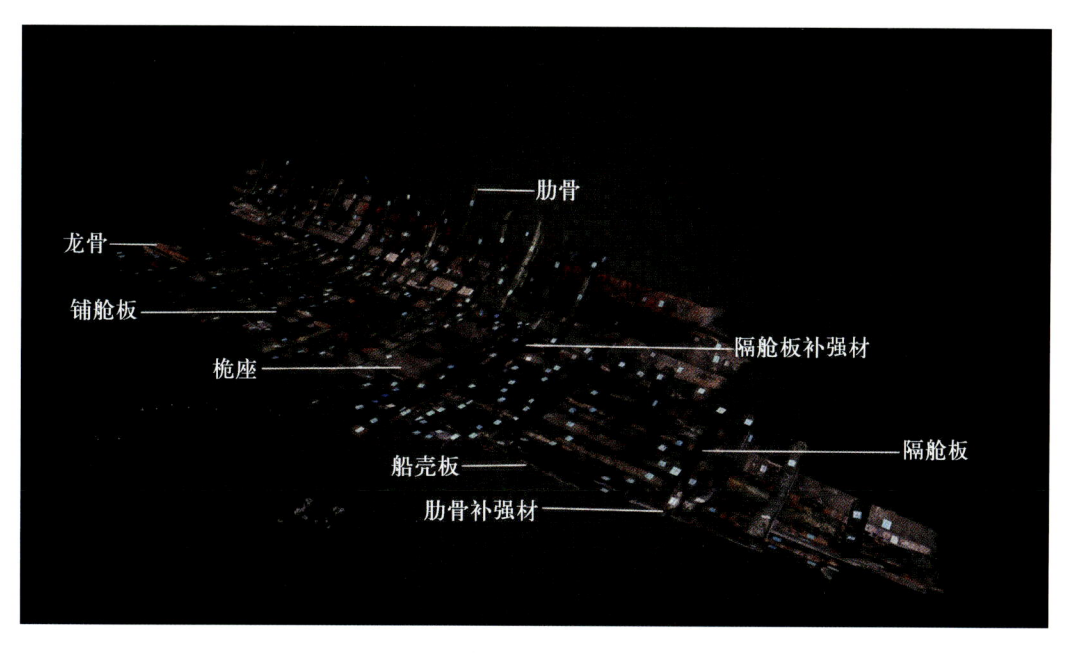

图 13-7　室内保护之船体构件虚拟复原

2019年1月9日,"小白礁Ⅰ号"沉船现场保护与脱盐脱硫工作顺利通过验收。目前,脱水定型方案已经委托国家文物局水下文化遗产保护中心编制完成,待批复立项后即可着手实施。

(二)展示宣传

"小白礁Ⅰ号"发掘期间,各大传统、新兴媒体纷纷予以全方位、多角度、零距离、大篇幅、跟踪式的宣传报道,特别是2012年6月下旬中央电视台的三次实况直播(图14),不仅在国内外掀起了一股热议水下考古的浪潮,为社会上奉献了一道精彩的文化盛宴[21],还同时催生了水下考古纪实读物《水下24米——浙江宁波象山"小白礁Ⅰ号"水下考古实录》[22]一书的问世。

图14 2012年中央电视台实况直播背景

"小白礁Ⅰ号"发掘结束以后,其出水文物和沉船船体曾经在或现仍在不同场合陈列展示[23]。主要包括:位于国家水下文化遗产保护宁波基地内的"水下考古在中国"专题陈列,其中展出有按1∶2比例复原"小白礁Ⅰ号"考古发掘场景和部分出水文物(图15),同时船体保护修复场所也作为该陈列的一个重要组成部分,观众可以透过通电玻璃欣赏其保护修复工作流程。这一陈列颇受欢迎,据不完全统计,至2018年底参观人数已超200万人次;位于宁波博物馆临展厅内的"发现——新世纪宁波考古成果展",曾经专门设有"碧海扬帆——水下考古"版块,其中展出的全部都是"小白礁Ⅰ号"的出水文物。除此以外,"小白礁Ⅰ号"出水文物还曾经在或现正在中国国家博物馆、宁波中国港口博物馆、葫芦岛市博物馆、象山县博物馆、南京市博物总馆等地借展,近期则计划赴首都博物馆展出。

图15 "小白礁Ⅰ号"水下考古发掘场景模拟展示

三、研究与思考

（一）研究成果

据不完全统计，迄今关于"小白礁Ⅰ号"的研究成果已然蔚为大观，其中与其直接相关者即达50多种，主要分为以下几大类别：一是考古成果的描述；二是工作过程的记录；三是出水文物的展示；四是保护技术的探索；五是相关问题的讨论。与"小白礁Ⅰ号"直接相关之主要研究成果详见下表（表5）：

表5 "小白礁Ⅰ号"主要研究成果简表（截至2023年10月）[①]

序号	名　　称	编写/编著单位/个人	作者/执笔/主编	发表/出版
1	浙江宁波渔山小白礁一号沉船遗址调查与试掘	中国国家博物馆/宁波市文物考古研究所	林国聪/孟原召/王光远	《中国国家博物馆馆刊》2011年第11期
2	浙江宁波象山"小白礁Ⅰ号"沉船的重要考古发现	厦门大学海洋考古学研究中心	林国聪	《海洋遗产与考古》，科学出版社，2012年

---

① 原文统计时间截至2019年6月。收录本书时做了更新补充。

续 表

序号	名 称	编写/编著单位/个人	作者/执笔/主编	发表/出版
3	2006—2010年度浙江沿海水下考古调查简报	中国国家博物馆/宁波市文物考古研究所	王光远/林国聪	《南方文物》2012年第3期
4	新世纪宁波考古新发现	宁波市文物考古研究所、宁波市文物保护管理所	王结华/王力军/丁友甫	《宁波文物考古研究文集》（二），科学出版社，2012年
5	水下24米——浙江宁波象山"小白礁Ⅰ号"水下考古实录	国家文物局水下文化遗产保护中心/宁波市文物考古研究所	王结华/范伊然	中国广播电视出版社，2014年
6	我国水下考古的又一创新之作——浙江宁波象山"小白礁Ⅰ号"2014年度发掘	宁波市文物考古研究所/国家文物局水下文化遗产保护中心	林国聪/王结华	《中国文物报》2014年8月29日第5版
7	小白礁1号沉船猜想	孙竞昊/鲍永军	龚缨晏	《传承与创新：浙江地方历史与文化学术研讨会论文集》，浙江大学出版社，2014年
8	宁波"小白礁Ⅰ号"清代木质沉船中硫铁化合物脱除技术研究		张治国/李乃胜/田兴玲/刘捷/沈大娲	《文物保护与考古科学》2014年第26卷第4期
9	关于小白礁一号沉船若干问题的思考		刘恒武/王力军	《东南文化》2015年第2期
10	浙江象山县"小白礁Ⅰ号"清代沉船2012年发掘简报	宁波市文物考古研究所/国家文物局水下文化遗产保护中心	林国聪/王光远/金涛	《考古》2015年第6期
11	浙江宁波象山"小白礁Ⅰ号"清代沉船树种鉴定和用材分析		金涛	《文物保护与考古科学》2015年第27卷第2期
12	"小白礁Ⅰ号"水下考古项目管理与创新	宁波市文物考古研究所/宁波中国港口博物馆/国家文物局水下文化遗产保护中心	林国聪/王结华	《新技术·新方法·新思路——首届"水下考古·宁波论坛"文集》，科学出版社，2015年
13	"小白礁Ⅰ号"古船研究	同上	顿贺/金涛	同上
14	"小白礁Ⅰ号"沉船与中国古船复原技术	同上	袁晓春	同上
15	议古沉船水下考古 探"小白礁Ⅰ号"沉船	同上	何国卫	同上

续 表

序号	名 称	编写/编著单位/个人	作者/执笔/主编	发表/出版
16	"小白礁Ⅰ号"水下考古数据库建设浅议	同上	史伟/雷少	同上
17	"小白礁Ⅰ号"出水船体构件的现场保护	同上	金涛/梁国庆/赵鹏/韩飞/李泽琛	同上
18	水下考古在中国——专题陈列图录	宁波市文物考古研究所/宁波中国港口博物馆/国家文物局水下文化遗产保护中心	王结华/王力军	宁波出版社,2015年
19	渔山遗珠——宁波象山"小白礁Ⅰ号"出水文物精品图录	宁波市文物考古研究所/象山县文物管理委员会办公室/国家文物局水下文化遗产保护中心	王结华/林国聪	宁波出版社,2015年
20	宁波"小白礁Ⅰ号"遗址水下埋藏环境及对沉船影响研究		金涛/阮啸/陈家旺	《中国文物科学研究》2016年第1期
21	宁波"小白礁Ⅰ号"船体病害调查和现状评估		金涛/李乃胜	《文物保护与考古科学》2016年第28卷第2期
22	《发现——宁波地域重要考古成果图集（2011—2015）》之"碧海扬帆——水下考古"篇	宁波市文物考古研究所/国家水下文化遗产保护宁波基地	林国聪	宁波出版社,2016年
23	东南沿海古沉船木质文物微生物损伤的显微检测		高梦鸽	中山大学硕士学位论文,2016年
24	鲫鱼肠道与海底古沉船饱水木铁硫代谢细菌		李秋霞	中山大学硕士学位论文,2016年
25	The Investigation and Excavation of Xiaobaijiao No.Ⅰ Shipwreck Site of Qing Dynasty in East Sea of China（中国东海"小白礁Ⅰ号"清代沉船的调查与发掘）	吴春明	邓启江	Early Navigation in the Asia-Pacific Region（《亚太地区的早期航海》）,Springer,Singapore（施普林格出版社新加坡分社）,2016年
26	宁波"小白礁Ⅰ号"清代沉船部分构件木材树种的补充鉴定		冯欣欣/高梦鸽/金涛/林国聪/徐润林	《文物保护与考古科学》2017年第29卷第1期

续　表

序号	名　　称	编写/编著单位/个人	作者/执笔/主编	发表/出版
27	"小白礁Ⅰ号"沉船部分木质文物微生物病害观察与损伤评估		高梦鸽/张勤奋/金涛/罗鹏/李杈/徐润林	《文物保护与考古科学》2017年第29卷第6期
28	《宁波考古六十年》之"水下考古"篇	宁波市文物考古研究所/国家水下文化遗产保护宁波基地	王光远/林国聪	故宫出版社,2017年
29	"小白礁Ⅰ号"考古认知	宁波中国港口博物馆/宁波市文物考古研究所/国家文物局水下文化遗产保护中心	何国卫	《历史视野下的港城互动——首届"港通天下"国际港口文化论坛文集》,科学出版社,2018年
30	浙江象山县"小白礁Ⅰ号"清代沉船2014年发掘简报	宁波市文物考古研究所/国家文物局水下文化遗产保护中心/象山县文物管理委员会办公室	林国聪/金涛/王光远	《考古》2018年第11期
31	比较视角下的浙江宁波"小白礁Ⅰ号"清代沉船造船技术研究		金涛	中国科学院大学博士学位论文,2018年
32	Analysis of the bacterial communities in the waterlogged wooden cultural relics of the Xiaobaijiao No.1 shipwreck via high-throughput sequencing technology（利用高通量技术分析"小白礁Ⅰ号"沉船饱水木质文物中的细菌群落）		李秋霞/曹理想/王文峰/谭红铭/金涛/王光远/林国聪/徐润林	Holzforschung（《木材研究》2018年第72卷第7期）
33	宁波小白礁Ⅰ号古船与中国古船保护技术	国家文物局水下文化遗产保护中心	袁晓春	《水下考古（第一辑）》,上海古籍出版社,2018年
34	海洋出水沉船船体保护的新探索——宁波"小白礁Ⅰ号"沉船保护修复（Ⅰ期）项目概述	国家水下文化遗产保护宁波基地/宁波市文物考古研究所	金涛/马彪	《中国文物报》2019年1月18日第7版
35	渔山列岛明清海洋文化遗产探析		林国聪	《南方文物》2019年第1期

续　表

序号	名　称	编写/编著单位/个人	作者/执笔/主编	发表/出版
36	小白礁Ⅰ号——清代沉船遗址水下考古发掘报告	宁波市文物考古研究所/国家文物局水下文化遗产保护中心/象山县文物管理委员会办公室	林国聪/王光远/金涛/史伟/贺俊彦/曾瑾/王亦晨/梁国庆/赵鹏/韩飞/司久玉	科学出版社，2019年
37	宁波象山"小白礁Ⅰ号"清代沉船树种鉴定和用材分析		金涛/徐润林/田兴玲/腰希申	《小白礁Ⅰ号——清代沉船遗址水下考古发掘报告》附录，科学出版社，2019年
38	宁波象山"小白礁Ⅰ号"清代沉船复原研究初探		顿贺/李铖/金涛/王光远	同上
39	饱水清代木材的构造腐朽程度及加固处理对其颜色的影响		韩刘杨/田兴玲/周海宾/殷亚芳/郭娟	《西南林业大学学报》2020年第40卷第1期
40	"小白礁Ⅰ号"沉船的发掘、保护与研究		王结华	《中国港口》2020年增刊第1期
41	Even Visually Intact Cell Walls in Waterlogged Archaeological Wood Are Chemically Deteriorated and Mechanically Fragile: A Case of a 170-Year-Old Shipwreck（饱水考古木材外观完好的细胞壁也被化学腐蚀和强度降低：以一艘170年历史的沉船为例）		韩刘杨/田兴玲/Tobias Keplinger/周海宾/李仁/Kirsi Svedström/Ingo Burgert/殷亚芳/郭娟	Molecules（《分子》2020年第25卷第5期）
42	Hygroscopicity of Waterlogged Archaeological Wood from Xiaobaijiao No.1 Shipwreck Related to Its Deterioration State（"小白礁Ⅰ号"饱水木材吸湿性与降解程度的关系）		韩刘杨/郭娟/王堃/Philippe Grönquist/李仁/田兴玲/殷亚芳	Polymers（《聚合物》2020年第12期）
43	小白礁Ⅰ号沉船饱水·脱水加固木材的结构与性能研究		韩刘杨	中国林业科学研究院博士学位论文，2020年

续　表

序号	名　　称	编写／编著单位／个人	作者／执笔／主编	发表／出版
44	宁波"小白礁Ⅰ号"沉船船体保护工作概述	宁波市文化遗产管理研究院／宁波中国港口博物馆／国家文物局水下文化遗产保护中心	金涛／马彪／李泽琛	《新成果·新趋势·新进展——第二届"水下考古·宁波论坛"文集》，科学出版社，2020年
45	宁波"小白礁Ⅰ号"难溶盐脱盐效果评价	同上	田兴玲／金涛／贾政／李乃胜／沈大娲／马彪／李泽琛	同上
46	由两艘清代沉船的肋骨连接引起的思考	同上	何国卫	同上
47	"小白礁Ⅰ号"清代木质沉船构件的脱盐监测		杜靖／金涛／胡凤丹／张弛／朱铁权／詹长法／李乃胜／贾政／陈岳	《光谱学与光谱分析》2021年第41卷第10期
48	红外光谱和热重分析法评估三种加固剂对"小白礁Ⅰ号"考古木材微力学性能的影响		韩刘杨／韩向娜／田兴玲／周海宾／殷亚芳／郭娟	《光谱学与光谱分析》2022年第42卷第5期
49	Chinese export porcelain in the middle Qing Dynasty: Study on the blue-and-white porcelains excavated from the "Xiaobaijiao Ⅰ" shipwreck（"小白礁Ⅰ号"沉船出水青花瓷研究）		何琰／李伟东／鲁晓珂／徐嫦松／金涛／林国聪	Journal of Archaeological Science: Reports（《考古科学杂志：报告》2021年第38卷）
50	Evaluation of PEG and sugars consolidated fragile waterlogged archaeological wood using nanoindentation and ATR-FTIR imaging（应用纳米压痕和ATR-FTIR成像技术开展脆弱饱水考古木材的PEG与糖加固评价研究）		韩刘杨／郭娟／田兴玲／姜笑梅／殷亚芳	International Biodeterioration & Biodegradation（《国际生物劣化与生物降解》2022年第170卷）
51	清代道光年间沉船的重要案例——"小白礁Ⅰ号"沉船的发掘、保护与研究	中国航海博物馆	王结华	《远帆归航——"泰兴"号沉船出水文物特展图录》，文物出版社，2022年

以上研究成果在比较客观、全面、科学地反映出"小白礁Ⅰ号"沉船的前世今生和调查、发掘、保护、展示各个层面的同时,也对与其相关的一些问题作出了积极探讨。特别是最新出版的《"小白礁Ⅰ号"——清代沉船遗址水下考古发掘报告》可谓集大成者,书中对于"小白礁Ⅰ号"沉船的年代(清代道光年间)与性质(民间商船)、沉没原因(触礁)、始发港(宁波)与目的地(可能为琉球或东南亚[24])、船体特征与工艺(兼具中外技艺)、造船用材(主要产自东南亚一带)与建造地(或属中国船主海外建造)等等都作了细致的分析和自己的判定,有兴趣的读者不妨自行观之。

(二) 问题探讨

虽然如此,关于"小白礁Ⅰ号"沉船,目前仍有一些历史迹团或悬而未决,或待再作补充、深入研究。笔者借此机会,仅就其中几个细节问题试解析之。

1. 具体沉没年代问题

"小白礁Ⅰ号"出水文物中,不乏"道光"年款的青花瓷器和"道光通宝"钱币,且无更晚于此的纪年器物。按照考古学上的就晚原则,只此一点即可推断出"小白礁Ⅰ号"沉船的沉没时间应该是在清代道光年间(1821~1850),这一点毋庸置疑。

问题在于,"小白礁Ⅰ号"究竟沉没于哪一年?因为缺少详细的文字记录或直接的证据,目前来看仍然不得而知。不过,从宏观时代背景看,1840年鸦片战争爆发和1843年宁波"五口通商"后,宁波港的对外贸易多被外国垄断,贸易额不增反减且下降幅度很大,如1844年宁波开埠当年的贸易额尚有50万元,"到了5年以后的道光二十九年却降到5万元"[25],以至于1846年1月10日、1847年1月9日、1849年1月6日,时任英国驻宁波领事罗伯聃、索里汪不得不感慨地分别给英国驻华公司报告说:"宁波的对外贸易似乎是不会繁荣起来了。"[26]"宁波的进出口贸易值比前一年减少了约三分之二。"[27]"在去年下半年以内,这个港口的贸易没有增加。"[28]与之相比,宁波本地的民间自营出口估计更是大受打击,而"小白礁Ⅰ号"显然属于民间性质的商船,因此该船沉没于1840年后的可能性不大,推测应该是在1821年至1840年的某一时间段出发并最终不幸沉没的。

2. 船载货物偏少问题

"小白礁Ⅰ号"现存船体长约20.35米,宽约7.85米,复原后预计长度可达26~28米左右。一条长达近30米的中型外贸商船,在可以确定沉没后未遭盗掘的前提下,何以仅仅发现了区区1000多件文物?推测其缘由,无外乎以下两种可能:一是因为当年该船触礁沉没时并非水平沉底而是艉高艏低,因此不易被快速淤埋,长期的洋流冲刷可能带走了部分船货,然而从水下考古时在沉船周边并未搜索到多少散落货物的情况看,这一可能性不能说没有,但应不会太大;二是当时船上装载的除了部分瓷器和石材,更多可能是当时宁波港较多出口贸易的粮食、丝绸、药材、茶叶等等易腐烂的货物,因为年深月久,海水浸蚀,这些货物现已踪影难觅。种种迹象表明,这一可能性更大。

3."源合盛记"印章问题

在"小白礁Ⅰ号"沉船出水的众多文物中,一方石制"源合盛记"印章的发现很有意思,遗憾的是并没有人对此给予太多的关注。发现之初,这方印章一度被认作"盛源合记",后来才更正为"源合盛记"。仅按字面意思来看,这方印章可以释读为单独一家名为"源合盛记"的商号印章,也可以理解为"源"字商号与"盛"字商号的合用印章。然而不论是"源合盛记"商号,还是"源"字商号与"盛"字商号为了某一目的而临时或长期组建的商团(商帮),我们在历史文献中都没有找到任何与之相关的信息,这也更加坐实了"小白礁Ⅰ号"的民间性质。从这个意义上讲,这方印章的发现,也在一定程度上填补了清代中晚期宁波地区民商经济和对外贸易研究资料的欠缺。

4."孟臣制"紫砂壶问题

"小白礁Ⅰ号"沉船中还出水有一件"孟臣制"紫砂壶,一时成为媒体争相报道的热点,但对此进行的深入研究同样不多。按:孟臣,姓惠,生卒年不详,大约生活在明代天启到清代康熙年间,著名壶艺名家,善制紫砂小壶,款识多见"文杏馆孟臣制""荆溪惠孟臣制""惠孟臣制""孟臣制"等,作品曾远销欧美、中东及日、韩、泰、菲等国,但仿作也甚多。

明清以来,以至今日,"孟臣"壶热度不减。台湾学者、诗人连横有语云:"茶必武夷、壶必孟臣、杯必若琛,三者为品茶之要,非此不足自豪,且不足待客。"存世之落"孟臣"款的紫砂壶数量众多,且多为朱泥制器,据台湾紫砂学者黄健亮先生粗略统计,在1040件工夫茶壶中,署"孟臣"款者至少占了23.46%。"孟臣"似乎从一个制作者的名字,变成了一种落款方式,进而成为一个知名品牌甚至紫砂壶的代名词。对此现象,民国李景康、张虹在《阳羡砂壶图考》一书中给出了解答:"孟臣因负盛名,故赝鼎独伙,凡藏家与市肆无不有孟臣壶,非精于鉴赏者莫辨。"[29]从"小白礁Ⅰ号"上发现的"孟臣制"紫砂壶来看,其器型、款识虽似与孟臣传世之作吻合,但年代相距较远,不排除为后世仿作。然而不论如何,这件名家或仿名家作品"孟臣制"紫砂壶都应非普通船员所有,可能属船主或船长之物,壶的主人日常生活中的点点滴滴和品位追求也于此可略窥一斑。

5.沉船命名相关问题

这一问题似乎与"小白礁Ⅰ号"研究无涉,但笔者深感也有讨论的必要。查阅业已公开发表的资料,关于"小白礁Ⅰ号"的命名,早年主要见有"小白礁一号沉船遗址"[30]"小白礁水下遗存(沉船遗址)"[31]"小白礁清代沉船遗址"[32]等不同说法,后来才统一规范为"小白礁Ⅰ号"。这一方面是因不同时段认识的不同造成,另一方面也表明了命名上的紊乱。而这种水下考古发现沉船命名的紊乱状态,在其他许多地方也都不同程度存在着。

命名问题并非可以忽略的小事。往大的说,可以扩展对外影响,提升行业规范;往小的说,可以体现工作水平,同时避免误导。众所周知,以发现地点来命名考古遗存是我国考古学界的惯例,但到底如何命名并无统一标准。笔者认为,命名地点不宜过高过大,否则不知所云;也不宜过小过偏,否则无人知晓。还是以"小白礁Ⅰ号"为例,这一命名采用的地点现在看来明显过小过偏了,甚至连当地人士也多不知小白礁在哪里,需要解释半天才能明白,假如当年采用渔山列岛(海域)这一相对适中的地点来命名为"渔山1号",这样的困惑多半会迎刃而解。

还有另外一个关于水下考古命名的问题,就是使用罗马字母来给沉船编号。因为罗马字母本身的限制,假如在一地发现的沉船数量十分丰富,而其周边又无较为理想的永久性命名地点可供选择,那么就会带来不必要的至少是书写上和认知上的麻烦。因此笔者建议,今后水下考古发现的沉船,还是统一以阿拉伯数字来编号并命名最为妥当。当然,这些都是题外之言,笔者在此冒昧指出,惟望稍稍有助于今后的水下考古学科建设罢了。

综上所述,经过十多年来的调查、发掘、保护、展示与研究,曾经深埋在浩瀚汪洋之中、幽暗海底深处的"小白礁Ⅰ号"沉船终于得以重见天日。现在我们已经可以确认,这是一条使用海外木材建造、兼具中西造船技艺、主要从事海运贸易、具备远洋航行能力的木质帆船。当年它从宁波港口出发,满载着各式货物,计划前往海外交易,不料却于清代道光前期(1821~1840)触礁沉没了远离岸陆的渔山海域。这是"小白礁Ⅰ号"的不幸,也是我们的幸运,因为它的发现不仅为探讨清代中晚期的贸易史、经济史、造船史、航路航线等问题提供了难得的案例,也为临近尾声的古代"海上丝绸之路"提供了实物的见证。

附记: 本文得到宁波市文物考古研究所林国聪书记、王光远副研究员、金涛博士、张华琴女士、周昳恒女士诸位同仁的协助,在此特表衷心谢忱。

参考文献

[1] 原文系作者2019年7月13日在台湾台北举办的第九届"海峡两岸文化遗产保护论坛"上所作专题报告,刊发于《中国港口》2020年增刊第1期。本书全文收录,图文重新编排,略有增补、修订。

[2] 参阅《象山县地名志》编纂委员会:《象山县地名志》,浙江人民出版社,1995年,第375、376、411~413页。

[3] 向达整理:《郑和航海图》,中华书局,2000年,第31页。

[4] 参阅龚缨晏:《远洋航线上的渔山列岛》,《海洋史研究》第十辑,社会科学文献出版社,2017年。

[5] 向达整理《两种海道针经》载:"小鱼北边有沉礁,当使开,不可近小鱼。"中华书局,2000年,第150页。根据向达校注的《两种海道针经地名索引》,此处的"大鱼"和"小鱼"即为大、小渔山,亦即南、北渔山岛。中华书局,2000年,第150页。又,[英]班思德(Banister, T. Roger)著,李廷元译《中国沿海灯塔志(The coastwise lights of China)》载:"该岛(指北渔山岛——笔者注)附近险象四伏,南有沙滩险阻,东则暗礁丛生,东北及偏北亦危岩棋布,四面碇泊处所则峭石环抱。"上海海关总税务司公署统计科,1933年,第181页。

[6] (明)范涞:《两浙海防类考续编》第4卷,《续修四库全书》,上海古籍出版社,2002年,第368页。

[7] (明)王在晋:《海防纂要》卷八,《四库禁毁书丛刊》史部第17册,第614页。

[8] 中国国家博物馆水下考古研究中心、宁波市文物考古研究所:《浙江宁波渔山小白礁一号沉船遗址调查与试掘》,《中国国家博物馆馆刊》2011年第11期。

[9] 同[8]。

[10] 宁波市文物考古研究所、国家文物局水下文化遗产保护中心、象山县文物管理委员会办公室编著：《"小白礁Ⅰ号"——清代沉船遗址水下考古发掘报告》，科学出版社，2019年，第12页。

[11] 宁波市文物考古研究所、国家文物局水下文化遗产保护中心：《浙江象山县"小白礁Ⅰ号"清代沉船2012年发掘简报》，《考古》2015年第6期。

[12] 宁波市文物考古研究所、国家文物局水下文化遗产保护中心、象山县文物管理委员会办公室：《浙江象山县"小白礁Ⅰ号"清代沉船2014年发掘简报》，《考古》2018年第11期。

[13] 宁波市文物考古研究所、国家文物局水下文化遗产保护中心：《我国水下考古的又一创新之作——浙江宁波象山"小白礁Ⅰ号"2014年度发掘》，《中国文物报》2014年8月29日第5版。

[14] 参阅王光远、林国聪：《宁波考古六十年》之"水下考古"篇，故宫出版社，2017年。

[15] 参阅宁波市文物考古研究所、国家文物局水下文化遗产保护中心、象山县文物管理委员会办公室编著：《"小白礁Ⅰ号"——清代沉船遗址水下考古发掘报告》，科学出版社，2019年。

[16] 同[15]。

[17] 同[15]。

[18] 林国聪、王结华：《"小白礁Ⅰ号"水下考古项目管理与创新》，宁波市文物考古研究所、宁波中国港口博物馆、国家文物局水下文化遗产保护中心编著：《新技术·新方法·新思路——首届"水下考古·宁波论坛"文集》，科学出版社，2015年。

[19] 张忠培：《应将考古工作纳入文物保护体系中(纲要)》，宁波市文物考古研究所、宁波市文物保护管理所编著：《宁波文物考古研究文集》，科学出版社，2008年。

[20] 参阅国家水下文化遗产保护宁波基地、宁波市文物考古研究所：《海洋出水沉船船体保护的新探索——宁波"小白礁Ⅰ号"沉船保护修复(Ⅰ期)项目概述》，《中国文物报》2019年1月18日第7版。

[21] 参阅张华琴、洪欣：《宁波考古六十年》之"宣传展示"篇，故宫出版社，2017年。

[22] 国家文物局水下文化遗产保护中心、宁波市文物考古研究所编著：《水下24米——浙江宁波象山"小白礁Ⅰ号"水下考古实录》，中国广播电视出版社，2014年。

[23] 同[21]。

[24] 也有学者认为"小白礁Ⅰ号"的目的地是日本长崎港。参阅刘恒武、王力军：《关于小白礁一号沉船若干问题的思考》，《东南文化》2015年第2期。

[25] 傅璇琮主编,乐承耀著：《宁波通史·清代卷》，宁波出版社，2009年，第268页。

[26] 姚贤镐编：《中国近代对外贸易史料》第1册，中华书局，1962年，第619页。

[27] 姚贤镐编：《中国近代对外贸易史料》第1册，中华书局，1962年，第620页。

[28] 姚贤镐编：《中国近代对外贸易史料》第1册，中华书局，1962年，第623页。

[29] 参阅谈天说地古玩的博客：《浅谈孟臣壶》。http://blog.sina.com.cn/u/2649516990.

[30] 中国国家博物馆水下考古研究中心、宁波市文物考古研究所：《浙江宁波渔山小白礁一号沉船遗址调查与试掘》，《中国国家博物馆馆刊》2011年第11期。

[31] 林国聪、张辉：《浙江沿海水下文化遗存的调查与分析》，宁波市文物考古研究所、宁波市文物保护管理所编著：《宁波文物考古研究文集(二)》，科学出版社，2012年。

[32] 中国国家博物馆水下考古研究中心、宁波市文物考古研究所：《2006—2010年度浙江沿海水下考古调查简报》，《南方文物》2012年第3期。

附录　文献索引

一、文献史料

1. （明）范涞：《两浙海防类考续编》，见《续修四库全书》编纂委员会编：《续修四库全书》七三九·史部·地理类，上海古籍出版社，1996年。
2. （明）王在晋：《海防纂要》，见《海疆文献初编：沿海形式及海防》编委会编：《海疆文献初编：沿海形式及海防（第二辑）》，知识产权出版社，2011年。
3. （明）项笃寿：《小司马奏草》，据北京大学图书馆藏明刻本影印，见《续修四库全书》编纂委员会编：《续修四库全书》四七八·史部·诏令奏议类，上海古籍出版社，1996年。
4. （明）程楷修，杨俊卿纂：天启《平湖县志》，明天启刻本。
5. （明）方孔炤：《全边略记》，崇祯刻本，见《续修四库全书》编纂委员会编：《续修四库全书》七三八·史部·地理类，上海古籍出版社，1996年。
6. （清）周钟瑄主修，陈梦林等纂：康熙《诸罗县志》，清康熙五十六年序刊本，见《台湾文献史料丛刊》第一辑(12)《诸罗县志、澎湖纪略（合订本）》之《台湾文献丛刊》第一四一种《诸罗县志》，台湾大通书局，1987年。
7. （清）黄叔璥：《台海使槎录》，见《中国海疆文献续编》编委会：《中国海疆文献续编》台湾、琉球、港澳册，线装书局，2012年。
8. （清）王昙撰：《烟霞万古楼文集》，见王云五主编：《丛书集成初编》，商务印书馆，1935年。
9. （清）昭梿撰，冬青校点：《啸亭杂录续录》，上海古籍出版社，2012年。
10. （清）陈寿祺：《左海文集》，清刻本，见《清代诗文集汇编》编纂委员会编：《清代诗文集汇编(四九九)》，上海古籍出版社，2010年。
11. （清）魏源：《圣武记》，见《四部备要》史部，上海中华书局据古微堂原刻本校刊。
12. （清）张澍：《养素堂文集》，清道光十五年枣华书屋藏板。
13. （清）周凯纂修，凌翰等纂：道光《厦门志》，清道光十九年刊本，见《福建省厦门志》，《中国方志丛书》第八十号，成文出版社，1967年。

14. (清)张维屏编撰,陈永正点校,苏展鸿审定:《国朝诗人征略》二编,中山大学出版社,2004年。
15. (清)贺长龄:《清经世文编》,广陵书社,2011年。
16. (清)李桓:《国朝耆献类征初编》,国风出版社。
17. (清)王先谦、朱寿朋撰:《东华录 东华续录》,上海古籍出版社,2008年。
18. (清)王肇晋修辑:《深泽县志》,据咸丰十一年刊本影印,见《河北省深泽县志》,《中国方志丛书》华北地方第五一号,成文出版社有限公司,1976年。
19. (清)吴养原:《文节府君年谱》,清咸丰同治间刻本,见北京图书馆编:《北京图书馆藏珍本年谱丛刊》第146册,北京图书馆出版社。
20. (清)李元度:《国朝先正事略》,见《四部备要》史部,上海中华书局据原刻本校刊。
21. (清)杨殿才:光绪《南田记略》,清光绪元年纂抄本,浙江图书馆藏。
22. (清)于万川修,俞樾纂:光绪《镇海县志》,清光绪五年刻本,见《续修四库全书》编纂委员会编:《续修四库全书》七〇七·史部·地理类,上海古籍出版社,1996年。
23. (清)杜冠英修,吕鸿焘纂:光绪《玉环厅志》,清光绪六年刻本。
24. (清)俞樾撰著,应守岩点校:《春在堂杂文》,见赵一生主编:《俞樾全集》,浙江古籍出版社,2017年。
25. (清)万友正纂修:《马巷厅志》,清光绪十九年补刊本,见《中国方志丛书》第九十八号,成文出版社,1967年。
26. (清)张鉴:《雷塘庵主弟子记》,光绪仪征阮氏刻本。
27. (清)李汝为等修,潘树棠等纂:光绪《永康县志》,据民国二十一年重印本,见《浙江省永康县志》,《中国方志丛书》华北地方第六八号,成文出版社有限公司,1970年。
28. (清)唐景崧修,蒋师辙、薛绍元纂:光绪《台湾通志》,见台湾省文献委员会编印:《台湾通志》,台湾历史文献丛刊第一三〇种,1993年。
29. (清)梁章钜:《浪迹三谈》,见(清)梁章钜撰,吴蒙校点:《历代笔记小说大观 浪迹丛谈 续谈 三谈》,上海古籍出版社,2012年。
30. (清)吴文镕:《吴文节公遗集》,见《续修四库全书》编纂委员会编:《续修四库全书》一五二〇·集部·别集类,上海古籍出版社,1996年。
31. (清)沈葆桢、吴坤修等修,何绍基、杨沂孙等纂:光绪《重修安徽通志》,清光绪四年刻本,见《续修四库全书》编纂委员会编:《续修四库全书》六五一·史部·地理类,上海古籍出版社,1996年。
32. (清)毛昌善修,陈兰彬纂:光绪《吴川县志》,清光绪十四年刻本,见《中国地方志集成 广东府县志辑42》,上海书店出版社,2013年。
33. (清)杨霁修,陈兰彬等纂:光绪《高州府志》,清光绪十六年刻本,见《中国地方志集成 广东府县志辑36》,上海书店出版社,2013年。

34. (清)朱正元辑:《浙江沿海图说》,清光绪二十五年刊本,见《中国方志丛书》华中地方第二〇〇号,成文出版社有限公司,1974年。
35. (清)黄鸿寿编:《清史纪事本末》,民国三年石印本,北京图书馆出版社,2003年。
36. 《各处海岛礁屿便览》,民国初年抄本,宁波天一阁博物馆藏。
37. (民国)赵尔巽等编修:《清史稿》,中华书局,1977年点校本。
38. (民国)左树夔修,刘敬纂:民国《金门县志》,民国十年修抄本,见《金门县志》(二),《台湾文献汇刊》第五辑第二册,九州出版社、厦门大学出版社,2004年。
39. (民国)吕耀铃、厉家祯等纂修:民国《南田县志》,据民国十九年铅印本影印,见《浙江省南田府志》,《中国方志丛书》华中地方第六一号,台湾成文出版社有限公司,1970年。
40. (民国)李涞修,陈汉章纂:民国《象山县志》,据民国十五年铅印本影印,见《浙江省象山府志》,《中国方志丛书》华中地方第一九六号,成文出版社有限公司,1974年。
41. (民国)陈汉章:民国《象山县志》点校本,方志出版社,2004年。
42. 象山县地方志编纂委员会:民国《南田县志》点校本,中华书局,2010年。
43. (民国)闵尔昌纂录:《碑传集补》,见周骏富辑:《清代传记丛刊》综录类(5),明文书局,1985年。
44. (民国)喻长霖修,柯华威纂:民国《台州府志》,民国二十五年铅印本,见《浙江省台州府志》,《中国方志丛书》华中地方第七四号,成文出版社有限公司,1970年。
45. 章巽:《古航海图考释》,海洋出版社,1980年。
46. 向达整理:《郑和航海图》,中华书局,1961年。
47. 向达校注:《两种海道针经》,中华书局,1961年。
48. 中国第一历史档案馆:《康熙朝汉文朱批奏折汇编》,档案出版社,1985年。
49. 中华人民共和国海关编译:《近代浙江通商口岸经济社会概况——浙海关、瓯海关、杭州关贸易报告集成》,浙江人民出版社,2002年。
50. 浙江省地方志编纂委员会整理:《重修浙江通志稿》标点本,方志出版社,2010年。
51. 《象山县地名志》编纂委员会编:《象山县地名志》,浙江人民出版社,1995年。
52. 象山县地名办公室编:《象山县海域地名简志》,1987年。
53. 象山县海洋与渔业局渔业志编纂办公室编:《象山县渔业志》,方志出版社,2008年。
54. 象山县交通志编纂委员会编:《象山县交通志》,海洋出版社,1992年。
55. 象山县军事志编纂委员会编:《象山县军事志》,宁波三和印刷有限公司印刷,2011年。
56. 象山县政协文史资料委员会编:《象山百人说百事》,宁波出版社,2013年。
57. 象山县政协文史委编:《象山旅游人文景观文献资料辑录》,象山县机关印刷厂,2000年。
58. 象山县档案馆:《象山历史资料选编》(内部资料),1982年。

59. 《石浦镇志》编纂委员会编：《石浦镇志》，宁波出版社，2017年。
60. 石浦镇地方志编纂委员会、竺桂良编：《石浦镇志稿选编》(未刊)。
61. 宁波市档案馆编：《〈申报〉宁波史料集》，宁波出版社，2013年。
62. 交通公报发行所：《交通公报》，1931年。
63. 航业月刊社：《航业月刊》，1932年。
64. 英国海军舆图局辑，(清)陈寿彭译：《新译中国江海险要图志》附解题，见《海疆文献初编：沿海形式及海防》编委会编：《海疆文献初编：沿海形式及海防(第一辑)》，知识产权出版社，2011年。
65. [英]班思德(Banister, T. Roger)著，李廷元译：《中国沿海灯塔志(The coastwise lights of China)》，上海海关总税务司公署统计科，1933年。

二、考古资料

1. 中国国家博物馆水下考古研究中心、宁波市文物考古研究所：《浙江宁波渔山小白礁一号沉船遗址调查与试掘》，《中国国家博物馆馆刊》2011年第11期。
2. 林国聪：《浙江宁波象山"小白礁Ⅰ号"沉船的重要考古发现》，《海洋遗产与考古》，科学出版社，2012年。
3. 中国国家博物馆水下考古研究中心、宁波市文物考古研究所：《2006～2010年度浙江沿海水下考古调查简报》，《南方文物》2012年第3期。
4. 宁波市文物考古研究所、国家文物局水下文化遗产保护中心：《浙江象山县"小白礁Ⅰ号"清代沉船遗址2012年发掘简报》，《考古》2015年第6期。
5. 宁波市文物考古研究所、国家文物局水下文化遗产保护中心、象山县文物管理委员会办公室：《浙江象山县"小白礁Ⅰ号"清代沉船遗址2014年发掘简报》，《考古》2018年第11期。
6. 宁波市文物考古研究所、国家文物局水下文化遗产保护中心、象山县文物管理委员会办公室：《"小白礁Ⅰ号"——清代沉船遗址水下考古发掘报告》，科学出版社，2019年。
7. 王结华、王力军、丁友甫：《新世纪宁波考古新发现》，《宁波文物考古研究文集》(二)，科学出版社，2012年。
8. 林国聪、范伊然：《浙江宁波小白礁Ⅰ号清代沉船遗址》，《中国重要考古发现》，文物出版社，2013年。
9. 林国聪、王结华：《"小白礁Ⅰ号"水下考古取得重要成果》，《浙江文物》2014年第4期。
10. 宁波市文物考古研究所、象山县文物管理委员会办公室、国家文物局水下文化遗产保护中心编著：《渔山遗珠——宁波象山"小白礁Ⅰ号"出水文物精品图录》，宁波出版社,2015年。
11. 林国聪、王光远等：《"小白礁Ⅰ号"清代沉船》，《水下考古在中国——专题陈列图录》，宁波出版社,2015年。
12. 林国聪：《小白礁Ⅰ号》，《发现——宁波地域重要考古成果图集（2001—2015）》，宁波出版社,2016年。
13. 王光远、林国聪：《水下考古篇》，《宁波考古六十年》，故宫出版社,2017年。
14. Deng Qijiang, The Investigation and Excavation of Xiaobaijiao No. Ⅰ Shipwreck Site of Qing Dynasty in East Sea of China, in Wu C.(eds) Early Navigation in the Asia-Pacific Region, Singapore; Springer, 2016.

三、研究论文

1. 张鸣：《北渔山灯塔恢复发光》，《航海》1987年第5期。
2. 王琼：《渔山列岛资源保护型人工鱼礁建设现状与研究》，《海洋开发与管理》2006年第1期。
3. 杨晓龙、胥琳、于莉：《浙江象山石浦北渔山灯塔研究》，《建筑学报》2012年S1期。
4. 杨晓龙：《中国近代沿海灯塔建筑及其体现的建筑史学价值》，《华中建筑》2012年第4期。
5. 钱江、陈佳荣：《牛津藏〈明代东西洋航海图〉的姐妹作——耶鲁藏〈清代东南洋航海图〉推介》，《海交史研究》2013年第2期。
6. 张治国、李乃胜、田兴玲、刘捷、沈大娲：《宁波"小白礁Ⅰ号"清代木质沉船中硫铁化合物脱除技术研究》，《文物保护与考古科学》2014年第26卷第4期。
7. 宁波市文物考古研究所、国家文物局水下文化遗产保护中心：《我国水下考古的又一创新之作——浙江宁波象山"小白礁Ⅰ号"2014年度发掘》，《中国文物报》2014年8月29日。
8. 刘恒武、王力军：《关于小白礁一号沉船若干问题的思考》，《东南文化》2015年第2期。
9. 金涛：《浙江宁波象山"小白礁Ⅰ号"清代沉船树种鉴定和用材分析》，《文物保护与考古科学》2015年第27卷第2期。
10. 金涛、阮啸、陈家旺：《宁波"小白礁Ⅰ号"遗址水下埋藏环境及对沉船影响研究》，《中国文物科学研究》2016年第1期。
11. 金涛、李乃胜：《宁波"小白礁Ⅰ号"船体病害调查和现状评估》，《文物保护与考古科学》2016年第28卷第2期。
12. 龚缨晏：《远洋航线上的渔山列岛》，《中国港口》2016年增刊第2期。
13. 杨竞争、包若绮、焦海峰、尤仲杰、史金芬：《浙江渔山列岛国家级海洋特别保护区（海洋公园）保护与开发现状及管理策略分析》，《海洋开发与管理》2016年第9期。

14. 冯欣欣、高梦鸽、金涛、林国聪、徐润林：《宁波"小白礁Ⅰ号"清代沉船部分构件木材树种的补充鉴定》，《文物保护与考古科学》2017年第29卷第1期。

15. 高梦鸽、张勤奋、金涛、罗鹏、李权、徐润林：《"小白礁Ⅰ号"沉船部分木质文物微生物病害观察与损伤评估》，《文物保护与考古科学》2017年第29卷第6期。

16. 金涛、马彪：《海洋出水沉船船体保护的新探索——宁波"小白礁Ⅰ号"沉船保护修复（Ⅰ期）项目概述》，《中国文物报》2019年1月18日。

17. 林国聪：《渔山列岛明清海洋文化遗产探析》，《南方文物》2019年第1期。

18. 王结华：《"小白礁Ⅰ号"沉船的发掘、保护与研究》，《中国港口》2020年增刊第1期。

19. 韩刘杨、田兴玲、周海宾、殷亚方、郭娟：《饱水清代木材的构造腐朽程度及加固处理对其颜色的影响》，《西南林业大学学报》2020年第1期。

20. 杜靖、金涛、胡凤丹等：《"小白礁Ⅰ号"清代木质沉船构件的脱盐监测》，《光谱学与光谱分析》2021年第41卷第10期。

21. 韩刘杨、韩向娜、田兴玲、周海宾、殷亚方、郭娟：《红外光谱和热重分析法评估三种加固剂对"小白礁Ⅰ号"考古木材微力学性能的影响》，《光谱学与光谱分析》2022年第42卷第5期。

22. 龚缨晏：《小白礁1号沉船猜想》，《传承与创新：浙江地方历史与文化学术研讨会论文集》，浙江大学出版社，2014年。

23. 林国聪、王结华：《"小白礁Ⅰ号"水下考古项目管理与创新》，《新技术·新方法·新思路——首届"水下考古·宁波论坛"文集》，科学出版社，2015年。

24. 金涛、梁国庆、赵鹏、韩飞、李泽琛：《"小白礁Ⅰ号"出水船体构件的现场保护》，《新技术·新方法·新思路——首届"水下考古·宁波论坛"文集》，科学出版社，2015年。

25. 顿贺、金涛：《"小白礁Ⅰ号"古船研究》，《新技术·新方法·新思路——首届"水下考古·宁波论坛"文集》，科学出版社，2015年。

26. 何国卫：《议古沉船水下考古　探"小白礁Ⅰ号"沉船》，《新技术·新方法·新思路——首届"水下考古·宁波论坛"文集》，科学出版社，2015年。

27. 袁晓春：《"小白礁Ⅰ号"沉船与中国古船复原技术》，《新技术·新方法·新思路——首届"水下考古·宁波论坛"文集》，科学出版社，2015年。

28. 史伟、雷少：《"小白礁Ⅰ号"水下考古数据库建设浅议》，《新技术·新方法·新思路——首届"水下考古·宁波论坛"文集》，科学出版社，2015年。

29. 龚缨晏：《远洋航线上的渔山列岛》，《海洋史研究》第十辑，2017年。

30. 何国卫：《"小白礁Ⅰ号"考古认知》，《历史视野下的港城互动——首届"港通天下"国际港口文化论坛文集》，科学出版社，2018年。

31. 袁晓春：《宁波小白礁Ⅰ号古船与中国古船保护技术》，《水下考古（第一辑）》，上海古籍出版社，2018年。

32. 金涛、徐润林、田兴玲、腰希申：《宁波象山"小白礁Ⅰ号"清代沉船树种鉴定和用材分析》，《"小白礁Ⅰ号"——清代沉船遗址水下考古发掘报告》，科学出版社，2019年。

33. 顿贺、李铖、金涛、王光远：《宁波象山"小白礁Ⅰ号"清代沉船复原研究初探》，《"小白礁Ⅰ号"——清代沉船遗址水下考古发掘报告》，科学出版社，2019年。

34. 金涛、马彪、李泽琛：《宁波"小白礁Ⅰ号"沉船船体保护工作概述》，《新成果·新趋势·新进展——第二届"水下考古·宁波论坛"文集》，科学出版社，2020年。

35. 田兴玲、金涛、贾政等：《宁波"小白礁Ⅰ号"难溶盐脱盐效果评价》，《新成果·新趋势·新进展——第二届"水下考古·宁波论坛"文集》，科学出版社，2020年。

36. 王结华：《清代道光年间沉船的重要案例——"小白礁Ⅰ号"沉船的发掘、保护与研究》，中国航海博物馆编著：《远帆归航——"泰兴"号沉船出水文物特展图录》，文物出版社，2022年。

37. 高梦鸽：《东南沿海古沉船木质文物微生物损伤的显微检测》，中山大学硕士学位论文，2016年。

38. 李秋霞：《鲫鱼肠道与海底古沉船饱水木铁硫代谢细菌》，中山大学硕士学位论文，2016年。

39. 金涛：《比较视角下的浙江宁波"小白礁Ⅰ号"清代沉船造船技术研究》，中国科学院大学博士学位论文，2018年。

40. 韩刘杨：《小白礁Ⅰ号沉船饱水·脱水加固木材的结构与性能研究》，中国林业科学研究院博士学位论文，2020年。

41. Qiuxia Li, Lixiang Cao, Wenfeng Wang, Hongming Tan, Tao Jin, Guangyuan Wang, Guocong Lin and Runlin Xu：Analysis of the bacterial communities in the waterlogged wooden cultural relics of the Xiaobaijiao No.1 shipwreck via high-throughput sequencing technology. Holzforschung 2018，72(7)：609～619.

42. Liuyang Han, Xingling Tian, Tobias Keplinger, et al：Even Visually Intact Cell Walls in Waterlogged Archaeological Wood Are Chemically Deteriorated and Mechanically Fragile：A Case of a 170-Year-Old Shipwreck. Molecules, 2020, 25(5).

43. Han L, Guo J, Wang K, et al：Hygroscopicity of Waterlogged Archaeological Wood from Xiaobaijiao No.1 Shipwreck Related to Its Deterioration State. Polymers, 2020, 12(4).

44. Yan He, Weidong Li, Xiaoke Lu, Changsong Xu, Tao Jin, Guocong Lin：Chinese export porcelain in the middle Qing Dynasty：Study on the blue-and-white porcelains excavated from the "XiaobaijiaoⅠ" shipwreck. Journal of Archaeological Science：Reports, 2021, Volume 38.

45. Liuyang Han, Juan Guo, Xingling Tian, Xiaomei Jiang, Yafang Yin: Evaluation of PEG and sugars consolidated fragile waterlogged archaeological wood using nanoindentation and ATR-FTIR imaging. International Biodeterioration & Biodegradation, 2022, Volume 170.

四、科普纪实

1. 杨忠华：《渔山岛：杨忠华渔山风光摄影作品集》，中国摄影出版社，2011年。
2. 蒋葳：《"小白礁Ⅰ号"考古发现》，《百科知识》2012年第20期。
3. 涂师平：《中国水下文化遗产保护拉开大幕——"浙江·宁波·象山小白礁Ⅰ号沉船"遗址水下考古探析》，《东方收藏》2012年第9期。
4. 涂师平：《小白礁 大聚焦——"浙江·宁波·象山小白礁Ⅰ号沉船"遗址水下考古探析》，《宁波通讯》2012年第13期。
5. 焦海峰、尤仲杰、李雨潼：《行走渔山》，海洋出版社，2014年。
6. 国家文物局水下文化遗产保护中心、宁波市文物考古研究所编著：《水下24米——浙江宁波象山"小白礁Ⅰ号"水下考古实录》，中国广播电视出版社，2014年。
7. 王结华：《十年磨一剑 今朝破水出——"小白礁Ⅰ号"折射下的宁波水下考古》，《水下24米——浙江宁波象山"小白礁Ⅰ号"水下考古实录》，中国广播电视出版社，2014年。
8. 林国聪：《"小白礁Ⅰ号"——潜藏宁波秘密的清代沉船》，《水下24米——浙江宁波象山"小白礁Ⅰ号"水下考古实录》，中国广播电视出版社，2014年。
9. 张辉：《"小白礁Ⅰ号"水下考古纪事》，《水下24米——浙江宁波象山"小白礁Ⅰ号"水下考古实录》，中国广播电视出版社，2014年。
10. 王亦晨：《渔山·印象——"小白礁Ⅰ号"水下考古随笔》，《水下24米——浙江宁波象山"小白礁Ⅰ号"水下考古实录》，中国广播电视出版社，2014年。
11. 罗鹏：《我与"小白礁Ⅰ号"的亲密接触》，《水下24米——浙江宁波象山"小白礁Ⅰ号"水下考古实录》，中国广播电视出版社，2014年。
12. 王茜：《"小白礁Ⅰ号"水下考古之潜水方式有感》，《水下24米——浙江宁波象山"小白礁Ⅰ号"水下考古实录》，中国广播电视出版社，2014年。
13. 黄康：《从"小白礁Ⅰ号"发掘浅谈海洋环境对水下考古发掘的影响》，《水下24米——浙江宁波象山"小白礁Ⅰ号"水下考古实录》，中国广播电视出版社，2014年。
14. 王光远：《水下考古队员的一天》，《水下24米——浙江宁波象山"小白礁Ⅰ号"水下考古实录》，中国广播电视出版社，2014年。
15. 曾瑾：《一次难忘的水下摄像经历》，《水下24米——浙江宁波象山"小白礁Ⅰ号"水下考古实录》,中国广播电视出版社,2014年。

16. 金涛:《渔山往事》,《水下24米——浙江宁波象山"小白礁Ⅰ号"水下考古实录》,中国广播电视出版社,2014年。

17. 许超:《生活在渔山》,《水下24米——浙江宁波象山"小白礁Ⅰ号"水下考古实录》,中国广播电视出版社,2014年。

18. 蔡敷隆:《渔山岛遐想》,《水下24米——浙江宁波象山"小白礁Ⅰ号"水下考古实录》,中国广播电视出版社,2014年。

19. 任记国:《渔山那三条狗》,《水下24米——浙江宁波象山"小白礁Ⅰ号"水下考古实录》,中国广播电视出版社,2014年。

20. 史伟:《那海那人》,《水下24米——浙江宁波象山"小白礁Ⅰ号"水下考古实录》,中国广播电视出版社,2014年。

21. 王鹏:《无尽的深蓝》,《水下24米——浙江宁波象山"小白礁Ⅰ号"水下考古实录》,中国广播电视出版社,2014年。

22. 文静:《陆军海战队的水事儿》,《水下24米——浙江宁波象山"小白礁Ⅰ号"水下考古实录》,中国广播电视出版社,2014年。

23. 朱广权:《数说浪尖下的直播》,《水下24米——浙江宁波象山"小白礁Ⅰ号"水下考古实录》,中国广播电视出版社,2014年。

24. 帅俊全:《小白礁,引无数来者竞折腰》,《水下24米——浙江宁波象山"小白礁Ⅰ号"水下考古实录》,中国广播电视出版社,2014年。

25. 中央电视台新闻频道:《"小白礁Ⅰ号"水下考古直播速记》,《水下24米——浙江宁波象山"小白礁Ⅰ号"水下考古实录》,中国广播电视出版社,2014年。

26. 林国聪:《"小白礁Ⅰ号"水下考古发掘与保护》,《大众考古》2014年第10期。

27. 林国聪:《宁波"小白礁Ⅰ号"清代沉船水下考古纪实》,《文明》2014年第12期。

28. 涂师平:《"小白礁Ⅰ号沉船"水下考古探析》,《中国水文化遗产考略》,宁波出版社,2015年。

29. 崔勇、张永强、肖达顺:《"小白礁Ⅰ号"》,《海上敦煌——南海Ⅰ号及其他海上文物》,广东经济出版社,2015年。

30. 扎西·刘:《渔山岛,小白礁水下考古》,《东方文化周刊》2016年第35期。

31. 六六:《渔山岛,小白礁下的浪里淘宝》,《东方文化周刊》2017年第10期。

32. 王亦晨:《拨云见日——记"小白礁一号"的水下发掘之路》,《百科探秘(海底世界)》2017年第5期。